TÜRKEI – DIE WESTKÜSTE

İZMIR • BODRUM • MARMARIS • TROJA • PERGAMON • EPHESOS

DUMONT REISE-TASCHENBUCH

Frank Rainer Scheck

TÜRKEI
DIE WESTKÜSTE

Inhalt

LAND & LEUTE

Brücke zwischen Abend- und Morgenland

Kultur und Leben

Tipps für Ihren Urlaub

UNTERWEGS AN DER TÜRKISCHEN WESTKÜSTE

Im Norden der Ägäis

İzmir und die zentrale Ägäisküste

Inhalt

LAND & LEUTE

»Zwei Störche standen hinter der Moschee schlafend auf römischen Säulen ...«

Carl J. Burckhardt

Abendliche Tavla-Partie
im Hafen von Datça

Brücke zwischen Abend- und Morgenland

Die Rote Halle in Bergama,
Rest eines antiken Tempels
der Orientalischen Götter

EINE GROSSE KULTURREGION

Die türkische Westküste gehört zu den großen Kulturlandschaften des Mittelmeerraums. Klangvolle Namen bezeugen diesen Reichtum: Da ist Troja, wo Heinrich Schliemann grub; Pergamon, auf dessen Stadtberg die hellenistische Kultur blühte; die lydische Reichshauptstadt Sardis; Manisa, Residenz osmanischer Prinzen; Ephesos, glanzvolle römische Provinzhauptstadt; die ionische Metropole Milet mit ihren halb versunkenen Bauten; Hierapolis im Mäander-Tal, direkt über den berühmten Sinterterrassen gelegen; und nicht zuletzt Bodrum, als antikes Halikarnassos die Stadt eines der Sieben Weltwunder.

Seit je war die heute türkische Westküste Grenzregion zwischen Asien und Europa. Hier wurden Waffen gekreuzt und Handelsgüter umgeschlagen, zugleich immer wieder die Ideen und Kulturleistungen von Ost und West aneinander gemessen. Bereits das Heldengedicht vom Trojanischen Krieg lässt sich als mythisch überhöhte Geschichte epochaler Begegnungen zwischen Morgen- und Abendland lesen. Mit der Äolischen, Ionischen und Dorischen Wanderung schuf sich das Griechentum am Ostsaum der Ägäis einen Entwicklungsraum, in dem Grundlagen für die Ausbildung der westlichen Zivilisation geschaffen wurden: In Milet nahm mit Thales ein Strang der abendländischen Philosophie seinen Anfang, Eudoxos, einer der größten Mathematiker der Antike, stammte aus Knidos, und Aristoteles lebte lange Jahre in der Troas.

Was die frühen Griechen begannen, vollendete im Kampf gegen die persische Großmacht Alexander der Große, doch blieb die Hellenisierung stets unterströmt von östlichen Einflüssen und geprägt von regionalen Sonderformen. Erst Roms Machtergreifung im westlichen Kleinasien schloss die traditionsreichen Landschaften entlang der Küste mitsamt ihrem Hinterland zu einer kulturellen Einheit zusammen. Fortsetzung fand dieser Prozess im Reich von Byzanz – nunmehr im Zeichen des Christentums, das die ausgeprägte Religiosität Westkleinasiens in sich aufnahm.

Mit der türkischen Völkerwanderung des 11. Jh. brachen auch an der Westküste die alten Machtstrukturen zusammen, doch blieb die Region über Jahrhunderte umstritten. Byzanz war noch längst nicht niedergerungen, und italienische Handelsmächte wie Venedig und Genua kämpften um Einfluss. So wurde die Kultur des Islam in den ägäischen Gebieten nie so dominant wie etwa in Zentralanatolien. Das griechische Bevölkerungselement und der christliche, orthodoxe Glauben bestimmten z.B. in Städten wie Ayvalık, Foça, İzmir, Çeşme oder Bodrum bis zum ›Bevölkerungsaustausch‹ von 1922/23 den Alltag.

In den 1970er Jahren entdeckte die Türkei den Strandtourismus als Statussymbol und Ferienhäuser als Form der Geldanlage. Auch an wasserarmen Hängen wie denen der Bodrum-Halbinsel entstanden gigantische Ferien-

STECKBRIEF TÜRKEI

Offizielle Bezeichnung: Türkische Republik *(Türkiye Cumhuriyeti)*
Flagge: Weißer Halbmond und Stern auf rotem Grund
Landesfläche: 779 452 km^2; davon 97 % in Asien, 3 % in Europa
Ethnien: Neben der türkischen Bevölkerungsmehrheit (65–70 %) etwa 20–30 % Kurden, die meisten davon in Südostanatolien, aber auch viele Auswanderer in den großen städtischen Zentren des Westens (Istanbul, İzmir); dazu im Südosten Araber, im Osten Armenier, Georgier, Lasen, im Nordwesten Tscherkessen und Bulgaren.
Konfessionen: Dominierend der Islam sunnitischer Richtung; etwa ein Drittel der moslemischen Türken sind Aleviten, gehören also einer schiitischen Sonderrichtung des Islam an. Daneben ca. 250 000 Christen verschiedener Bekenntnisse; an der Westküste auch kleine jüdische Gemeinden in İzmir und Çanakkale.
Bevölkerung: Ca. 70 Mio. (88 Ew./km^2) bei jährlichem Zuwachs von ca. 2 % (damit hat sich die Bevölkerung seit 1965 verdoppelt, in den Ägäis-Provinzen sogar verdreifacht). Über 70 % der Türken leben als Ergebnis einer starken Land-Stadt-Migration in Städten. Jugendliche unter 15 Jahren stellen über 30 % der Bevölkerung.
Ballungszentren: Istanbul (ca. 10 Mio.), Ankara (ca. 4 Mio.) und – an der Westküste – İzmir (ca. 3,5 Mio.)
Jährliches Pro-Kopf-Einkommen: ca. 3100 US-Dollar (2001)
Beitrag der Wirtschaftssektoren zum Bruttosozialprodukt : Landwirtschaft ca. 15 %; Industrie ca. 31 %; Dienstleistungssektor ca. 52 %
Arbeitslosigkeit: Offiziell ca. 10 %, in ländlichen Gebieten aber höher, saisonal sogar weit über 50 %
Politisches System: Mehrparteiendemokratie; Abgeordnete werden für fünf Jahre in die Große Türkische Nationalversammlung *(Türkiye Büyük Millet Meclisi)* gewählt. Starke Position der Militärs über den Nationalen Sicherheitsrat (Staatspräsident, Kabinett, Generalstab).
Parteien: *Anavatan Partisi/ANAP* (›Vaterlandspartei‹, wirtschaftsliberal-konservativ); *Doğru Yol Partisi/DYP* (›Partei des richtigen Weges‹, konservativ); *Demokratik Sol Partisi/DSP* (›Partei der Demokratischen Linken‹, linksnationalistisch); *AKP* (›Partei für Gerechtigkeit und Entwicklung‹, religiös-konservativ); *Milli Demokrat Parti* (›Nationaldemokratische Partei‹, rechtsradikal). Eine neue Partei, *Yeni Türkiye* (›Neue Türkei‹), geführt vom früheren Außenminister Çem, will mit entschiedenen Reformen die Türkei an die EU heranführen.
Verwaltungssystem: 80 Provinzen *(il)* gliedern sich in mehrere hundert Landkreise *(ilçe)* und Gemeindeverbände *(bucak)*. Die sechs Provinzen der türkischen Westküste sind, von Nord nach Süd, Çanakkale, Balıkesir, İzmir, Manisa, Aydın und Muğla.

Blick über die Synagoge auf das Gymnasium von Sardis

siedlungen, kaum ein Sandstrand blieb von Hotelbauten verschont, und Orte wie Marmaris verzehnfachten ihre Ausdehnung. Außerhalb entstanden Clubanlagen, die als Luxusghettos den Kontakt mit der realen Türkei nur noch in Form inszenierter Folklore erlauben. Jedweder Fehler des etablierten Mittelmeer-Tourismus wurde getreu kopiert, ja häufig noch gesteigert.

Diese Worte möchten dazu anregen, die Ghettos des Pauschaltourismus zu verlassen und selbständig einen Küstenstrich zu erkunden, der jenseits der modernen Strandverheerungen überaus reizvoll ist. Die schier unglaubliche Denkmalfülle ist – wen wundert's nach dem kurzen Geschichtsabriss – ohnedies kaum auszuschöpfen. Doch bietet die türkische Westküste zwischen den Dardanellen und Kaunos auch ganz ungewöhnliche landschaftliche Höhepunkte: nicht nur im berühmten Pamukkale, sondern z. B. in der Landschaft am Bafa-See, in den Pinienwäldern des Kozak oder im Hügelland der Troas. Übrigens müssen es gar nicht die großen Natursehenswürdigkeiten sein – ein Erlebnis schon, durch einen der zahllosen Olivenhaine bei Edremit zu schlendern, die bizarren Erosionshügel bei Sardis zu bestaunen, über den Flussauen des Mäander die Mücken tanzen zu sehen oder den Sonnenuntergang an den Dardanellen zu genießen.

Vor allem aber sollte man nicht die Begegnung mit der lebendigen türkischen Kultur versäumen, deren traditionelle Gastfreundschaft nichts zu tun hat mit der teils servilen, teils aggressiven Anbiederung der Souvenirverkäufer in Marmaris, Selçuk oder İzmir. Gemächlich durch die Dörfer abseits zu schlendern, Ziegenhirten bei der Tränke oder Bauern bei der Olivenernte zuzusehen, in der *Çayhane,* wo die Alten friedsam beeinander sitzen, ein Gläschen Tee zu schlürfen oder in der Stadt ein ofenfrisches Pide-Brot zu erstehen – dies letztlich macht ein Kennenlernen der türkischen Westküste aus.

LANDSCHAFTEN UND NATURRAUM

Die Landschaften

Das anatolische Hochland läuft nach Westen hin, aufgebrochen durch die Flusstäler des Bakır Çayı (antiker Name: *Kaikos*), des Gediz Nehri (*Hermos*), des Küçük Menderes (*Kaystros*) und des Büyük Menderes (*Maiandros* oder *Mäander*), in reicher landschaftlicher Kammerung zur Ägäis hin aus. Diese Randzone, die geologisch mit den griechischen Ägäis-Inseln verbunden ist, reicht etwa vom 40. bis zum 37. Breitengrad hinunter. Der Wechsel von Fluss- oder Schwemmlandebenen und Mittelgebirgszügen, aufgebaut aus alten Graniten, kristallinen Schiefern, Gneisen und Marmoren, bestimmt die Landesgestalt. Die Küstenlinie ist im Zuge des postglazialen Meeresanstiegs besonders stark zerlappt mit tiefen Buchten und weit ausgreifenden Halbinseln oder Vorgebirgen, zwischen denen sich die Flussgeschiebe der genannten vier großen Ströme zu langsam verlandenden Delten sammeln.

Geschichtlich haben sich an der Ägäis von Nord nach Süd fünf Siedlungsräume herausgebildet: Zwischen der Meeresstraße der Dardanellen und dem Golf von Edremit erstreckt sich die **Troas,** die im Kaz Dağı (das *Ida*-Gebirge der Antike) eine Höhe von 1767 m erreicht. Die bewaldeten Berge gehen nach Westen hin einerseits in das mit Valonea-Eichen und Macchia bewachsene Hügelland zwischen Ezine und Gülpınar, andererseits in die fruchtbare Ebene vor Troja über, in der Baumwolle, Mais, Weizen und Sonnenblumen gedeihen. Nur der Küstenstreifen im Süden trägt, durch Höhenzüge gegen die Nordwestwinde abgeschirmt, deutlich mittelmeerischen Charakter. Entlang der Südküste der Troas, am Golf von Edremit, unterstreichen Ölbaumwälder die mediterrane Prägung. Troja, wichtigster Siedlungsplatz dieser historischen Landschaft, beherrschte den seit Jahrtausenden bedeutsamen Dardanellen-Übergang zwischen Europa und Asien sowie den Schiffsverkehr durch diese Wasserstraße selbst.

An die Troas schließt sich südlich die **Pergamene** an. Kerngebiet ist die fruchtbare Flussebene des Bakır Çayı. Die Stadt Pergamon besetzte hier nach dem typischen Siedlungsmuster, dem auch Milet, Smyrna und Ephesos folgten, den Ausgang eines der Flusstäler, die hinauf zur anatolischen Hochebene vermittelten. Ihr Einzugsgebiet reichte in den unfruchtbaren Yünd Dağ nach Süden und die herrlichen Pinienwälder auf den Kozak-Höhen im Norden.

An die Pergamene schloss sich südwärts mit elf oder zwölf Griechenstädten **Äolien** an, schon von Herodot gerühmt wegen seiner Fruchtbarkeit, von der bis heute weite Olivenwälder, mehr noch aber die ausgedehnten Plantagen (Agrumen, Rosinen) in der wasserreichen Ebene westlich des Dumanlı Dağ künden. Schlechte Häfen und unfruchtbares Hinterland drückten Äolien dennoch den Stempel der Provinzialität auf, erst recht, als Smyrna/

İzmir mit seinem sicheren Hafen am Ende einer tiefen Meeresbucht – ursprünglich als äolische Stadt gegründet – von den ionischen Kolonisten übernommen wurde.

Die **Ionier,** deren Kultur unter allen Griechenstämmen der kleinasiatischen Ägäis am eindrucksvollsten aufglänzen sollte, siedelten in den Landstrichen zwischen Äolien und dem ›Großen Mäander‹. Wenn Herodot meint, Ioniens Klima sei unübertrefflich gut, so bietet dies weniger Erklärung für den Aufschwung des Landstrichs als vielmehr die Existenz gleich dreier Flusstäler, die von der Küste her Inneranatolien erschlossen und durch regen Handelsverkehr, vor allem mit Lydien, Gut und Geld in die Städte brachten. Oliven, Feigen, Reben, Granatäpfel und Baumwolle (in den Schwemmebenen) gehören zu den Eigenprodukten des Landstrichs.

Die südlichste historische Landschaft an der türkischen Ägäis ist **Karien,** das sich mit waldbedeckten Bergen bis hinter Marmaris erstreckt. Die Karer siedelten im unwirtlichen südwestlichen Binnenland, dessen tiefe Wälder (Marmaris-Halbinsel) und zerklüfteten Mittelgebirge wie Beşparmak, Kavak Dağı, Labada Dağı (s. Abb. S.19) meist nur kleinkammerige Siedlungsräume boten, in denen Dörfer, nicht aber Städte entstanden. Allein die fruchtbaren Ebenen von Mylasa, heute Milas, und Alinda ließen nennenswerte Stadtgründungen zu.

Tabakernte in den Feldern bei Edremit

Natur und Umwelt

Die Pflanzen

Die natürliche mediterrane Pflanzenwelt der türkischen Ägäis entspricht der extremen Sommertrockenheit. Die typischen Hartlaubgewächse der Macchia, in Trockengebieten wie der Çeşme- und Bodrum-Halbinsel oder dem Yünd Dağ im äolischen Hinterland sogar nur die niedrigen, oft dornigen Polsterpflanzen der Phrygana bedecken die Hänge. Zistrosen, Myrten, Erdbeerbäume, dazu der falsche und der echte Lorbeer, Mäusedorn und Styrax setzen Akzente. Während in den Ebenen wärmeliebende Bäume wie Zypresse und Kork- bzw. Kermeseiche, Palme, Eukalyptus, Judas- und Johannisbrotbaum stehen, an Flussläufen auch Weiden, Tamarisken und Ulmen, sind die höheren Lagen der westlichen Randgebirge mit Kiefern bewaldet (bis etwa 1100 m Höhe). Zumeist bleiben die unteren Lagen, bis etwa 700 m, der Brutischen Kiefer vorbehalten, die höheren der Schwarzkiefer, die man an ihrer zerzaust wirkenden Krone erkennt. Darüber formieren sich auf den Höhen des Kaz Dağı zwischen 1200 und 1700 m dunkle Tannenwälder.

Besondere Vegetationsschönheiten an der türkischen Westküste sind die lichten Pinienbestände auf den Kozak-Höhen im Granitmassiv der Madra Dağı nördlich von Bergama (s. S. 102), die Urwälder des wasserreichen Samsun Dağı-Nationalparks südlich von Kuşadası (s. S. 153) und die mächtigen Gneisblöcke des sich über dem Bafa Gölü aufbauenden Beşparmak-Gebirges (s. S. 172 f.), zwischen denen sich malerisch Pinien erheben.

Dominierende Kulturpflanze an der Westküste ist der Ölbaum. Vor allem das Gebiet von Edremit und das am Bafa-See bedecken ganze Olivenwälder; die Dörfer werden hier von den hohen Schornsteinen der Olivenölfabriken überragt. Tabak, Sesam, Wein, Gemüse und Obst bestimmen die Gartenkulturen. Fruchtbare Kultivationszonen sind die von Bewässerungskanälen durchzogene Ebene um Troja, das Tal des Bakır Çayı bei Bergama, das Gediz-Tal von Manisa bis Sardis (im Westen große Obstkulturen; weiter östlich vor allem Sultaninen) sowie die Täler der beiden Flüsse Büyük und Küçük Menderes, die mit lehmgelbem, nährstoffreichem Wasser träge-verschlungen baumarmes Ackerland durchfließen. Die Motorpumpen, die ihnen Wasser für die beiderseits sich weitenden Korn- und Mais-, Tabak-, Hanf- und Baumwollpflanzungen entziehen, verleihen den brütend heißen Sommern das typische Grundgeräusch. Im Tal des ›Großen Mäander‹ reihen sich die Feigenkulturen; stattliche Dörfer und Städte wie Aydın und Tire besetzen im Hinterland die Hügelränder der fruchtbaren Flussgräben.

Die Tierwelt

Die Tierwelt Westkleinasiens ist durch immer intensivere Flurnutzung sowie Bejagung stark dezimiert, vor allem die großen Arten. Der in den homerischen Epen mehrfach genannte Löwe ist im 19. Jh. ausgerottet worden, der kleinasiatische Leopard, den man gern für

HIRTENLEBEN UND HERDEN

Von Sonne und Wind gegerbte Gesichter haben schon die Hirtenkinder, denn sie laufen bei fast jeder Witterung den Herden nach. Als billige Arbeitskräfte werden sie gern zum Hüten eingesetzt – und damit bisweilen der Schulpflicht entzogen. Befindet sich das Weidegebiet weiter vom Dorf entfernt und bleiben die Herden auch über Nacht draußen, so überlässt man die Wacht nicht allein den Kindern. Es gibt streunende, verwilderte Hunderudel und insbesondere im näheren Umkreis der Städte Viehdiebe, gegen die man die Herde mit scharfen Hirtenhunden zu schützen sucht. Der Wanderer ist bei der Begegnung mit einem solchen aufgeregten Tier gut beraten, nicht wegzulaufen, sondern stehenzubleiben, dem Hund nicht in die Augen zu sehen, sich der Herde nicht weiter zu nähern und auf den Hirten zu warten – oder auch darauf, dass die Herde, und mit ihr die Wachhunde, weiterzieht.

Ziegen und Schafe übernachten in einem Pferch oder Unterstand, der meist, wie die Hütte des Hirten, aus Feldsteinen, Ästen, häufig auch aus Dorngestrüpp errichtet ist. Eine Quelle oder eine Regenwasserzisterne muss in der Nähe vorhanden sein. Besonders auf der wasserarmen Bodrum-Halbinsel prägen die gekalkten Kuppeln über solchen Zisternen das Landschaftsbild. Während der heißen Sommermonate kehrt sich der Tageszyklus um: die Tiere ruhen über Mittag und weiden des Nachts, wobei ihre Genügsamkeit sie auch mit trockenen Halmen auskommen lässt. Nur wenn Schnee liegt oder der Boden gefroren ist – selten genug an der türkischen Ägäis –, bleiben die Tiere in ihren Hürden, und nur dann wird zugefüttert; außerdem natürlich, wenn die Weibchen frisch geworfen haben. Ansonsten suchen sich die Tiere ihr Futter selbst, und zwar meist auf Ödflächen, in der Macchia und im Wald, an Weg- und Feldrainen, nach der Ernte auch auf den Feldern oder in Oliven- und Feigenhainen.

Weil aber insbesondere die Ziegen junge Triebe benagen und sich dabei häufig bis in die Baumkronen hochrecken, sind sie bei den Bauern nicht gern gesehen. Dornfaschinen umhegen so manches Feld. Auch die staatliche Forstverwaltung hat ein scharfes Auge auf die weidenden Tiere, die in der Vergangenheit zur Verkarstung weiter Gebiete beitrugen. Sie sind für viele Erosionsschäden verantwortlich, weil sie jungen Baumbestand durch Verbiss zugrunde richten und an steilen Hängen die Erdkrume über dem Felsgrund lostreten.

Da durch Aufforstung und Bautätigkeit die herrenlosen Ödflächen immer weniger werden, verengt sich der Raum für die Herden. Ihre Besitzer sind aber darauf angewiesen, dass das Futter, ebenso wie die Arbeitsleistung der Hirten, wenig kostet, sonst rentiert sich die Haltung nicht. Falls die Hirten nicht selbst Besitzer der Tiere sind, werden sie mit kaum mehr als 110 € im Monat oder in Naturalien entlohnt – zumeist dadurch, dass sie die Milch verwerten dürfen, die zu Joghurt und Käse verarbeitet wird. Gelegentlich können sie auch einige Lämmer auf eigene Rechnung für *Kurban Bayramı* aufziehen. Vor dem Fest (s. S. 45) steigen die Preise für gewöhnlich an: Ein Opferlamm kostet im türkischen Westen zwischen 125 und 150 €.

Obwohl Lammfleisch, vor allem kiloweise beim Metzger, relativ teuer ist (um 5 € das Kilo), behaupten die Herdenbesitzer, mit der Haltung von Schafen und Ziegen sei allenfalls die Familie zu ernähren, denn an den hohen Fleischpreisen verdiene an erster Stelle der Zwischenhandel. In den Bergregionen Ostanatoliens, wo kein Ackerbau möglich ist, bilden die Tiere trotzdem die wesentliche, ja fast die einzige Einnahmequelle der Landbevölkerung. Dagegen gehen Zahl und ökonomische Bedeutung der Herden im Bereich der türkischen Ägäis zurück. Übrigens kann man dort recht klar eine Schafhalte-Region im Norden von einer Ziegen-Region im Süden unterscheiden; die Grenze liegt einige Kilometer nördlich von İzmir.

In einer Schafherde von etwa hundert Tieren (die ideale Wartungsgröße) werden im Jahr rund 130 Junge geboren; Wurfzeiten sind November und Februar. Die meisten der männlichen Lämmer werden mit vier Monaten, auf jeden Fall aber vor der Geschlechtsreife, an die Schlachter verkauft. Ein kluger Halter lässt regelmäßig den Veterinär kommen, versucht Krankheiten und Ungezieferbefall zu vermeiden. Manchmal sieht man weibliche Tiere, deren voluminöse Euter durch Tücher vor der dornigen Macchia geschützt sind.

Einmal jedes Jahr, im Sommer wird den Schafen die Wolle geschoren. Üblicherweise wird sie heutzutage an Zwischenhändler weiterverkauft. Die Zeiten, wo Hirtenfrauen sie kämmten, färbten und zu Teppichen oder Kelims knüpften, sind inzwischen selbst in den Yünd Dağ-Hügeln zwischen Bergama und Manisa dahin, wo die letzten Nomadenstämme erst im 20. Jh. sesshaft wurden.

Dennoch: Auch die heutigen Hirten wirken in ihrer urtümlichen Lebensweise wie Überlebende einer versunkenen Welt. Mit Panflöten-Romantik hat ihr entbehrungsreiches Dasein allerdings nichts gemein.

Von Barbara Yurtdaş

Auffliegender Storchenschwarm im Tal südlich von Ayvacık

Tierhetzen und die zirzensischen Kämpfe der Gladiatoren einsetzte, hatte sich in Restpopulationen noch bis in die 60er Jahre des 20. Jh. erhalten, ist aber inzwischen ebenfalls ausgestorben. Das gleiche Schicksal dürfte Luchs und Streifenhyäne ereilt haben, während Braunbären und Wölfe sich noch in kleinen Beständen nachweisen lassen, nicht nur im Taurus, sondern auch im Bereich der Westküste (Beşparmak und Labada Dağ). Füchse und Wildschweine sind weiterhin häufig, letztere z. B. im Scheidegebirge zwischen Küçük und Büyük Menderes. Rotwild ist im Bereich der türkischen Ägäis dagegen selten geworden, wie überhaupt gerade die Säugetierarten der Türkei dramatische Rückgänge zu verzeichnen haben.

Reich ist die Türkei dagegen an Vögeln. Bisher sind 426 Arten nachgewiesen; mehr als die Hälfte davon brütet regelmäßig im Land. Türkenkleiber und Weisbartgrasmücken sind mitsamt dem selteneren Eleonorenfalken für den Nationalpark des Samsun Dağ charakteristisch. Im Delta des ›Großen Mäander‹ brüten neben Austernfischern, Stelzenläufern, Brachschwalben sowie Spornkiebitzen große Rötelfalken-Kolonien, während andere Lagunen des Deltas übersät sind von Pfeif-, Spieß- und Krickenten. Im Winter gesellen sich Flamingos als grazile rosafarbene Gäste dazu. Die verschiedenen Reiherarten und die Krauskopfpelikane der unzugänglichen Menderes-Lagunen lassen sich leichter beobachten im Naturparadies des Bafa-Sees (Bafa Gölü), der wohl schönsten Landschaft der türkischen Ägäis, die mit Zehntausenden von Blässhühnern, Löfflern und Sichlern großen ornithologischen Reichtum entfaltet.

Im Reich der Reptilien zählt man 37 verschiedene, größtenteils übrigens ungiftige Schlangenarten, dazu sechs Gecko- und 20 Eidechsenarten. Nacktfingergeckos ›kleben‹ gelegentlich an Hauswänden, und Eidechsen huschen durchs Laub oder machen es sich bequem auf den besonnten Steinen der antiken Ruinenplätze. Auffällig darunter die urtümlich wirkende, bis 30 cm lange Hardun-Agame, eine Eidechse mit schillerndem Panzerkleid.

An **Nutztieren** werden Schafe und Ziegen, daneben Rinder und Geflügel gehalten, jedoch keine Schweine, deren Fleisch nach islamischem Gebot nicht verzehrt werden darf. Esel, Mulis

und (seltener) Pferde dienen in ländlichen Gebieten als Reit- und Lasttiere. Kamele, die bis Mitte des 20. Jh. in Trockengebieten wie dem Yünd Dağ oder auch auf der Çeşme-Halbinsel die Lasten trugen, sieht man heute, als billige Touristenattraktion, fast nur noch in großen Ferienorten wie Kuşadası oder am ›Camel Beach‹ bei Bodrum. Besonders an der südlichen Ägäisküste floriert die Bienenzucht; berühmt ist das waldreiche Umland von Marmaris. Kiefernhonig (*cambalı*) und Blumenhonig (*cicekbalı*), in Dosen und Gläsern angeboten, sind die Spezialitäten der Imker.

Naturhöhepunkte und Umweltsünden

Leider verbindet sich in der Türkei stets beides. Zwei Beispiele: Unter internationaler Anteilnahme wurde am Strand bei Dalyan (östlich von Marmaris) von Naturschützern in den 1980er Jahren ein Großhotelprojekt verhindert, um der Meeresschildkröte Caretta Caretta die letzten Brutplätze zu erhalten. Heute freilich wird der ›Schildkröten-Strand‹, obwohl offiziell verboten, in der fraglichen Zeit nächtens mit Ballyhoo von Dieselkuttern angefahren, damit Aberdutzende von Touristen in den zweifelhaften Genuss kommen, die Schildkröten bei der Eiablage mit Blitz abzulichten. Das Ende des Biotops ist absehbar.

Das ist die Türkei der Jahre vor und nach 2000 – ökologisch völlig rücksichtslos, stets gewillt, ›unter der Hand‹ den Naturschutz für den Profit zu opfern. Der langsame Niedergang der ausgewiesenen Naturschutzgebiete am Bafa-See oder auf der Samsun Dağı-Halbinsel passt in dieses Bild.

Ebenso unser zweites Beispiel, die schwere Schädigung der Sinter-Terrassen von Pamukkale nahe den Ruinen des antiken Hierapolis. Immer mehr Wasser wurde dort entnommen, nicht zuletzt von den Hotels tiefer am Hang, immer mehr Waden tummelten sich in den flachen Becken, immer gelber, runzliger und unscheinbarer wurde das Naturwunder – eine ersterbende Schönheit. Als die Reißleine endlich gezogen und freies Baden verboten wurde (Zugang nur noch an zwei Stellen), war es mit der Wellness von Pamukkale nicht mehr weit her. Ganz langsam erholen sich – durch ein ausgeklügeltes System der Berieselung – die geschundenen Kalkterrassen, die immerhin zum Welterbe der UNESCO gehören.

WIRTSCHAFT

Basis der Wirtschaft ist trotz aller Industrialisierungsbemühungen der **Agrarsektor.** In der Tat gehört die Türkei zum exklusiven Kreis jener Staaten, die keine landwirtschaftlichen Produkte importieren müssen, sich vielmehr vollständig aus landeseigenen Erzeugnissen zu ernähren vermögen, obwohl Verstöße gegen die Ökologie der Naturlandschaft (Entwaldung weiter Landesteile, Pflügen der Steppe) seit der Antike schwere Erosionsschäden nach sich zogen. Andererseits sind die Anbaumethoden (trotz zunehmender Gewächshausproduktion) insgesamt eher traditionell, etwa in der Düngung und Bewässerungstechnik. Einige Ausfuhren landwirtschaftlicher Produkte – z.B. die so genannten Satsuma-Orangen, die im Süden der Çeşme-Halbinsel gedeihen – werden seit Jahrzehnten subventioniert, um Auslandsdevisen ins Land zu bringen.

Die **industrielle Produktion** (u. a. Textilien, Stahl, Maschinenbau, Düngemittel) hat sich seit den 80er Jahren außerordentlich gesteigert und ist ein bedeutender Exportsektor. Türkische Autos z. B. werden in den Nahen Osten und in den Raum der ehemaligen Sowjetunion verkauft, nicht zuletzt in turksprachige Staaten wie Aserbeidschan oder Turkmenistan. Die meisten industriellen Güter der Türkei verbraucht jedoch der Binnenmarkt. Der aber ist durch die galoppierende Inflation, nicht zuletzt auch durch die steigenden Lebensmittelpreise, die nicht allein die Einkommen, sondern das letzte Ersparte aufzehren, stark geschwächt. Da die gesamte Spitzentechnologie, ob in der Datenverarbeitung oder in der Elektrotechnik, importiert werden muss, ist die türkische Handelsbilanz seit langem defizitär. Ein bedeutendes Potenzial liegt indes in seinen reichen Kupfer-, Chrom- und Manganvorkommen, deren Erschließung der Türkei langfristig über ihren chronischen Devisenmangel hinweghelfen könnte.

Probleme vermeldet schließlich auch die wichtigste Branche innerhalb des **Dienstleistungssektors:** der Tourismus. Seit Mitte der 80er Jahre wurden hier enorme Wachstumseffekte verzeichnet, doch haben der Balkankrieg, die politische Krise nach der Festnahme des Kurdenführes Öcalan und ein Erdbeben am Marmarma-Meer immer wieder für dramatische Einbrüche gesorgt. Die rücksichtslose Zubetonierung der Küsten u. a. für den innertürkischen Tourismus (Ferienhausbau) führte ebenfalls zu erheblichen Imageverlusten. Als Folge stieg der Anteil eines eher niveauarmen Billigtourismus auf der einen, eines rundum versorgenden Clubtourismus auf der anderen Seite, während die an Land und Kultur interessierte Klientel ausblieb. Davon ist natürlich der gesamte Sekundärbereich des Tourismus (Restauration, Souvenirindustrie, Handel) betroffen. Auch wenn neue Interessenten (Briten, Russen, Israelis) gewonnen werden konnten, bleibt die Situation angesichts eines Überangebots an Unterkünften gespannt.

GESCHICHTE UND KULTUR IM ÜBERBLICK

Vorgeschichte (bis 3. Jt. v. Chr.)

Ab 80 000 v. Chr.	Alt- und mittelsteinzeitliche Relikte künden von kleinasiatischen Jägerkulturen.
Ab 7. Jt. v. Chr.	Früher als in West- und Mitteleuropa vollzieht sich der Übergang vom Jäger- und Sammlerdasein zur Sesshaftigkeit, einhergehend mit der Domestizierung von Tieren und dem Anbau von Wildgetreide. Die Neolithische Revolution vollendet diesen Prozess – es entsteht das Ackerbauerntum. Im Neolithikum entwickelt sich auch die Töpferei; Tonscherben, ein fast unzerstörbares Gut, gewährleisten in ihrer Typenfolge seither historisch verlässliche Datierungen. Von der Religiosität des frühen Kleinasien künden Kleinplastiken der Muttergottheit und rituelle Jagd- wie auch Totenkultszenen. Manche dieser neolithischen Entwürfe haben sich über Jahrtausende in der religiös inspirierten Kunst des Mittelmeerraums erhalten, so das Bild der thronenden, von Tieren flankierten Göttin.

Frühgeschichte (3. Jt.–13. Jh. v. Chr.)

Frühes 3. Jt. v. Chr.	Zur tönernen Sprache der Keramik treten nun erste Schriftzeugnisse. Sie erschließen uns ein Kleinasien, in dem die einheimische, bäuerliche Bevölkerung unter die Dominanz indoeuropäischer Einwanderer gerät und von Assyrien her Handelskolonien entstehen.
2. Jt. v. Chr.	In Mittelanatolien fassen zur Bronzezeit die Hethiter Fuß, doch gewinnt ihr Reich nicht die Westküste. Die Kleinstaaten, die dort gebieten – Arzawa etwa –, folgen allerdings hethitischen Kulturmustern; die Felsreliefs am Karabel-Pass (s. S. 120) und über der Quelle Akpınar bei Manisa (s. S. 118) zeugen davon. Den Ägäis-Strand fahren von Kreta her minoische Segelschiffe an; Spuren ihrer Kolonisation sind in Iasos nachgewiesen. Zugleich erstarken einheimische Regionalkulturen; eine ihrer Leitstätten ist Troja (s. S. 72 ff.).

Der Seevölkersturm (13.–11. Jh. v. Chr.)

13./12. Jh. v. Chr.	Die Mächte der Zerstörung, man nennt sie die ›Seevölker‹, kommen aus dem Norden. Bis heute ist unbekannt, woher sie stammen und was sie nach Süden treibt. Sie brandschatzen Troja, vernichten das hethitische Imperium, messen sich sogar mit der Machtfülle des ägyptischen Pharao – und verschwinden wieder, ohne zivilisatorisch nachhaltige Spuren zu hinterlassen. Nur ein einziges Seevolk, die Phryger, wird sesshaft. Der Mythos vom phrygischen ›Goldkönig‹ Midas erinnert vielleicht an den aufgehäuften Reichtum der Eroberer.

Ab ca. 1100 v. Chr. Der Druck der Seevölker auf Griechenland setzt eine sekundäre Völkerwanderung in Gang, die kulturgeschichtlich hochbedeutsam wird: Griechische Stämme, die Äolier, Ionier und Dorer, siedeln sich nacheinander an der kleinasiatischen Westküste an, schaffen übergreifende politische Zusammenhänge und lassen eine orientalisch gefärbte griechische Kultur aufblühen.

Griechisches Kleinasien (ab ca. 1000 v. Chr.)

Ab ca. 1000 v. Chr. Die Äolier, die im Nordwesten sitzen, gründen elf Städte, darunter Aigai und Pitane. Unter den zwölf ionischen Städten ragen Ephesos, Priene und Milet hervor; noch vor 700 v. Chr. kommt als dreizehnte Stadt Smyrna hinzu, das heutige İzmir. Die dorische Ansiedlung im Südwesten, die in einem Sechstädtebund politische Gestalt fand, ist mehr auf die vorgelagerten Inseln (Rhodos, Kos) konzentriert, entwickelt mit Knidos und Halikarnassos (Bodrum) jedoch auch auf kleinasiatischem Boden zwei wichtige Zentren.

8.-6. Jh. v. Chr. Die Griechenstädte entsenden Kolonisten ans Schwarze Meer und an die Südküste Kleinasiens.

Ab 7. Jh. v. Chr. Das Verhältnis der eingewanderten Griechen zu den altkleinasiatischen Völkern bleibt über Jahrhunderte gespannt. Lydien, eine kleinasiatische Macht, die als erste von der Tausch- zur Geldwirtschaft übergeht und Münzen schlägt, wird zum Konkurrenten, schwächere Gegner müssen ins anatolische Hinterland oder wie die Leleger (s. S. 190 f.) in wasserarme Ödnis weichen. Andere Völker, wie etwa die Karer unter Mausolos, nehmen schließlich die griechische Kultur an.

Die Perserzeit (546–4. Jh. v. Chr.)

546 v. Chr. Die Perser dringen unter ihrem Großkönig Kyros II. nach Anatolien vor, erobern das lydische Reich und die Griechenstädte Westkleinasiens. Kaum zu überschätzen ist der Drang zur kulturellen Selbstdefinition des kleinasiatischen Griechentums, der daraufhin einsetzt.

Wende zum 5. Jh. v. Chr. In der Phase politischer Unterlegenheit, in der persische Statthalter Kleinasien verwalten, mündet die national-ethnische Selbstbesinnung in den Ionischen Aufstand, dessen katastrophale Folgen erst mit den Siegen der von Athen geführten Festlandgriechen zwischen 480 (bei Salamis) und 465 v. Chr. behoben werden.

386 v. Chr. Die Perser ordnen die westkleinasiatischen Städte noch einmal ihrem Imperium ein. Städtebündnisse reichen nun nicht mehr zur Verteidigung: Dem Flächenstaat Persien kann nur ein griechischer Flächenstaat wirksam begegnen.

Hellenistisches Kleinasien (4.– 2. Jh. v. Chr.)

Zweite Hälfte 4. Jh. v. Chr. Diesen Staat schafft in der Nachfolge seines Vaters Philipp II. ein junger Makedone, Alexander mit Namen. Im Frühling des Jahres 334 v. Chr. überschreitet er die Dardanellen (s. S. 70), schenkt den westkleinasiatischen Städten die Autonomie, kämpft den Perser Dareios III. nieder (u. a. 333 bei Issos) und begründet ein euro-asiatisches Weltreich, das nach seinem frühen Tod (323 v. Chr.) zwar zerfällt, aber dauerhaft jene Mischung griechischer und orientalischer Kultur hinterlässt, die wir als Hellenismus kennen.

3./2. Jh. v. Chr. An der Westküste Kleinasiens entfaltet der Hellenismus ein Repertoire von Bautypen und Kunstformen, das bis tief in die römische Zeit traditionswirksam bleibt und – in der Renaissance wieder aufgenommen – lange Zeit als antike Kultur schlechthin gilt. Zahlreiche neue Städte mit prunkvollen Tempeln, Theatern und Thermen prägen den zivilisatorischen Aufschwung, der sich allen Machtwechseln und Unruhen zum Trotz kraftvoll durchsetzt. Politisch schälen sich nach dem Tode Alexanders große Machtblöcke heraus (Seleukiden, Ptolemäer), die um Kleinasien rivalisieren; dazu gesellt sich mit den Attaliden von Pergamon eine Regionaldynastie auf hohem kulturellen Niveau.

Rom in Kleinasien (2. Jh. v. Chr. - 4. Jh. n. Chr.)

190/189 v. Chr. Um die Jahreswende findet bei Magnesia, dem heutigen Manisa, eine Epochenschlacht statt: Erstmals trifft ein Heer der im mediterranen Westen zur Machtfülle aufgestiegenen römischen Republik auf die alte Garde des Hellenismus, die große asiatische Mannschaften aufgeboten hat und sogar mit Kriegselefanten ins Gefecht zieht – jedoch katastrophal geschlagen wird. Pergamenische Truppen stehen den Römern dabei tatkräftig zur Seite. Wer auch immer fortan im östlichen Mittelmeerrraum politische Anliegen verfolgt, muss sich mit römischen Ordnungsvorstellungen auseinandersetzen.

Ab 133 v. Chr. Als schließlich der letzte pergamenische König, Attalos III., sein Reich testamentarisch den Römern hinterlässt, geht der westkleinasiatische Küstenstreifen als *Provincia Asia* in das Imperium ein, wobei aber den alten Küstenstädten eine gewisse Autonomie eingeräumt bleibt.

Ab 88 v. Chr. Der Gegenschlag gegen die italische Einnistung: Mithridates VI., König des Reiches Pontos an der Schwarzmeerküste, gewinnt angesichts scharfer römischer Steuerpolitik Sympathien in Anatolien und sucht (›Blutbefehl von Ephesos‹) das Römertum in den Städten an der ägäischen Küste durch Massenmord auszutilgen.

Nach 85 v. Chr. Die Städte der Westküste blühen trotz dieser Vorgänge und reichsrömischer Repressalien auf wie nie, und die römische Kultur dringt

Rom hat triumphiert. Geflügelte Siegesgöttin auf einem Relief aus Pergamon

tief ins Landesinnere, etwa nach Ankara, Hierapolis, Sardis oder Aphrodisias. Im Jahre 20 v. Chr. besucht Kaiser Augustus, Sieger im Machtstreit mit Antonius, die neue Pfründe des Reiches, die dem Staat immer höhere Gewinne einträgt.

Die Christianisierung (1.–4. Jh. n. Chr.)

Ab 1. Jh. n. Chr. Unter jener *Pax Romana,* einer Friedens- und Blütezeit, tragen beflissene Missionare, unter ihnen der Apostel Paulus, das Christentum nach Kleinasien. Christengemeinden entstehen entlang der Westküste u. a. in Alexandreia Troas, Assos, Pergamon, Smyrna und Ephesos. Während Kleinasien sich in der Kaiserzeit mit römischem Komfort in Gestalt von Thermen, Gymnasien, Stadien und Theatern versieht, wirken untergründig die Kräfte einer neuen religiösen Kultur, deren ›unheimlicher‹ Messianismus die Machthaber des späteren römischen Reiches, von Kaisern wie Diokletian abwärts bis zu den Provinzchargen, schubweise zu grausamen Christenverfolgungen hinreißt. Die spirituell stets schwächliche römische Zivilisation erliegt dem Erlösungsgedanken des Ostens spätestens zu dem Zeitpunkt, als sie im Gebiet ihrer einstmals größten Stärke, der Administration, der Hilfe bedarf.

Ab 3./4. Jh. Verankert in den römischen Truppen ebenso wie in der Mittelschicht der Händler, aber auch unter den Sklaven, wird das Christentum zu jenem politischen Integrationsfaktor, auf den schließlich Kaiser Konstantin im frühen 4. Jh. setzt. Und tatsächlich erhält sich nur jener römische Reichsteil auf Dauer, in dem das Christentum in breiten Bevölkerungschichten Anklang gefunden hat. Während die weströmischen Gebiete in den Stürmen der Völkerwanderung des 5. Jh. untergehen, festigt sich im Osten, mit der Hauptstadt Konstantinopel, ein Reich, das tatsächlich ein ›tausendjähriges‹ werden sollte.

Das Byzantinische Reich (4.– 15. Jh.)

Ab 4. Jh. Dieser autokratisch geführte Religionsstaat, dessen Kaiser sich als Vertreter Gottes auf Erden verstehen und ihre Hofzeremonien wie Gottesdienste inszenieren, nimmt das Erbe des *Imperium Romanum* auf. Seine Einwohner nennen sich ›Rhomäer‹ (Römer), verstehen sich aber als Griechen neuen Glaubenszuschnitts.

6. Jh. Unter Kaiser Justinian findet das Christenimperium seine endgültige Fassung. Es ist auch hohe Zeit, denn die Angriffe des neuen islamischen Weltreichs, das innerhalb weniger Jahrzehnte von Arabien her erstarkt, branden schon im nächsten Jahrhundert (ab 672) gegen die Küsten Kleinasiens.

Ab 8. Jh. Die Flotten der ›Sarazenen‹ fahren nun sogar gegen Konstantinopel, scheitern vor der Hauptstadt zwar Jahr für Jahr im Sperrfeuer, halten sich aber in der westlichen Ägäis durch Küstenplünderung und Seeraub schadlos. Im Jahre 715 stoßen sie mit drei Heeresabteilungen nach Westanatolien vor. Äcker und Dörfer werden in der Folge durch Burgen, die Städte durch Mauern geschützt, meist eilig aus antikem Baumaterial aufgeführt. Unverwechselbar bleiben die Formen, in denen die byzantinische Kultur Ausdruck findet. Unter den Kirchenbauten überwiegen in den Küstenstädten des Westens Basiliken. Der Ziegel löst, wie auch in der byzantinischen Herrschaftsarchitektur, den Haustein als bevorzugten Bauträger ab. In der Ikonographie des Rhomäer-Reiches treten aus dem spätantiken Repertoire entbundene Motive in christlich-symbolische Zusammenhänge ein.

Die türkische Völkerwanderung (11.–12. Jh.)

1071 Die Türken-Dynastie der Seldschuken bringt unter ihrem Führer Alp Arslan dem christlichen Heer bei Malazgirt nahe dem Van-See im Osten Anatoliens eine entscheidende Niederlage bei und gründet anschließend auf ehedem byzantinischem Boden ein erstes Türken-Reich. Der Hintergrund: Hungersnöte in den zentralasiatischen Steppen haben schon Jahrhunderte zuvor zu türkischen Wanderungsbewegungen nach Osten, also in Richtung China, oder nach Westen geführt, und auch dem Vorstoß der Seldschuken liegt ein solcher Notstand zugrunde. An der Nordgrenze des Abbasiden-Reiches, das damals die Hoheit hat in der islamischen Welt, lenken türkische Vasallen, die sich in einer früheren Einwanderungswelle als so genannte ›Großseldschuken‹ festgesetzt haben, den Druck der innerasiatischen Turkmenen Anfang des 11. Jh. nach Westen gegen das byzantinische Großreich. Türkische Stoßtruppen durchdringen den Gebirgsschild Armeniens, und nach der Schlacht von 1071 rollen die hölzernen Wagen ungehindert, rücken in breiter Front türkische Stämme nach Kleinasien ein.

Ende des 11. Jh. Noch im selben Jahrhundert erreichen ihre ›Speerspitzen‹ die Ägäis. Das bronzene Bild eines der ersten, des Häuptlings Çağa (byzantin.: Tzachas), ziert in stolzer Erinnerung daran den Hafenplatz von İzmir, das Çağa in den 80er Jahren des 11. Jh. erobert.

12. Jh. Zwar können die Byzantiner unter den Kaisern der Komnenen-Dynastie die Westküste wieder zurückgewinnen, doch etabliert sich die Seldschuken-Herrschaft zunächst in Nikaia (İznik), dann in Konya (dem alten Ikonium) auch in staatlicher Gestalt. Als Sultanat von Rûm, also von Rom, nämlich auf rhomäischem Terrain, rufen die siegreichen Türken ihr neues Reich aus; daher der Name Rûm-Seldschuken. Mehr als die Hälfte Kleinasiens ist nun in türkischer Hand, und immer neue Turkmenen-Sippen ziehen nach Westen.

Kreuzritter in Kleinasien (11.–13. Jh.)

Ende des 11. Jh. Seit dem ersten Kreuzzug, der 1099 Jerusalem gewinnt, sind auch europäische Mächte im Osten präsent. In Kleinasien bringen die gut gerüsteten Ritterheere den Seldschuken auf dem Durchzug mehrere Niederlagen bei, so 1097 bei Eskişehir.

12./13. Jh. Während die ›ritterlichen‹ Helfer aus dem Abendland die Schwäche von Byzanz nutzen, um sich auf kleinasiatischem Boden festzusetzen, pressen die italienischen Seefahrermächte, Genua und Venedig, dem byzantinischen Thron Handelsprivilegien ab. Schließlich gehen die Lateiner noch einen Schritt weiter:

1204 Am 13. April nehmen die Ritter des vierten Kreuzzugs die Reichshauptstadt Konstantinopel ein, vertreiben die byzantinische Kaiserfamilie und krönen am 12. Mai Balduin von Flandern zum Lateinischen, römisch-katholischen Kaiser.

13.-15. Jh. Während an der türkischen Südküste Kreuzritterfesten die Spur ins Heilige Land markieren, besitzt die Westküste kaum solche Denkmäler, allerdings mit dem Johanniter-Kastell St. Peter in Bodrum

(s. S. 183) einen herausragenden Bau der lateinischen Spätzeit. Die Festungen von Çandarlı oder Sığacık (s. S. 89 f.; 131) erklären sich aus den Handelsinteressen der italienischen Mächte.

Byzantinische Renaissance (13. Jh.)

Erste Hälfte 13. Jh. In seiner äußersten Bedrängnis hält das byzantinische Griechentum nur mehr drei Territorialstaaten, den griechischen Epiros, das Reich Trapezunt an der Schwarzmeerküste und im Nordwesten Kleinasiens das Reich von Nikaia. Dort residiert das geflohene Kaisergeschlecht. Es stützt sich ökonomisch auf die Agrargebiete im Hinterland der türkischen Westküste und erobert, wiedererstarkend, die Ländereien des Lateinischen Kaiserreichs zurück, in dem abendländische Lehensherren um die Hoheit kämpfen und feilschen.

1243 Die Mongolen – die ›Tataren‹, wie die Byzantiner sie nennen – versetzen dem seldschukischen Reich, das immerhin 150 Jahre währte, am Köse Dağ (Ostanatolien) den Todesstoß.

1261 Auch deswegen gelingt den Byzantinern die Wiedereroberung Konstantinopels. Eine letzte Blüte des byzantinischen Kaisertums setzt unter dem Herrschergeschlecht der Palaiologen ein, doch liegen die Schatten des erstarkenden Türkentums über dieser rhomäischen Renaissance.

Mongolensturm und Emiratszeit (13.–15. Jh.)

13./14. Jh. Längst wären das byzantinische Kaisertum und die lateinischen Kräfte, ob Kreuzritter oder Kauffahrer, zugrunde gegangen unter dem Druck der fortdauernden türkischer Völkerwanderung, hätte mit den Mongolen nicht eine zweite zentralasiatische Eroberermacht, den Türken benachbart, ihnen aber ethnisch nicht verbunden, nach ihrem Sieg am Köse Dağ (1243; s.o.) unter der Dynastie der İlchane von ihrer Hauptstadt Täbris her Teile Zentralanatoliens regiert und damit einen Sperriegel gegen den türkischen Nachzug aus Zentralasien gebildet. Doch ist der türkische Bevölkerungsanteil in Westanatolien bereits groß genug - allein in den Steppen zwischen Denizli und İsparta massieren sich gegen 200 000 Turkmenenzelte –, um schließlich neue Turkfürstentümer zu begründen. Diese so genannten *beylikler* gruppieren sich im Westen Anatoliens entlang der byzantinischen Reichsgrenze, während die Mongolen weiterhin den Osten der Halbinsel halten. An der Ägäis beherrscht nun das türkische Haus der Karası die südliche Troas, die Pergamene und das alte Äolien. Das nördliche Ionien und sein Hinterland sind in der Hand des Saruhan-Geschlechts, im südlichen Ionien und Karien haben u.a. die Menteşe Macht.

14. Jh. Die Kultur der Emiratszeit folgt seldschukischen Mustern. Zu den besonders sehenswerten Ensembles der türkischen Westküste gehören der Burghügel von Beçin bei Milas (s. S. 179) und die islamischen Denkmäler von Selçuk (s. S. 147).

Die große Zeit der Osmanen (14.–16. Jh.)

Frühes 14. Jh. Südlich von Nikaia, der nunmehrigen byzantinischen Kaiserstadt, entrollt bei dem Provinznest Söğüt ein zunächst eher bescheidenes Türken-*beylik* die Fahne der Eigenständigkeit: das Fürstentum der Osmanen. Ahnherr Osman, mehr noch aber sein Sohn Orhan, formen ein kleines, schlagkräftiges Staatswesen, dem sich andere Stämme und Herrschaften anschließen. Als ›Krieger für den Glauben‹ stehen die Osmanen unversöhnlich gegen Byzanz.

Ab 1326 Orhan erobert 1326 die byzantinische Metropole Brussa, das heutige Bursa, 1331 Nikaia (İznik), 1337 Nicomedia (İzmit), zieht aber auch Gebiete anderer türkischer Fürstentümer an sich und schafft so ein erstes Osmanen-Reich.

1362 Das Osmanen-*beylik* umfasst nun den gesamten Nordwesten Kleinasiens. Das Byzantinische Imperium ist damit auf Europa zurückgedrängt. Als Orhan – er hat mittlerweile den Titel eines Sultans angenommen – in jenem Jahr stirbt, hinterlässt er einen Feudalstaat von der Größe Österreichs.

1453 Ein knappes Jahrhundert später haben die Osmanen-Heere auch die europäischen Gebiete des Byzantinischen Reichs gewonnen und einen weiteren Mongolen-Einfall unter Timur überstanden. Nun sammeln sich die Truppen vor den starken Mauern Konstantinopels. Dem Osmanen-Sultan Mehmet II. gelingt am 29. Mai 1453 die Einnahme des ›Zweiten Rom‹.

15./16. Jh. Anschließend bemächtigt sich das Osmanen-Reich der letzten unabhängigen türkischen Herrschaften in Anatolien, gewinnt große Teile des Balkans und besitzt unter Sultan Süleyman dem Prächtigen ein Weltreich zwischen Ungarn und dem Irak, Algerien und Südarabien.

15.–19. Jh. Die osmanische Architektur entfaltet sich zwischen seldschukischen und byzantinischen Traditionen. Von einfachen Bautypen (altislamische Pfeilerhalle) geht sie zu Zentralkuppelbauten über, deren großer Architekt, den Kulturschöpfern der italienischen Renaissance ebenbürtig, Sinan (1490-1588) ist. Mit den Elementen Hof, Vorhalle, Bogengalerie und immer raumgreifenderen Kuppellösungen vervollkommnet Sinan den osmanischen Typus der von schlanken Minaretten überragten Moschee, der sich häufig Sozialbauten wie Armenküchen, Schulen und Spitäler anschließen. An der türkischen

Die emiratszeitliche İlyas Bey-Moschee in Milet

Westküste, wo die osmanische Prachtentfaltung vergleichsweise geringe Spuren hinterlassen hat, bieten immerhin die Moscheen von Manisa (s. S. 118 f.) erfreuliche Beispiele.

Der Abstieg der Osmanen (16.–19. Jh.)

16./17. Jh. Spätestens mit der Niederlage vor Wien (1683) tritt das Osmanische Reich, das bereits 1571 in der Seeschlacht von Lepanto die Dominanz auf dem Mittelmeer eingebüßt hat, in seine Verfallsphase ein. Mit der Entdeckung Amerikas und des Seewegs nach Indien hat das Reich zudem seine merkantile Mittelstellung zwischen Europa und Asien verloren; auch führen die europäischen Silberimporte aus der Neuen Welt zu schleichender Geldentwertung. Neue Eroberungszüge, z. B. gegen Kreta ab 1645, bringen nur schleppend Erfolge.

18./19. Jh. Wiederholte Niederlagen gegen Österreich und Russland drängen das Türken-Reich endgültig in die Defensive. Regionale Machthaber wie der Statthalter in Ägypten, Mehmed Ali, der sich 1831 faktisch selbständig macht, und ›Reichsvölker‹ wie die Serben (ab 1804) und die Griechen (ab 1821), später auch Rumänen, Bulgaren und Montenegriner, welche um Unabhängigkeit kämpfen, zerrütten die Kräfte der Hohen Pforte. Nicht zu vergessen, dass ländliche Widerstandsbewegungen der osmanischen Macht zermürbende Bürgerkriege aufzwingen, und dass die Janitscharen, Eliteeinheiten des Sultanats, eine unberechenbare Selbstherrlichkeit gewinnen. Die Entwicklung des Reiches fällt zunehmend gegenüber der in den europäischen Staaten zurück, deren Diplomaten dem ›Kranken Mann am Bosporus‹ immer neue politische Zugeständnisse abnötigen.

Vom Sultanat zur Republik (1839–1922)

1839 So ernst wird die politische Lage, dass selbst die erstarrte Autokratie der Hohen Pforte ›Reformen von oben‹ durchzusetzen sucht: Der Begriff *tanzimat* (›Wohltätige Anordnungen‹) fasst die verschiedenen Einzelmaßnahmen jenes Jahres zusammen, die von der bürgerlichen Gleichstellung über die Abschaffung der Steuerpacht bis zur Heeresreform reichen. Doch kommen die Früchte der Verbürgerlichung vor allem nicht-türkischen Völkern wie Griechen und Armeniern zugute. Als ›zu spät gekommene‹ Nation wird das Osmanische Reich nach den zu spät gekommenen Reformen nur noch stärker von europäischen Staaten kujoniert.

Nach 1860 Die sogenannten ›Jungtürken‹, eine um 1860 in Kreisen der Intelligenz und des Offizierskorps entstandene politische Bewegung, heben daher neben der konstitutionellen Kontrolle der Monarchie und der Förderung der Industrie auch die Beschränkung ausländischer Einflüsse auf ihr Panier.

1908 Die Jungtürkische Revolution erzwingt die Durchsetzung dieser Vorstellungen, doch lässt sich das Osmanen-Reich nicht mehr stabilisieren.

Ab 1908 Der Vielvölkerstaat bricht auseinander (u. a. Balkankriege) und verliert im Ersten Weltkrieg, den die Osmanen an der Seite des Deutschen Reiches bzw. der ›Mittelmächte‹ führen, den Nahen Osten. Die Folge:

1919 Kleinasien wird von Alliierten und Griechen besetzt.

1919–1922 Die Besatzer haben jedoch die Widerstandskraft im Lande unterschätzt. Zwar ist das geographisch weit ausgreifende Osmanen-Reich am Ende, aber sein Kern, das Türkentum Kleinasiens, formiert sich unter dem patriotischen General Mustafa Kemal Pascha, später Atatürk (›Vater der Türken‹) genannt, zu einem Befreiungskrieg, der nicht nur zur Vertreibung der ausländischen Mächte, sondern auch zur Abschaffung des Sultanats und zur Errichtung einer Türkischen Republik führt.

1922/23 Zu den bis heute nicht verwundenen Folgen dieses Kriegs gehört der ›Bevölkerungsaustausch‹, durch den ca. 1,3 Mio. Griechen vertrieben werden. Ägäische Städtchen wie Ayvalık und Foça bewahren die traditionelle Architektur der Expatriierten. Neben den Ruinen orthodoxer Kirchenbauten fällt die typische griechische Hausarchitektur mit klassizistisch geschnittenen Fassaden und hohen, bis in das erste Stockwerk reichenden Portalen auf.

Die Türkische Republik (1922 bis heute)

Ab 1922 Nur ein Volksheld wie Atatürk, als ›Retter des Vaterlandes‹ gefeiert, vermag jene tiefgreifenden Reformen durchzusetzen, die sich gegen jahrhundertealte Sitten und Gepflogenheiten richten und Staat und moslemische Institutionen nach den Prinzipien des Laizismus trennen (s. S. 36 ff.). Der Verwestlichung des Landes entspricht auch die außenpolitische Linie, nach Atatürks Tod (1938) verstärkt unter seinem Nachfolger Inönü.

Ab 1945 Im Zweiten Weltkrieg neutral, ist die Türkei seit 1952 Mitglied der Nato und eng mit den USA verbunden.

1960–1980 Die innenpolitische Entwicklung wird durch drei Militärputsche (1960, 1971, 1980) geprägt: Ranghohe Offiziere setzen dabei jeweils missliebige Regierungen ab, um die ›Grundlagen des Kemalismus‹ als Atatürks Erbe zu wahren (s. S. 36 ff.).

1974 Die Spannungen zum Nato-Nachbarn Griechenland spitzen sich in der Zypernkrise zu: Als die damalige griechische Obristenjunta die Insel annektieren will, besetzen türkische Truppen Zyperns Norden, dem als Marionettenstaat von der Türkei Gnaden freilich bis heute internationale Anerkennung versagt bleibt.

1997/98 Ein vierter Putsch verläuft verdeckt: Das Militär verdrängt die zwei Jahre zuvor zur stärksten politischen Kraft aufgestiegenen Islamisten der *Refah Partisi* (›Heilspartei‹) mit legalistischen Mitteln aus der Staatsmacht.

2001 Die Türkei versinkt in einer schweren, bis heute unbewältigten Wirtschaftskrise. Während der Guerillakrieg der kurdischen PKK fast zum Erliegen gekommen ist, bleibt der islamische Fundamentalismus, da er eine Volksströmung repräsentiert (etwa ein Viertel der Bevölkerung), für die Generäle bedrohlich.

2002 Der Entkräftung der nationalistischen Regierung Ecevit entziehen sich Mitte des Jahres politisch westlich orientierte Kräfte durch Parteiaustritt und Parteineugründung. Neuwahlen sind für den November des Jahres angesetzt. Die ökonomische Lage – mit einer türkischen Lira im freien Fall – erscheint heikler denn je.

Kultur und Leben

Auf dem Markt von Edremit

TÜRKISCHE LEBENSART

Zwischen Tradition und Modernisierung

Atatürks Kulturrevolution ist wie ein Sturm über die Türkei hinweggegangen. Trotz des ungeheuren Modernisierungsschubs seit den 1920er Jahren hat sie aber kein Land moderner westlicher Prägung, sondern vielmehr eine nach Kultur und Tradition in sich gespaltene Nation hervorgebracht, die in großen Bereichen traditionalistisch, ja in mancher Hinsicht rückständig geblieben ist. Die Fahrt vom Touristenstrand zum Bauerndorf im Hinterland wird so zum Sprung in eine andere Welt.

Die Aspekte der **Modernisierung** werden zunächst in dem enormen Wachstum der städtischen Ballungszentren fassbar. Die Bevölkerungszunahme und eine Landflucht, die Millionen von Kleinbauern und Tagelöhnern aus Ost- und Mittelanatolien nach Ankara, İstanbul und İzmir, aber auch in die aufstrebenden Mittelstädte der Westküste geführt hat, versucht das Land durch eine Architektur von Betonwohnblöcken in den Griff zu bekommen, deren ideenlose Proben gerade im Umfeld von İzmir übel ins Auge stechen. Diese Mietskasernen sind freilich noch immer begehrte Alternativen zu den Behausungen in den Elendsvierteln, welche alle größeren Städte rahmen. *Gecekondu* (etwa: ›über Nacht gebaut‹) ist der Name der wuchernden Armenbezirke, in denen die Neuankömmlinge aus dem Osten sich aus ein paar Brettern und Plastikplanen über Nacht Notunterkünfte schaffen, die von den Behörden stillschweigend toleriert werden, sofern sie nicht öffentlichen Bauprojekten im Wege stehen.

Sind diese Hüttensiedlungen ein zweifelhafter Aspekt türkischer Modernisierung, so bedeutet es unzweifelhaft einen Fortschritt, dass die Türkei, an der Westküste bis in die Dörfer hinein, inzwischen mit Konsumgütern aller Art ausreichend versorgt ist, angefangen von Arzneien über die offenbar unverzichtbaren internationalen Limonade-Marken bis hin zu modernen Haushaltsgeräten, Landmaschinen und Personenwagen. Die Zeiten, in denen fliegende Händler mit ihren Lastern die Dörfer anfuhren, sind dahin. Zu den Seltsamkeiten der in sich gebrochenen türkischen Gesellschaft gehört auch der *›Video Kulüp‹*, der in keiner Kleinstadt fehlt, in den Mittel- und Großstädten ohnehin nicht. Die Sex- und Gewaltfilme, die dort im Angebot sind, kontrastieren eigentümlich zur weiterhin vorherrschenden traditionsgebundenen Lebensweise.

Die Entwicklung der **Infrastruktur** hat in den letzten Jahrzehnten unübersehbare Fortschritte gemacht. Holprige Dorfstraßen wurden geteert, Autobahnen angelegt, Landstraßen um eine zweite Spur erweitert; ein Netz neuer Flughäfen erleichtert den schnellen Binnenverkehr zu den Metropolen des Landes. Gegenüber Luft und Straße ist die Eisenbahn, eine hundert

Jahre alte ›Modernisierungsleistung‹ der Türkei, ins Hintertreffen geraten: Die Schienenstrecken werden immer weniger befahren, die Züge ungenügend gewartet.

Die Elektrifizierung hat auch den letzten Weiler der türkischen Westküste erfasst. Anekdoten wie die vom repräsentationsbewussten Dorfvorsteher, der sich als Zeichen seiner Fortschrittlichkeit schon drei Jahre vor dem geplanten Heranführen der Stromleitungen einen Kühlschrank als bestes Stück in die gute Stube stellte, gehören definitiv der Vergangenheit an. Die Rührigkeit der YSE, wie der Kürzel für die staatliche Großorganisation *Yol, Su, Elektrik* (›Straße, Wasser, Strom‹) lautet, ist sprichwörtlich.

Auch die Wasserversorgung der Bevölkerung hat sich in den letzten Jahrzehnten durch unzählige neue Bohrungsaufschlüsse der YSE verbessert. Man muss allerdings hinzufügen, dass bei all diesen Aktivitäten der Aspekt der ökologischen Nachhaltigkeit sehr vermisst wird. Der Wasserhaushalt der Bodrum-Halbinsel z. B. ist durch Tiefenaufschlüsse zur Versorgung der Ferienhaussiedlungen und Großhotels schon heute stark geschädigt.

Die Modernisierung des **Bildungswesens** begann 1927 mit Atatürks Einführung einer allgemeinen fünfjährigen Schulpflicht. Aber erst 1960 wurde der Bildungsentwurf des Staatsgründers wahr. Bis dahin fehlte es an Lehrkräften und Unterrichtsräumen, die Schulpflicht auch für die kleinen Dörfer Ostanatoliens umzusetzen. Die noch immer häufige Kinderarbeit bleibt bis heute ein Problem; die billigen Arbeitskräfte werden der Schulpflicht entzogen, nicht nur auf dem Land, sondern auch in den Slums der Städte.

Der Schulbesuch ist kostenlos, der Unterricht für die in blaue, später schwarze Einheitstracht gekleideten Kinder sehr stark auf ein Auswendiglernen von Grundwissen orientiert. Auch die 30 Universitäten und technischen Hochschulen der Türkei gewährleisten nur ein bescheidenes wissenschaftliches Niveau. Wer es sich leisten kann, versucht einen Studienplatz im westlichen Ausland zu ergattern. Ein Großteil der gegenwärtigen wirtschaftlichen und politischen Elite hat in den USA studiert.

Zwischen Laizismus und Islamisierung

Die Kräfte der Beharrung erwachsen nicht zuletzt aus dem **Islam.** Natürlich richten sie sich nicht schlechthin gegen jede Modernisierung, nicht gegen Straßenbau und Gesundheitsprogramme, wohl aber gegen die – in der Tat häufig bedenkenlose – Übertragung der westlichen Kultur auf ein Land, das ganz andere Traditionslinien hat.

Der Islam (etwa: ›Unterwerfung unter den Willen Gottes‹), dem 99 % der Einwohner der Türkei anhängen, ist eine streng monotheistische Konfession, die jüdische und christliche Lehren mit religiösen Anschauungen Altarabiens, dem Ursprungsland des Religionsstifters Mohammed, verbindet. Besonders ausgeprägt ist die soziale Komponente, denn Moslem, ›in den Stand des Heils Eingetretener‹, zu sein, geht weit

DIE ›FÜNF SÄULEN‹ DES ISLAM

Die Orthodoxie korrekter moslemischer Verhaltensweisen stützt sich einerseits auf das heilige Buch der Religion, den von Gott selbst geoffenbarten *Koran,* andererseits auf die *Hadithen,* einen Korpus von überlieferten Traditionen, die auf den Propheten Mohammed zurückgeführt werden. Verboten etwa sind der Genuss von Schweinefleisch und Alkohol sowie der Geldverleih gegen Zins und das Glücksspiel. So webt sich Lebensmaxime an Lebensmaxime im Sinne eines umfassenden sozialen Verhaltenskodex. Neben der Beschneidung der Knaben und bestimmten Eheschließungs- oder Begräbnisfeierlichkeiten sind dem Gläubigen dabei fünf eherne Grundpflichten auferlegt, die so genannten ›Fünf Säulen‹ des Islam:

• Das **Glaubensbekenntnis,** die arabisch zu sprechende Formel: ›Es gibt keinen Gott außer Allah, und Mohammed ist sein Prophet‹.

• Die fünfmal täglich in Richtung auf die Heilige Stadt Mekka im Stande ritueller, durch Waschungen hergestellter Reinheit zu verrichtenden **Formelgebete,** die eine vorgeschriebene Folge von Haltungen (Stehen, Knien, Niederstrecken, Stirnberührung des Bodens) einschließen. Soweit möglich, soll der Muslim das Gebet gemeinschaftlich in einer Moschee vollziehen, zumindest aber am Freitagmittag, wenn ein höherer Geistlicher *(İmam)* das Kollektivgebet leitet und predigt – entweder aus der *Mihrab* genannten Nische der nach Mekka gerichteten Wand *(Qibla)* oder vom *Minbar,* einer über Stufen erhöhten Kanzel. Angesichts der Widersprüche zwischen politischer und konfessioneller Sphäre werden die Freitagspredigten der bedeutenden İmame, denen das Fernsehen landesweite Verbreitung verschafft, stets mit Spannung erwartet.

• Die **Almosenpflicht,** eine Armensteuer, die früher von Staats wegen erhoben wurde; in der laizistischen Türkei ist sie natürlich freiwillig.

• Das **Fasten** im Monat Ramadan, dem neunten des arabischen Mondjahres, der sich gegenüber dem Gregorianischen Kalender von Jahr zu Jahr um zehn oder elf Tage verfrüht. Vom Aufgang bis zum Untergang der Sonne soll sich der Gläubige – Ausnahme: Kleinkinder, Greise, Kranke, Schwangere, Reisende – jeglicher Nahrungs- und Trankaufnahme enthalten, dazu auch des Rauchens; Geschlechtsverkehr ist ebenfalls nur nächtens erlaubt. Nach Sonnenuntergang wird der Beginn des Fastenbrechens in den größeren Gemeinden der Türkei üblicherweise durch einen Böllerschuss markiert.

• Die *Hac* genannte, an altarabische Traditionen anknüpfende **Pilgerfahrt nach Mekka.** Ein jeder Gläubiger, der dazu die Mittel besitzt und gesund ist, soll sie wenigstens einmal in seinem Leben absolvieren. Bevor sie zur etwa eineinhalbtägigen Fahrt zur Heiligen Stadt des Islam in die Langstreckenbusse steigen, werden die türkischen Mekka-Pilger durch Angehörige und islamische Geistliche feierlich verabschiedet.

Zwar hatte Atatürk 1924 verkündet: »Die Türkei ist keine Bühne mehr für das Schauspiel von Religion und religiöser Gesetzgebung« – und hinzugefügt »Wenn es aber noch Akteure für solche Schauspiele gibt, dann sollen sie sich eine andere Bühne suchen.« Doch der Säkularisierung standen stets Tendenzen zur Re-Islamisierung entgegen. Schon 1925 brachen blutige Aufstände aus. Denn die soziale Dimension des Islam, seine Lebens- und Alltagsregeln bringen die Gläubigen fast unweigerlich in Konfrontation mit den Prinzipien eines laizistischen Staats. Mächtige islamische Geheimbünde wie der Nakşibendi-Orden wirken in der Türkei weiterhin aus dem Hintergrund, und Parteien wie die *Fazilet Partisi* oder die AKP reiben sich erfolgreich an Korruption und Schmierentheater in den bürgerlichen Parteien.

Koranschüler in einer Dorfmoschee

über eine persönliche Zwiesprache mit Gott hinaus, verlangt von den Gläubigen vielmehr eine stete Ausrichtung des weltlichen Handelns an religiösen Normen.

So ist der Konflikt zwischen säkularisierten politischen Regimes des 20. Jh. und ihrer moslemischen, der Modernisierung meist hilflos ausgesetzten Bevölkerungsmehrheit vorgezeichnet. Die rigorosen Atatürk-Reformen und die Eingriffe des kemalistischen Generalstabs als ›Schattenregierung‹ im Hintergrund haben den islamischen Fundamentalismus in der Türkei politisch klein gehalten, doch kulturell bleibt er wirksam. Geradezu historischen Rang gewinnt die Frage, ob die kulturellen Angleichungsprozesse an den Westen, zu denen Millionen türkischer Rückkehrer nach Jahren der ›Gastarbeit‹ in Europa erheblich beitrugen, oder hingegen die Rückbesinnung auf eine von den identitätstiftenden Maximen des Islam geprägte Gesellschaftsform obsiegen werden.

Soziales Leben

Die Stellung der Frau

Weniger aus dem religiösen Kern des Islam als aus seiner historisch gewachsenen Kultur leitet sich die untergeordnete Stellung der Frau her. Schon im Straßenbild ist der Rang der Geschlechter deutlich definiert: stolz voran der bärtige Moslem mit Käppchen (das den verbotenen Fes ersetzt), drei demütige Schritte dahinter die Frau. Freilich ist dies nicht mehr das Straßenbild İstanbuls oder İzmirs, wohl aber obligatorisch für Inner- und Ostanatolien wie auch für die Dörfer der türkischen Westküste.

Offiziell ist die Frau seit 1934, mit der Einführung des allgemeinen Wahlrechts, dem Manne gleichgestellt, faktisch aber gilt die Geburt eines Mädchens auf dem Lande als ein kleines Unglück; gerade Bauernmädchen werden als billige Arbeitskräfte verschlissen, vom Schulbesuch abgehalten und in Heiratsabkommen zweier Familien wie eine Ware verhökert. Selbst in Mittelstandsfamilien, die es inzwischen liberaler halten, bleibt die Rolle der Ehefrau auf das Haus und die Erziehung der Kinder eingeengt; man erwartet wie selbstverständlich, dass sie Ausbildung und Karriere dafür opfert.

Mit großer Stärke behauptet sich der Schlüsselbegriff der ›Ehre‹. Eine Frau, die vor ihrer Ehe eine sexuelle Beziehung einging, hat diese Ehre verwirkt; ein Mann, der mit ihr dennoch die Ehe schließt, verliert wiederum die seine. Nicht einmal die Avantgardekreise in İstanbul und Ankara vermögen sich, obwohl sie es gern vorgeben, von diesem Kodex ganz zu lösen. Die mehr oder minder nackten Titelschönheiten von Boulevardzeitungen wie ›*Tan*‹ oder ›*Sabah*‹ und so manche voyeuristische Berichterstattung sollten den Türkei-Besucher nicht über den tatsächlichen Stand der Dinge hinwegtäuschen. Lediglich einige hochqualifizierte Akademikerinnen – als Beispiel die frühere Ministerpräsidentin Tansu Çiller – bleiben formal vom ›Sozialgesetz‹ männlicher Dominanz ausgenommen.

›Frauenwelt‹ Haus und Heim

Nachbarschaft und soziale Kontrolle

Die traditionelle Rolle der Frau wird freilich in der türkischen Kleinfamilie zunehmend obsolet; sie war konzipiert auf die **Großfamilie,** deren häusliche Gemeinschaft längst in Auflösung geraten ist – in der Stadt jedenfalls, aber zunehmend auch auf dem Land. Drei Generationen unter einem Dach sind an der türkischen Ägäis schon fast die Ausnahme. Die soziale Sicherheit, die sich damit verliert und durch die geringen staatlichen Versorgungsgarantien (Rente, Pension, Krankenversicherung) nicht ausgeglichen wird, gewährt in bescheidener Form der tatkräftige und hilfsbereite Nachbarschaftszusammenhang (*komşuluk*), auf den nomenklatorisch die Verwandtschaftsbeziehungen übertragen werden: *abla* (›große Schwester‹) nennt man die ältere Frau, *teyze* (›Tante‹) die Großmutter aus der Nachbarschaft, *kardeş* (›Schwester‹ oder ›Bruder‹) den Gleichaltrigen von nebenan. Auch das *ağabey*-System (s. S. 43) gehört in diesen Zusammenhang.

Das Sicherheitsnetz der Nachbarschaftshilfe bedeutet aber auch soziale Kontrolle. Streng wird darauf geachtet, dass die Sphäre der Frauen und der Männer geschieden bleiben. So wie es für eine Frau unstatthaft wäre, ein ›Männer-Teehaus‹ aufzusuchen, so hat ein Mann tagsüber nichts in der Wohnung zu suchen – dies ist ihr Reich. Größere Restaurants oder Parkcafés teilen einen speziellen ›Familiensektor‹ (*aile salonu*) ab, in dem sich auch Frauen aufhalten können, ohne ihren guten Ruf zu verlieren. Dem entspricht in den Moscheen ein besonderes Frauenabteil im hinteren Bereich oder in einem Seitentrakt. Dass unverheiratete Frauen und Männer ungezwungen miteinander ausgehen, mag an der Westküste für die Metropole İzmir und die ›exterritorialen‹ Badeorte gelten, wäre aber schon in einer Mittelstadt wie Milas undenkbar, es sei denn, ein Angehöriger der jungen Frau begleitete das Paar als ›Sittenwächter‹.

Unter Kontrolle und traditionellen Zwängen steht aber auch der Mann. Genau wird beobachtet, ob er die Regeln befolgt, die Ehre wahrt, großzügig Almosen gibt (s. S. 38), seinen Jungen im rechten Jahr beschneiden lässt etc., und jeder Streifzug in eine Kneipe *(birahane)* wird ebenso missbilligend registriert, wie seiner Ehefrau oder Mutter, die dafür als verantwortlich gelten, Nachlässigkeit in der Kleidung des Mannes übel angelastet würden. Für die exakte Trimmung des Schnurrbarts, glatte Rasur und tadellose Kurzschnittfrisur ist er allerdings selbst zuständig; Anzug, Weste und Krawatte weisen ihn als Mann von Rang und gesellschaftlicher Bedeutung aus.

Generell wird in der Türkei der äußeren Erscheinung hohe soziale Bedeutung beigemessen. Nur schwer vermag abseits der Touristenorte, wo sich natürlich ein anderes Verständnis eingebürgert hat, ein Dorfbewohner legeres Auftreten etwa in T-Shirt, Shorts und Sandalen an bloßen Füßen recht zu begreifen; ihm signalisiert solche Dürftigkeit schlichtweg Bedürftigkeit – und damit einen niederen sozialen Status. Auch der Kleinbauer hat einen vom Munde abgesparten Schneideranzug im Wandschrank hängen. Das püppchenhafte Herausputzen moderner junger Türkinnen mit Rouge, Klimperwimpern, Purpurlippen, rotlackierten Fingernägeln und Schleife im Haar, dazu möglichst vielen goldene Armreifen und Ringen – Insignien, die nun wiederum den westlichen Besucher auf falsche Ideen bringen könnten – genügt zwar nicht dem traditionellen islamischen Verhaltenskodex, wohl aber dem skizzierten sozialen Darstellungszwang. Zwischen diesem und jenem vermittelt das merkwürdige Erscheinungsbild der unzähligen Türkinnen, die das wohlanständige Kopftuch tragen und – auch bei großer Hitze – den geschlossenen beigen Tuchmantel, gleichwohl aber auf Stöckelschuhen gehen und stark geschminkt sind: fromm und gutsituiert zugleich eben.

Kulturelle Traditionen

Die kulturellen Traditionen der Türkei sind einerseits an den Islam, andererseits an die zentralasiatische Vergangenheit des Türkentums gebunden. Die kritische Einstellung des Islam zur bildlichen Wiedergabe von Lebewesen hat die Entwicklung einer nennenswerten bildlich-figürlichen Kunst verhindert.

Auf der Ebene der **Volkskultur** fallen die naiven Dekorationsmalereien ins Auge, mit denen Pferdekarren und Lastwagen geschmückt sind, nicht zuletzt auch die werbende Schildermalerei kleiner Ladengeschäfte. Die begleitende Schriftkunst solcher Schilder zeigt übrigens das gute Niveau einer über Jahrhunderte gepflegten kalligraphischen Tradition.

Zur osmanischen **Hochkultur** in Gestalt von Moscheearchitektur und hochwertigem Fliesendekor, Kalligra-

DAS AĞABEY-SYSTEM

Als ich zum ersten Mal die Türkei besuchte, fiel mir ein ungewöhnlich häufiger Männername auf. Ich verstand ihn, so wie er im Basar oder auf der Straße zugerufen wurde, als ›Abi‹ und hielt ihn für eine Kurzform von Abdullah. Inzwischen weiß ich, dass ›Abi‹ kein Vorname ist, sondern eine respektvolle Anrede. Als *ağabey* ist sie zu transkribieren. Wörterbücher übersetzen das als ›älterer Bruder‹, doch bleibt die eigentümliche soziale Dimension dabei verborgen.

Denn das *ağabey*-System bestimmt in intimer Weise den Alltag der Türkei – und dies ab frühester Jugend. Die Türkei-Expertin Barbara Yurtdaş schreibt in ihrem Buch »Wo mein Mann zuhause ist«: »Jeder im Verhältnis zu anderen Kindern ältere Junge ist *ağabey,* auch wenn kein Geschwisterverhältnis besteht. Ein *ağabey* kann von den Jüngeren Dienste und Gehorsam verlangen, aber in Gefahren tritt er auch als Beschützer auf.« Die Rollenzuweisung wird allerdings dadurch aufgelockert, dass jeder Schutzbefohlene selbst bald neue Zöglinge gewinnt, die nun wiederum ihn *ağabey* nennen und mit erwartungsvollen Augen zum ›älteren Bruder‹ aufblicken.

Auch in späteren Jahren darf der *ağabey* von seinen ›Schützlingen‹ bedingungslose Loyalität erwarten – wie umgekehrt die Jüngeren Hilfestellung bei der Jobsuche, bei finanziellen Schwierigkeiten und gegenüber Behörden, bei denen man ohne Protektion in der Türkei nicht viel ausrichtet. *Ağabey* konstituiert jenseits der Solidargemeinschaft Familie ein wichtiges soziales Netz. Zu den Schwierigkeiten, mit denen in Deutschland aufgewachsene Türkei-Heimkehrer zu kämpfen haben, gehört es, im *ağabey*-System ein Fremdkörper, ja ein Nichts zu sein. Falls die Familie dem *almanyalı* seine Rückkehr nicht vorbereitet hat wie ein ›gemachtes Bett‹, hilft häufig auch das in Deutschland Ersparte nicht zum Aufbau einer neuen Existenz, denn es fehlen die persönlichen Beziehungen, welche in einem Land, in dem sich geschäftsmäßige Anonymität noch nicht ausgebreitet hat, allein die Dinge bewegen helfen.

In der ›Frauenwelt‹ ist das *ağabey*-System übrigens ein *abla*-System. *Abla* heißt eigentlich ›ältere Schwester‹, wird aber auf nicht-verwandte Frauen als Respektspersonen übertragen. Die ›jüngeren Schwestern‹ werden von der älteren eingewiesen in Techniken der Handarbeit, suchen ihren Rat bei Eheproblemen, geben ihre Kinder in die Obhut der *abla,* entlasten, umgekehrt, aber auch ihre Mentorin bei schweren körperlichen Arbeiten, springen für sie im Krankheitsfall ein etc. Auch finanziell greift man sich unter die Arme.

Zu den dunklen Seiten des Systems gehören Mord und Totschlag, über die man in türkischen Boulevardblättern lesen kann. Es handelt sich dabei um zweifelhafte ›Ehrentaten‹ – begangen, um den guten Ruf eines Schutzbefohlenen zu wahren. Volkes Stimme: »Als *ağabey* hatte er die Pflicht, es zu tun. Und nun bestraft man ihn noch dafür.«

phie, Metall- und Holzkunst gesellten sich volkstümliche Ausdrucksformen, von denen die Kunst des Knüpfteppichs, ›geadelt‹ durch westliches Kaufinteresse, prominent blieb, während z. B. die spezifische Tanz- und Musikkultur nur noch ein Schattendasein führt.

Tanz und Musik

Herkömmliche Musikinstrumente wie Trommel (*davul*), Oboe (*zurna*), Hirtenflöte (*kaval*) und Langhalslaute (*saz*) ertönen heute, verdrängt von populärer Schlagermusik ost-westlicher Stilmischung, nur noch bei Dorfhochzeiten und Beschneidungsfeierlichkeiten und lassen dann in ihrem klagend-eintönigen Auf und Ab das Lebensgefühl der asiatischen Steppe aufleben. Meist sind die Musikanten Zigeuner, und vielen Türken gelten die aufgespielten Traditionsweisen, obwohl sie in die eigene Historie zurückführen, als *tsigan müziği* (›Zigeunermusik‹). Die stark ornamentiert vorgetragenen Liebeslieder, in denen meist auch eine gewisse Verzweiflung an den Zwängen von Ehre und Tradition mitschwingt, hört man nur noch selten, so wie die alten Paar- und Gruppentänze, jedenfalls in der westlichen Türkei, offenbar allein noch als inszenierte folkloristische Vorführung vor Touristen zu überdauern vermögen. Der Bauchtanz, den viele ausländische Besucher für ›typisch türkisch‹ halten, ist in Wirklichkeit ein ägyptisch-arabischer Import in den osmanischen Harem, aus dem er Anfang des 20. Jh. in das Repertoire der ersten İstanbuler Nachtclubs überging.

Souvenirs

Orientalisches Flair verbindet sich auch mit der türkischen Handarbeitskunst, die eine Vielzahl von Gebrauchsgegenständen hervorgebracht hat, deren komplexe ornamentale Motive teils von der Kalligraphie, teils von den Traditionen der nomadischen Turkmenen beeinflusst sind. Sie gehören heute zu den beliebtesten Souvenirs. Leider hat das türkische Kunsthandwerk im letzten Jahrzehnt durch Massenproduktion sichtlich an Güte verloren. Schlechte Verarbeitung von Lederwaren, mäßige Stoffqualitäten, kitschige Dessins und grelle Industriefarben erscheinen symptomatisch für diesen Verfall.

Prunkstück für jeden Souvenirkäufer ist sicherlich ein türkischer **Teppich** (*halı*), doch sei gerade hier zu besonderer Vorsicht geraten: Produktion und vor allem Verkauf durch ein nahezu lückenloses Netz von ›Schleppern‹ sind mittlerweile quasi-industriell organisiert, und es mehren sich die Klagen über zu hohe Preise für mangelhafte Qualität. Bei ernsthaftem Interesse sollte man sich *vor* der Reise über Preise und Techniken informieren.

Die Dominanz des Knüpfteppichs überschattet eine verwandte anatolische Handwerkstradition: die des leinwandbindigen **Kelim** (*kilim*), gewebt mit einer Kette und verschiedenfarbigen Woll- oder Baumwollschüssen. Als Teppich, aber auch als Kissenbezug, Decke, Satteltasche oder Saatschürze fanden diese Weberzeugnisse breite Verwendung. Selten industriell betrieben, bietet die Flachweberei mit ihren vielen ornamentalen und stilisiert-naturalen Motiven aus nomadischer Tradition (Rautenmedaillons, Spitzarkaden, Sterne, Drachen, Hakenkreuze als Glückszeichen, Augen etc.) höchst individuelle und originelle Arbeiten.

Weitere Souvenirs sind **Stickereien und Strickwaren,** in denen sich gewisse Motive der Teppichkunst wiederholen. Relativ preiswert erhält man auch **Lederartikel** (Taschen, Gürtel, Jacken etc.), nicht immer freilich in aktuellen Schnitten.

Beliebt als Mitbringsel sind an der türkischen Westküste ferner die farbig glasierte **Keramik** von Çanakkale wie auch die einfacheren Stücke von Menemen. Während eher volkstümliche Gebrauchskeramik zusammen mit Korbflechterei häufig an Verkaufsständen am Straßenrand angeboten wird, haben sich die städtischen Souvenirshops auf glasierte Fliesen, Teller und Krüge nach Manier der osmanischen Hofmanufakturen spezialisiert. Dort sind auch Mokkageschirre, **Onyx- oder Alabasterwaren** (als Aschenbecher, Schalen, Vasen, Stopfeier etc.) sowie **Kupfer- und Messingarbeiten** erhältlich. Letztere, als getriebene Tabletts, Kannen oder Pfeffermühlen, bieten meist guten Gegenwert fürs Geld.

Vergleichsweise preiswert ist **Goldschmuck** zu bekommen, der im Basar nach dem Gewicht berechnet wird. Etwas für Sammler sind geschnitzte Pfeifenköpfe und Zigarettenspitzen aus **Meerschaum,** der bei Eskişehir abgebaut wird, oder Figuren aus dem türkischen **Schattenspieltheater** um den frech-volkstümlichen Helden Karagöz, dessen Aufführungen inzwischen leider sehr selten geworden sind. Aus der Tradition des Volks(aber)glaubens schließlich stammen die blauen Perlen und Glasaugen, die Unheil abwehren sollen und als Talisman getragen werden.

Zum Schluss noch ein Rat: Unter der Hand angebotene ›garantiert echte Antiquitäten‹ oder ›antike Münzen‹ aus der nächstgelegenen Ruinenstätte sind fast immer gefälschte Massenware – im übrigen wäre die Ausfuhr echter **Antiquitäten** auch streng verboten.

Religiöse Feste

Der Islam rechnet nach dem Mondkalender. Da das Mondjahr nur 354 Tage hat, verschieben sich die religiösen Feste nach dem westlichen Kalender jedes Jahr um ca. elf Tage.

Der **Ramadan,** türkisch *ramazan*, der islamische Fastenmonat, beginnt 2002 am 6. November; 2003 am 23. Oktober. Knapp zwei Drittel der türkischen Erwachsenen halten sich an das Fastengebot.

Drei Tage lang wird nach Ende des Ramadan das **Zuckerfest** (*şeker bayramı*) als Familienfeier begangen, zu der den Kindern Süßigkeiten, aber auch neue Kleider beschert werden. Geschäfte, Banken und Behörden bleiben geschlossen (2002: 6.–8. Dezember).

Gleiches gilt für das viertägige **Opferfest** (*kurban bayramı*), das an das biblische Opfer Abrahams erinnert und mit dem Schlachten eines Opfertiers (meist ein Schaf) begangen wird. Zum Festmahl kommt wiederum die ganze Familie zusammen. 2003 beginnt das Opferfest am 12. Februar, 2004 am 1. Februar.

DIE TÜRKISCHE KÜCHE

Helmuth von Moltke, 1835 als Instrukteur der osmanischen Truppen nach İstanbul gekommen, zeigte sich betroffen: »Vor einigen Tagen gab man uns ein aecht-türkisches Diner, natürlich ohne Messer und Gabeln und ohne Wein. Den Anfang der zahllosen Schüsseln machte ein gebratenes Lamm, inwendig mit Reis und Rosinen gefüllt... dann folgte Helwa, eine süße Mehlspeise, dann wieder Braten und wieder ein süßes Gericht, bald warm, bald kalt, bald sauer, bald süß. Jede einzelne Schüssel war vortrefflich, die ganze Combination aber für einen europäischen Magen schwer begreiflich, und das Alles ohne Wein!«

Der heutige Besucher muss indessen nicht fürchten, mit den Händen essen zu müssen; zudem war das, was man Moltke da auftafelte, ein seltenes Festgericht, durchaus keine Alltagskost. Wein (*şarap*) schließlich ist inzwischen – also auch darin keine Sorge! – in allen touristischen Zentren zuhanden.

Gemüse und Fleisch

Die türkische Küche ist insgesamt weniger auf Fleisch als auf **Frischgemüse** ausgerichtet: Aubergine (*patlıcan*), Gurke (*salatalık*), Kichererbse (*nohut*), Kürbis (*kabak*), Paprika (*biber*), Tomate (*domates*), Zwiebel (*soğan*). Da der Koran Moslems den Verzehr von Schweinefleisch untersagt, beschränkt sich das **Fleischangebot** auf Lamm (*kuzu*) und Rind (*sığır*), fast immer gegrillt (*ızgara*) oder als Kebap zubereitet, dazu kommen Brathähnchen (*kızarmış tavuk*) und an der Küste natürlich auch **Fisch** (*balık*), der übrigens keineswegs immer fangfrisch ist. Dazu als Tipp: Frischer Fisch hat klare Augen, sind diese rot unterlaufen, lagert das Tier schon einige Zeit – verzichten Sie besser.

Bis auf die beiden eher scharfen Hackfleischspieße *Adana Kebap* und *İskender Kebap* sind türkische Gerichte sehr zurückhaltend gewürzt. Minze, Petersilie, Zwiebeln und Knoblauch machen die Speisen dennoch pikant. Spezifisch türkische **Gewürze** sind Schwarzkümmel (*çörek otu*), gemahlener Kreuzkümmel (*kimyon*), der für Hackfleischgerichte benutzt wird, und das rote, säuerlich schmeckende Sumachpulver (*sumak*). In praktisch jedem Restaurant, nicht zuletzt im *Pide Salonu*, steht zum Nachwürzen neben Pfeffer und Salz eine Schale mit mittelscharfem Paprikaschrot (*pul kırmızı biber*) bereit.

Suppen und Vorspeisen

Unter den türkischen **Suppen** (*çorbalar*) seien die ›Almsuppe‹ (*yayla çorbası*; eine Joghurt-Suppe mit Reis und Minze), und die ›Hochzeitssuppe‹ (*düğün çorbası*) mit Hammelfleisch und Gemüse besonders hervorgehoben. Suppen bestimmen den Speiseplan vor allem im Winter, wenn Frischgemüse nicht verfügbar ist. *Çorba* wird in den Volkslokalen als Frühstück serviert.

Appetitliches aus Marmaris

Eine Besonderheit der türkische Küche sind die *mezeler* – kalte **Vorspeisen,** zu denen man, wie stets, Weißbrot (*ekmek*; s. S. 48/49) isst. Gute Restaurants bieten ein oder zwei Dutzend dieser Appetithäppchen an, darunter Salate (*salatalar*), Käse (*peynir*), geröstete Kichererbsen (*leblebi*), Kichererbsenmus (*humus*), Sesamcreme (*tahin*), Oliven (*zeytinlar*), weiße Bohnen (*kuru fasulye*), Fischrogenpaste (*tarama*), mit Käse oder Hackfleisch gefüllte Pastetchen (*börekler*), Gemüse in Olivenöl (*zeytinyağlılar*), Knoblauchquark (*ezme*) und zahlreiche Joghurt-Variationen wie das mit Gurkenstückchen versetzte, mit Dill gewürzte *cacık*. Aber auch Fleischhäppchen und gegrillte Würstchen (*sosis*) fehlen nicht. Die Vielfalt der *mezeler* gilt als Signum für die Qualität eines Restaurants.

Brot und Süßigkeiten

Als zweite kulinarische Besonderheit sind die vielen türkischen **Pasteten** und **Brotgerichte** zu nennen. Beim *pide*-Bäcker bekommt man ofenheiße ›türkische Pizza‹, entweder mit Hackfleisch bestreute (*etli pide*) oder mit Weißkäse belegte (*peynirli pide*) Hefeteigfladen; beim Pastetenbäcker (*börekçi*) wiederum Leckereien wie ›Zigarettenröllchen‹ (*sigara böreği*) mit Schafskäsefüllung. *Lahmacun*, eine dünne, ›feuchte Pizza‹ mit Hackfleisch als Auflage, ist das preiswerteste unter den Teiggerichten.

Eine dritte Spezialität der türkischen Küche sind die vielen **Süßspeisen** (*tatlılar*), die aber nicht – wie zu Moltkes Zeiten – zwischen den Hauptgängen, sondern als Dessert gereicht werden.

TÜRKISCHES BROT

»Taze gevrek, simit taptaze!« (Frisches Sesamgebäck, Kringel ganz frisch), so ruft der barfüßige Bub an der Bushaltestelle seine Ware aus, die er auf einem Tablett auf dem Kopf balanciert. Ofenfrisch müssen Sesamkringel *(simit)* und Weißbrot *(ekmek)* beim Verkauf sein. Mehrmals täglich beliefern die Bäckereien den Lebensmittelhändler an der Ecke, und die Leute laufen unmittelbar vor dem Essen zum Brotkaufen, damit dies stets *taze,* innen weich, außen knusprig ist. Im Fastenmonat Ramadan bilden sich vor den Läden allabendlich regelrechte Warteschlangen, weil das speziell für das Fastenbrechen gebackene Fladenbrot *(pide)* erst in letzter Minute warm ausgeliefert wird.

Der Kult der Frische rührt wohl daher, dass die aus reinweißem Weizenmehl hergestellten Backwaren am nächsten Tag buchstäblich nach nichts schmecken, eine gummiartige Dehnbarkeit entwickeln und im übrigen, da ohne Haltbarkeitsmittel zubereitet, in den warmen Monaten auch bald schimmeln würden.

Brot ist ein unabdingbarer Bestandteil aller türkischen Mahlzeiten. Man isst es zum Frühstückstee mit Schafskäse, Oliven und Tomaten sowie morgens, mittags und abends zur Suppe, aber auch zu Fleisch- und Gemüsegerichten. Es macht Säure, Fett und scharfe Würze besser verträglich und füllt den Magen. Immer aber ist es Beilage. Das Butterbrot, die Stulle, kennt man in der Türkei nicht, allenfalls seit neuerem Burger und Sandwiches.

Obwohl es außer *ekmek, pide* und *simit* noch diverse andere Brot- und Kringelformen gibt, findet sich doch nur selten Graubrot, geschweige denn Vollkornbrot. Allerdings war ein dunkles, knochenhartes Dauerbrot, das sich erst durch Einweichen in Wasser, Tee oder Suppe beißen ließ, bis in die 1970er Jahre hinein auf dem Lande noch allgemein gebräuchlich. Erst dann wurde es durch das in den Städten übliche Weißbrot französischen Typs verdrängt.

Da gibt es *baklava*, mit Nüssen gefüllter, siruptriefender Blätterteig, *sucuk*, ein Traubengelee mit Nüssen, *helva*, den bekannten ›türkischen Honig‹ aus Zucker und Sesam, *tulumba tatlısı*, einen Sirupkuchen, und *lokum*, mit Puderzucker bestäubter Fruchtgelee – allesamt sehr, sehr süß –, aber auch, mitteleuropäischen Zungen eher zugänglich –, Puddingsorten wie *asure* (›Noahs Pudding‹) oder *muhallebi*, dazu *sütlac,* überbackenen Milchreis.

Jedes Restaurant hält als Dessert zudem **Obst** bereit: ausgesuchte Achtel von der Wassermelone (*karpuz*) oder der Zuckermelone (*kavun*), gelegentlich auch Weintrauben (*üzüm*) oder Pfirsiche (*şeftali*).

Getränke

Als Jean de Thevenot 1656 durch die Türkei reiste, servierte man ihm ein seltsames Gebräu: »Die Türcken haben

Da pro Kopf täglich ein Weißbrotlaib verbraucht wird, kommt dem Preis auf dem Markt eine Signalfunktion zu. Deshalb wurde früher das Mehl staatlich subventioniert und der Brotpreis jeweils vom Bürgermeister festgelegt. Seit Mai 1991 gilt jedoch ein Gesetz, das die Preisbildung dem Markt überlässt, also den Bäckereien bzw. in einzelnen Städten den Bäckerinnungen. Sozial ganz ungefährlich war diese Preisfreigabe nicht, wie die ›Brotaufstände‹ zeigen, die aus vergleichbarem Anlass in Ländern wie Marokko, Tunesien und Ägypten ausbrachen. Anders als in Nordafrika verlief das Ende der Subventionierung in der Türkei jedoch wenig dramatisch. Zwar ist der Brotpreis für den Laib à 340 Gramm seither im Maße der Inflation gestiegen, doch ist das Brot mit umgerechnet etwa 20 oder 25 Cent noch immer billig genug und allgemein erschwinglich.

Die nächste Preiserhöhung wird fällig, wenn das Mehl teurer wird (weil der Weizenpreis auf dem Weltmarkt steigt) oder das Heizöl oder der elektrische Strom. Denn damit werden die modernen Backöfen betrieben, die täglich mehrere Tausend Weißbrote ausstoßen können. Nur noch die wenigsten Bäckereien heizen heutzutage den guten alten Holzbackofen ein, und nur selten wird der Teig noch von Hand gemischt und geknetet. Auch Sauerteig wird kaum noch angesetzt, statt dessen kommen Treibmittel aus der Tüte zum Einsatz.

Die Arbeitszeit der Bäcker *(ekmekçi* oder *fırıncı)* beginnt zwangsläufig mitten in der Nacht und endet etwa zwölf Stunden später. Am späteren Nachmittag sieht man sie, meist eine Zigarette zwischen den Lippen, vor der Bäckerei sitzen. Wenn die geformten Teiglaibe für das Abend-Brot in den Wärmeschrank geschoben werden, ist meistens ein Mann ausreichend, um die Spätauslieferung zu betreuen. Der Arbeitgeber bezahlt seinen Bäckern einen Monatslohn von umgerechnet etwa 210 € zuzüglich Krankenkasse und Rentenversicherung. Überstunden werden nicht vergütet. Sind alle Kosten abgezogen, bleiben als Gewinn ca. 20 % vom Ladenpreis übrig, den sich der Bäckereibesitzer mit dem Händler teilt.

Von Barbara Yurtdaş

ein Geträncke mit Namen Cahvé, dass sie alle Stunden des Tages brauchen, und dasselbe wird aus einem Saamen gemacht... Dieser Tranck ist bitter und schwartz und riecht ein wenig brandig, man trinckt ihn mit kleinen Zügen...« Das waren noch Zeiten, denn die türkische Kaffee-Kultur ist mit dem Osmanischen Reich untergegangen. Zu dessen Herrschaftsbereich hatte ab 1609 der Jemen gehört, eines der wichtigsten Kaffeeanbaugebiete. Als sich Südarabien Anfang des 20. Jh. aus dem türkischen Imperium löste, verteuerte sich der Kaffee (*kahve*). Mit der unmittelbaren Wirkung, dass Tee (*çay*), das traditionelle Getränk Asiens, sich wieder in den Vordergrund schob, da er in den Schwarzmeer-Provinzen der Türkei angebaut werden konnte (und kann) und wesentlich billiger war. **Kaffee** trinkt man in der Türkei als frisch aufgekochten Mokka in den Geschmacksrichtungen süß (*şekerli*), mit-

In einem Teegarten

telsüß (*orta*), leicht gesüßt (*az şekerli*) oder ungesüßt (*sade*). Serviert wird er mitsamt dem Kaffeesatz in winzigen Tässchen. Teehausbesucher schlürfen ihn in dem Bewusstsein, ein Luxusgetränk zu genießen.

Dagegen wird das Nationalgetränk **Tee** bei allen nur denkbaren Gelegenheiten aufgewartet, vom Frühstück bis zum Abendessen. In Banken, Betrieben und bei Behörden sorgt ein ›Teemann‹ (*çayıçı*), der in irgendeinem Winkel des Gebäudes seine Teeküche (*çay ocağı*) eingerichtet hat, fleißig auf- und abtragend, für regelmäßigen Nachschub. Die Kleinhändler an der Straße wiederum werden von der nächsten Teestube (*çayhane*) aus versorgt. Abends im Teegarten lässt man sich in größerer Runde auch einmal einen Samowar (*semaver*) bringen und versucht sich selbst an der Teezubereitung. Dabei wird ein konzentrierter Aufguss gläschenweise mit Wasser verdünnt. Eine willkommene Abwechslung im Schwarztee-Alltag ist der Salbei-Tee (*adaçay*). Jedes Teehaus serviert Ihnen auch gern ein Gläschen mit dem heißen Orangengetränk *Oralet* oder Apfeltee (*elma çayı*).

Eine türkische Spezialität, die Sie einmal versuchen sollten, ist *ayran*, ein leicht gesalzenes, durststillendes **Joghurtgetränk.** Auf allen Bushöfen, aber auch in vielen Restaurants wird es angeboten.

Schließlich ist **Wasser** (*su*) ein ›typisch türkisches Getränk‹. Noch vor zehn Jahren war es üblich, dass Fernbusse bei einer Quelle mit gutem Wasser anhielten. Sogleich kramten die Passagiere Flaschen und Becher hervor, und bald war am Quellstrahl, immer wieder kostend, eine Expertenrunde dabei, die besondere Wasserqualität wortreich zu würdigen. Denn die türkische Sprache ist dazu mit beschreibenden Adjektiven sehr viel besser gerüstet als die deutsche – ein Hinweis auf die nomadischen Ursprünge der Türken, denen vor einem Jahrtausend die Wasserstellen in den asiatischen Steppen ein lebenswichtiges Gesprächsthema waren. Quellwasser (*memba suyu*) wird in Flaschen abgefüllt und steht in allen einfachen Restaurants auf dem Tisch. Die Marken wechseln je nach Region, im Gebiet von Milas und Bodrum trinkt man z. B. ›Labranda‹. In der ganzen Türkei verbreitet sind die Plastikflaschen der Marke ›Şaşal‹. Mineralwasser (*madensuyu*, auch *soda* genannt) wird ausschließlich in kleinen Flaschen (0,2 l) angeboten.

Die türkischen **Weine** sind trocken (*sek*); liebliche und halbtrockene Varianten fehlen. Mit der richtigen Temperierung hat man im Sommer zuweilen Beschwer: Entweder werden Rotwein (*kırmızı şarap*) wie Weißwein (*beyaz şarap*) direkt aus dem Eisschrank serviert oder aber sie haben sich auf irgendeiner Theke der Außentemperatur angepasst, sind also lauwarm.

Das meistverkaufte türkische **Bier** ist ›Efes Birası‹, gefolgt von dem in Lizenz gebrauten ›Tuborg‹; beide können es mit westlichen Importbieren durchaus aufnehmen.

Eine alkoholische Spezialität der Türkei ist der **Anisschnaps** *Rakı* (ca. 40-45 % Alkohol). Man trinkt ihn üblicherweise mit ein wenig Wasser verdünnt, das macht ihn süffig, schmälert aber keineswegs die Wirkung. Wegen der milchigen Färbung, die er dann im Glas entfaltet, heißt er auch ›Löwenmilch‹ (*aslan sütüsü*). Und vergessen Sie nicht: Der türkische Trinkspruch lautet *Şerefinize*!

Türkische Lokale

Restoran – besseres Gasthaus, das gegrillte Fleischgerichte oder Fisch bietet und alkoholische Getränke aufwartet.

Lokanta – einfaches Gasthaus ohne Alkoholausschank; in stählernen Wannen köcheln Eintopfgerichte. Man schaut sich das Angebot an und bestellt – als Ausländer – einfach mit Fingerzeig.

Kebap Salonu – auf Fleischspieße *(şiş kebap)* und Geschnetzeltes vom Drehspieß *(döner kebap)* spezialisiertes Lokal; kein Alkoholausschank, man trinkt hier *su, maden suyu* oder *ayran.*

İskembe Salonu – ein ›Kuttelsuppen-Lokal‹, spezialisiert auf Innereien, etwa am Spieß gegrillte Därme *(kokoreç);* hier kommt, frisch aus dem Ofen, auch Lammkopf *(baş)* auf den Tisch; dazu trinkt man *rakı.*

Pide Salonu – die ›türkische Pizzeria‹, ein preiswertes Lokal, das mit Käse oder Hackfleisch belegte Fladenbrote backt; meist kein Alkoholausschank, man trinkt bevorzugt *ayran.*

Pastahane – eine Konditorei, die Kuchen und Gebäck, im Sommer auch Speiseeis *(dondurma)* anbietet.

Birahane – eine Schankwirtschaft; das Zapfbier wird in Gläsern zu 0,4 oder 0,5 Litern serviert; dazu erhält man meist Knabbereien, z.B. *leblebi.*

Tipps für Ihren Urlaub

Im Theater von Milet

DIE TÜRKISCHE WESTKÜSTE ALS REISEZIEL

Pauschal oder individuell?

Vielseitig ist die türkische Westküste nur für diejenigen, die ihre Vielseitigkeit auch erleben wollen. Wer **geschlossene Hotel- bzw. Clubreviere** vorzieht und nur zwei Wochen pauschal ausspannen möchte, findet dazu genügend Möglichkeiten, hat aber kaum Gelegenheit, sein Gastland kennenzulernen.

Dies ist keineswegs ein Plädoyer gegen die **Pauschalreise:** Man kann aus dem vorgebuchten Quartier, z. B. mit dem Leihwagen in Tagesausflügen, ebenso effektiv agieren wie mit dem Rucksack auf dem Buckel und getragen von Überland-Bussen: wenn es im Ziel denn darum geht, Landschaft, Geschichte und kulturelle Gegenwart einer Region, die man bereist, mit offenen Augen wahrzunehmen.

Allerdings bietet die Türkei besonders günstige Bedingungen für den **Individualreisenden:** ein vorzügliches Bus-Netz, das mit Kleinbussen (türk.: *dolmuş*) auch die Dörfer erschließt; Unterkünfte, wenn auch teilweise spartanisch, noch im kleinsten Küstendorf; gute Verpflegung allerorten, wobei die kleine Dorf-*lokanta* in der Regel bessere, frischere (und wesentlich preisgünstigere) *köfte* auf den Tisch bringt als der Edelschuppen im Touristenrevier mit seinen herumscharwenzelnden Kellnern.

Urlaubsstandorte

Die türkische Westküste ist über 1250 km lang. Etwa auf der Höhe von İzmir verläuft die Scheidelinie zwischen dem touristisch besonders intensiv erschlossenen Südteil und dem (bis auf die Küstenregion bei Foça und den Golf von Edremit) sehr viel weniger ausgebauten nördlichen Küstensaum.

Von Nord nach Süd: **Çanakkale** ist eine eher unansehnliche Station des Transitverkehrs – schön aber die Lage an den Dardanellen, der Blick hinüber nach Europa (s. Abb. S. 70). Mit seinen Mittelklassehotels eignet sich das Städtchen als Quartier für Tagestouren, namentlich den Besuch von Troja. Historische Tradition, türkische Alltagskultur und Laisser-faire verknüpfen sich in **Assos/Behramkale,** dem wohl attraktivsten Platz im ›hohen Norden‹; am nahen Kadırga-Sandstrand genießt man ausnahmsweise sogar so etwas wie Meereseinsamkeit.

Der Golf von Edremit, mit Ferienorten wie **Ören** oder **Akçay,** besitzt mehr Sandstrand als die hochgelobten Reviere von Kuşadası oder Foça. Türkische Gäste wissen das zu schätzen. Diese so genannte ›Oliven-Riviera‹ ist eine gute Adresse für alle, die es eher individuell lieben und den Kontakt zur Mehrheit der türkischen Touristen nicht scheuen.

Auch Küstenstädtchen wie das besonders schön gelegene **Ayvalık** oder die Orte der **Çandarlı-Halbinsel** (Dikili, Bademli) sind vornehmlich türkische Urlaubsressorts. Zwischen Bademli und Çandarlı kann, wer gut zu Fuß ist, nahezu unberührte Badebuchten entdecken. Bei aller Begeisterung für **Bergama,** Juwel des Hellenismus: Stets war die Quartierlage hier wenig erfreulich. Im Laufe der letzten zwei Jahrzehnte sind zwar etliche Mittelklasse-Hotels entlang der Ausfallstraße entstanden, doch fehlt es ihnen häufig an Flair.

In **Foça** und am Küstenstreifen nach **Yenifoça** internationalisiert sich der Badetourismus und gewinnt jene Dimension, die südlich von Selçuk vorherrschen wird. Dazwischen schiebt sich – westlich von İzmir – die wasserarme **Çeşme-Halbinsel,** in ihren besten Strandstrecken, etwa bei Ilıca, seit langem fest in türkischer Hand. Wir begegnen hier dem abstoßenden Phänomen der türkischen Feriensiedlungen, die mit ihren gebündelten, uniformen Einzelbauten ganze Hänge zuschanden machen. Die Südküste der Halbinsel um Gümüldür oder Özdere bietet zwar viel Sandstrand, ist landschaftlich jedoch wenig abwechslungsreich und wird an Wochenenden von Autolawinen aus İzmir heimgesucht.

Noch ein Wort zu **İzmir** selbst als einer Smog-belasteten, von Verkehrsinfarkten bedrohten Millionenstadt, die gewiss für Geschäftsleute, nicht jedoch für Urlauber als Bleibe taugt, auch wenn Fünf-Sterne-Hotels und alle touristischen Einrichtungen zur Verfügung stehen. Das nahe **Manisa,** weniger megaloman, hat sich im Stadtzentrum zwar auch der Betonmoderne verschrieben, besitzt immerhin Altstadtbezirke, die zu durchschlendern sich lohnt. **Selçuk** war noch vor zwanzig Jahren ein verschlafenes Nest; die Attraktion des nahen Ephesos hat ihm seither touristische Flügel verliehen und unzählige Hotels wie auch kleine Pensionen hervorgebracht; der nahe ›Kinderstrand‹ von Pamucak mit seinem außerordentlich flach abfallenden Sand ist durch moderne Großhotels erschlossen.

Kuşadası, das nördlichste der drei großen Touristenzentren, zeigt unerfreuliche Hektik; akzeptable Strandstreifen bieten nur die großen Hotels. Die Stadt ist Verkehrskreuz für den Besuch der nahen antiken Stätten (Ephesos, Priene, Milet), aber auch für Ausflüge ins Mäander-Tal. Eine gewisse touristische Bedeutung hat im letzten Jahrzehnt **Altınkum** nahe Didyma durch seinen guten Sandstrand gewonnen; dominant sind hier türkische und britische Urlauber. Das gilt auch für **Güllük,** wo wiederum Feriensiedlungen die Küstenhänge besetzen. Ruhiger geht es bei den Buchten beim nahen **Iasos** zu.

Ein Problemfall ist die **Bodrum-Halbinsel** mit ihren geschwürartigen Feriensiedlungen, von denen einige, nie gekauft und nie bewohnt, sich bereits in ihre Bestandteile auflösen. Bei allem Schrecken, den die versehrte Landschaft vielerorts erzeugt, bleibt **Bodrum** selbst mit seiner wunderschönen Buchtlage eine Augenweide. Wer sich als Entdecker versuchen will, findet Strandeinsamkeit weniger in den bekannten Orten an der Spitze der Halbinsel als im Süden Richtung Ören/Keramos.

Das dritte große, international erschlossene Ferienzentrum der türkischen Westküste ist **Marmaris,** im Süden der nächsten Halbinsel gelegen. Hier gibt es mehr Wald und mehr Wasser, und nicht von ungefähr ist das hübsch an einer fast geschlossenen Bucht gelegene Städtchen in der Urlaubergunst avanciert. Freilich ist die **Marmaris-Halbinsel** seit fast zwei Jahrzehnten in Goldrauschstimmung; das zu schürfende Gold hat man (wie in Kuşadası und Bodrum) in den Geldbörsen ausländischer Touristen ausgemacht.

Nachtleben

Wird groß geschrieben überall dort, wo der kosmopolitische Tourismus Einzug gehalten hat, vor allem also in Bodrum, Marmaris und Kuşadası. Man sieht sich in allen drei Orten in der ›Bar Street‹ (Barlar Sokağı), mal beim Iren, mal beim Italiener. Britische und deutsche Touristen bestimmen das Bild, dazu junge Leute aus der türkischen Oberschicht. Sun & Fun, Disco bis zum Morgengrauen, Boy Strip und Foam Party; frühmorgens kommen dann in Kopftuch und Pluderhose die Türkinnen vom Land, um aufzuwischen.

Urlaub mit Kindern

Traditionell geprägt durch die vielköpfige Drei-Generationen-Familie, war und ist die Türkei zwar ein kinderfreundliches Land, eine spezielle Infrastruktur für Kinder (Spielplätze etc.) entstand jedoch erst im Modernisierungsschub der letzten beiden Jahrzehnte, an der Westküste durchweg in Verbindung mit der Entwicklung des Tourismus. Wer mit Kindern in die Türkei reist, kann sich nahezu überall einquartieren, nur die Metropole Izmir mit ihrem entnervend hektischen Menschengedränge und der abgasgeschwängerten Luft sollte gemieden werden – und auch die großen Urlaubszentren Kuşadası, Altınkum, Bodrum und Marmaris sind trotz ihrer Aquaparks nicht die erste Wahl.

Strandurlaub: Familien mit kleineren Kindern profitieren davon, dass zahlreiche Westküstenstrände sehr flach abfallen: sogar nach 100 oder 150 m steht das Wasser erst hüfthoch. Empfohlen seien (von Nord nach Süd) Assos/Kadırga, Ören, Çandarlı, Pamucak (zwischen Ephesos und Kuşadası), Akyarlar, Yahşı Yalısı und Bitez (diese drei auf der Bodrum-Halbinsel), Akyaka und İçmeler.

Besichtigungen: Die kindliche Langeweile bei Touren durch antike Stätten wird im türkischen Westen vielfach aufgefangen durch das begleitende Naturerlebnis: durch die Eidechsen in Pergamon (in den Gymnnasien) und Priene, die reizvolle, vogelreiche Sumpflandschaft von Milet oder Klaros, die weißen Travertin-Terrassen unterhalb von Hierapolis, den von Reihern, Störchen, Enten und sogar Falken und Adlern überflogenen Bafa-See bei Herakleia, die Bootsfahrt durch das Delta bei Kaunos. Achtung! Der Schotter-Aufstieg zum ›Kabartma‹ (bei Manisa; s. S. 118) ist für kleinere Kinder zu anspruchsvoll.

Wanderweg zwischen Milas und Labranda

Wanderungen: Die vorgeschlagenen Fußtouren sind stets auch mit Kindern ab ca. 10 Jahren gehbar. Nirgendwo gibt es ausgesetzte Stellen oder gar Kletterpassagen.

Achtung: Stets reichlich Getränke/Wasser mitführen!

Naturhöhepunkte

Unberührte Naturlandschaft existiert im türkischen Westen praktisch nicht mehr – höchstens in den unzugänglich verlandeten Deltas der kleinasiatischen Flüsse oder im Hochwald des Ida-Gebirges. Vor allem dem touristisch deutlich weniger verheerten Norden der Küste sind immerhin Reste alter Kulturlandschaften geblieben: etwa die niederwüchsigen Knoppereichenwälder südlich von Troja, die Ölwälder am Golf von Edremit, die Pinienwälder des Kozak. Beachtlich ist der vegetabile Reichtum entlang der Flussläufe, ob Bakır, Gediz oder Küçük und Büyük Menderes: Neben den Baumwollfeldern, Obst- und Weingärten, die sogleich das Auge gewinnen, bilden sich hier entlang der Eukalyptus- oder Birkensäume um die Gewässer Biotope heraus.

Im Süden seien als Naturhöhepunkte Gebirge wie der eindrucksvolle Beşparmak mit dem vorgelagerten Bafa Gölü, die Landschaft bei Alinda, die Wälder bei Marmaris hervorgehoben. Noch vor fünf Jahren hätte man den See von Köyceğiz hinzugefügt, der durch eine Lagune mit Schilfdickichten gegen das offene Meer abgeschlossen ist, doch inzwischen verkommt dieses Idyll durch die Ausflugsboote, die tagsüber im 10-Minuten-Takt lostuckern, zur Diesel-Ödnis.

Auf der Suche nach der authentischen Türkei

Der Weg vom Urlaubseintopf ist hin zur authentischen Türkei kurz, die von der Tourismusindustrie unberührten Traditionen liegen gar nicht weit von den Orten der luxuriösen Abschirmung. Aber nicht schwach werden, wenn man Ihnen in Kuşadası oder Marmaris den Ausflug zu einer Dorfidylle verheißt! Gerade diese ›Dorfidyllen‹ sind Schimären. Wo der organisierte Besuch einsetzt, hat es mit Ursprünglichkeit und Authentizität sogleich ein Ende.

Dabei ist es ganz einfach. Setzen Sie sich in einen Bus – oder den Motor Ihres Leihwagens in Gang –, und in kürzester Zeit sind Sie in der Türkei. Troja wird jeden Tag von Hunderten Bussen und Autos angefahren, aber in den Dörfern rings um den alten Siedlungshügel steht die Zeit still. Ein Städtchen wie Milas, nur eine Stunde von Bodrum entfernt, bietet einen wundervoll lebhaften Markt, und wer ein Teehaus der ›alten Schule‹ kennen lernen will, findet es überall in den westtürkischen Dörfern und Kleinstädten – nur nicht in Marmaris, wo deutschsprachige Kellner einherstolzieren und jede halbe Stunde im Hinterstübchen die eingestrichenen Trinkgelder zusammenrechnen.

Töpfermarkt

Rundtouren mit dem Leihwagen

Die beste Form, einen Pauschalurlaub aufzuwerten! In **Kuşadası** hat man dazu besonders ansprechende Möglichkeiten: Klaros, Erythrai und Teos, Ephesos und Magnesia, Priene, Milet und Didyma, Hierapolis und Aphrodisias, aber auch die karischen Stätten lassen sich leicht in Tagesausflügen erschließen, und wenn man früh aufbricht, kommt man binnen eines Tages auch nach Pergamon hinauf und wieder zurück. Weniger günstig sind die Halbinsellagen von **Bodrum** und **Marmaris,** doch vermag man auch von dort innerhalb eines Tages die Stätten Kariens und des Mäander-Tals anzufahren.

Kultur

Was man sehen sollte? Die **Dardanellen** natürlich, deren Wasser so unschuldig schwappt, als sei es historisch nicht blutgetränkt. Dann **Troja,** auch wenn es wohl Troja nicht ist. Die Tristesse des niederen, falben Siedlungshügels enttäuscht freilich die meisten Besucher; an diesen Ruinen hat nur ein geschultes Auge seine Freude. Versäumen Sie **Assos** nicht, wo der Charakter des alten Türkendorfes Behramkale, auch wenn es im organisierten Tourismus niederzugehen beginnt, mit den antiken Relikten eine halbwegs verträgliche Verbindung eingegangen ist (s. Abb. S. 66).

Wer Schusters Rappen nicht scheut, findet im Aufstieg nach **Neandreia** alles, was das Herz begehrt: eine aussichtsreiche Hügellandschaft, über die Hirten mit ihren Schafherden ziehen, dazu griechische Ruinen, neben denen noch kein Wärter Habacht steht. **Pergamon** bildet nach Ephesos und zusammen mit Milet den kulturellen Höhepunkt der reichen Ruinenlandschaft an der türkischen Westküste. Die Schönheit der Stätte erschließt sich aber nur dann, wenn man den Stadtberg in ganzer Höhe begeht. Empfehlung für einen Besuch von **Aigai** im einsamen Yünd Dağ, auch wenn die Anfahrt beschwerlich ist. Im touristisch bestens erschlossenen **Foça,** dem alten *Phokaia,* stehen zwar keine hohen Mauern der Antike mehr, doch sind zwei Felsgräber sehenswert, dazu das steinerne Ensemble eines Kybele-Heiligtums.

In **İzmir** schaut man sich natürlich die römische Agora an, dazu auch die ›Samtburg‹ Kadifekale, unbedingt auch das Archäologische Museum, das bedeutendste an der türkischen Westküste mit prachtvollen Exponaten. Auch das Archäologische Museum von **Selçuk** lohnt den Besuch, mehr noch natürlich die Ruinen des nahen **Ephesos,** die nach den langjährigen Ausgrabungen und Restaurierungen jeden interessierten Besucher faszinieren. Man sollte möglichst früh mit der Besichtigung beginnen, ehe der große Andrang einsetzt. Nachmittags bleibt dann vielleicht noch Zeit für **Magnesia.**

Idyllisch sind **Teos** und die Tempelruine von **Klaros** gelegen. Seit die Sinterterrassen von **Pamukkale** saniert werden, hat auch das nahe **Hierapolis** deutlich weniger Besucher – mit seinem Theater und seiner Nekropole lohnt es aber in jedem Fall die Anfahrt, und man kann in einer Tagestour das nicht weniger lohnende **Aphrodisias** ›mitnehmen‹. Auch das antike Dreigestirn **Priene** (ein Landstädtchen nur, dessen Ruinen aber gut erhalten sind), **Milet** (die griechische Diva der Westküste) und **Didyma** (mit seinem nie vollendeten Monumentaltempel) darf man nicht versäumen – mit dem Leihwagen benötigt man von Kuşadası und Bodrum her einen Tag. Übrigens lernt man auf dieser Tour auch die eigentümliche Sumpflandschaft des **Mäander-Deltas** kennen.

Landschaftlich besonders eindrucksvoll ist **Herakleia** gelegen – zwischen dem Bafa Gölü und den wilden Höhen des Beşparmak/Latmos. Wer gut zu Fuß ist, kann in der Felswildnis byzantinische Klausen und Klöster erwandern. ›Hinter‹ dem Beşparmak (also weiter östlich) liegen an der Straße zwischen Aydın und dem durch Tagebau unvorstellbar verheerten Hängen um das Städtchen Yatağan in reizvol-

Banana Riding

ler Felslandschaft ebenso reizvolle Stätten wie **Alinda** und **Gergas,** westlich von Yatağan das weniger spektakuläre **Stratonikeia.**

In **Bodrum** sieht man sich natürlich das Peterskastell an und besucht pflichtschuldig das – eher unansehnliche – Mausoleion. Der Wanderer, der (mit gut gefüllter Wasserflasche) nach **Girel Kalesi** oder **Gebe Kilise** (s. Abb. S. 191) aufbricht, wird für seinen Entdeckergeist belohnt.

Während Marmaris nie geschichtliche Bedeutung besaß, lohnen zwei antike Stätten an den Scherenspitzen der Halbinsel den Besuch: **Knidos** und die rhodische Festung **Loryma** (diese per Boot erreichbar). Desgleichen die Ruinen von **Kedreai** auf der Sedir Adası, die allerdings unentwegt von Kuttern angefahren wird – nicht wegen der antiken Ruinen, sondern weil hier Kleopatra gebadet haben soll. Dem ungemein feinsandigen Strand ist der touristische Andrang schlecht bekommen.

Trotz allen Zerstörungswerks, das der Tourismus am Golf von Köyceğiz angerichtet hat, bleibt der Besuch von **Kaunos** mit seinen karischen Felsgräbern (s. Abb. S. 2/3) obligatorisch.

Wassersport

Wer es sportlich liebt, sollte sich einer Clubanlage anvertrauen. Dort ist in der Regel alles vorhanden: Die Strände sind geharkt, der Schirm über den *sunbeds* steht wie eine Eins, die Tretboote und *jetskis* sind gut gewartet. In den großen Anlagen gibt es auch ›Aqua-Fun‹ mit Wasserrutschen und -trampolins. **Paragliding** lässt sich in Bodrum und Marmaris organisieren, **Rafting** (sehr zahm) auf dem Dalaman Çay. Auch wenn man auf der Bodrum- und Marmaris-Halbinsel allenthalben *boards* leihen kann, ist die türkische Westküste insgesamt **kein Surfer-Paradies.** Der Norden der Bodrum- wie der Çeşme-Halbinsel sind, da sie nicht im Windschatten liegen, wohl die besten Reviere. In den größeren Urlaubsorten annoncieren **Tauchschulen** ihre Dienste; das Tieftauchen mit Sauerstoffflasche ist allerdings nur in Begleitung lizensierter Tauchführer erlaubt. – Zur Blauen Reise, dem immer beliebter werdenden Segelspaß, s. S. 62.

Wandern

Zwar bieten die Urlaubszentren auch **Moutainbikes** an, doch kommen Sie mit diesem Gefährt an der türkischen Westküste nicht so recht auf Ihre Kosten: viel Asphalt in den Ebenen, zu enge Spuren (auf denen man nur noch zu Fuß weiter kommt) in den Hügeln und Bergen. Die Schotterpisten wiederum sind nicht leicht zu fahren.

Wer hingegen **wandern** möchte, findet im Gelände zwar gute Voraussetzungen, hat es aber dennoch nicht leicht, denn Wanderkarten oder markierte Pfade sucht man vergebens, und außer am Bafa Gölü gibt es offenbar keine geführten Touren. Etwas Spürsinn ist also vonnöten, dazu unbedingt gutes Schuhwerk. Dennoch ist es gerade die Wanderung, die im türkischen Westen Natur- und Kulturerlebnis verbindet. Allerdings sollte man nicht im Sommer aufbrechen; es ist dann einfach zu heiß. Besonders geeignet sind dagegen die Monate März bis Mai, wenn alles grünt und zu blühen beginnt.

Einige geeignete Wandergebiete: die Hügellandschaft von Neandreia; die Hügel östlich von Assos; der Kozak nördlich von Bergama; der Naturpark des Samsun Dağı; die Felslandschaften am Beşparmak und um Alinda; der Hügel von Beçin Kale südlich Milas; das Hügelzentrum der Bodrum-Halbinsel; die Scheren der Marmaris-Halbinsel.

DIE BLAUE REISE

Eine Ketsch auf der Blauen Reise

Wer träumte nicht davon: Unter gebauschten Segeln hart am Wind durchs Meer pflügen, ankern in einer einsamen Bucht, das Wasser klar wie Kristall, selbstgefangene Fische über dem Feuer am Strand, einschlafen unter funkelnden Sternen …? In der Türkei kein Problem, hier heißt das *mavi yolculuk,* Blaue Reise.

Die türkische Küste zwischen Bodrum, Datça und Marmaris ist mit ihren modernen Marinas heute die Region am Mittelmeer, in der solche Träume wahr werden – sogar pauschal kann man die Blaue Reise buchen. Dabei fährt man mit den zu Minipensionen ausgebauten türkischen Gulet-Booten: zweimastige Ketschen, die nach alten Handwerkstechniken aus Holz gezimmert werden. Sie sind ca. 12 m lang, bieten in Zweier- und Viererkabinen Platz für acht bis zwölf Personen, dazu Dusche, Küche und ein breites Deck fürs Sonnenbad.

In den großen Jachthäfen Bodrum und Marmaris starten die Törns, z. B. von Marmaris nach Fethiye, wobei das Dalyan-Delta und der Golf von Fethiye mit seinen Inseln die Höhepunkte sind; als idyllische Ankerplätze werden der Ekincik-Strand, die Insel Tersane und die Buchten Ağalimanı oder Turunçpınar bevorzugt.

Im Golf von Hisarönü südlich von Datça sind Hafenorte wie Bozburun und Selimiye heute zwar auch über Straßen erreichbar, nicht aber die versteckten Buchten der zerlappten Küste, z. B. die Bozukkale-Bai an der Spitze der Bozburun-Halbinsel. Die Bucht des Bergdorfs Söğütköy, Datça und die Buchten von Mesudiye und Palamutbükü sind hier als Liegeplätze beliebt.

Ab Bodrum kreuzt man meist im Golf von Gökova, wo die Buchten Akbükü im Norden oder im Süden English Harbour, Yedi Adalar und der Sand von ›Cleopatra Island‹ die Highlights sind. Auch das antike Knidos wird gern angesteuert.

Wer in das Wasserabenteuer Blaue Reise nur hineinschnuppern will, kann in allen Urlaubsorten auch Tagestouren buchen: Man besucht per Boot einige Buchten, nimmt ein Essen an Bord ein – und ist gegen 18 oder 19 Uhr wieder zurück im Hotel.

Von Hans Egon Latzke

Da es in den genannten Gebieten keine oder nur bescheidene Dörfer gibt, ist öffentlicher Verkehr rar. Wenn man z. B. im Kiefernwald des Kozak einen längeren Spaziergang unternehmen will, ist man bis auf den Markttag, wenn Kleinbusse von/nach Bergama fahren, auf den Leihwagen angewiesen. Zum Wanderparadies Herakleia lässt man sich von Çamıçi am besten mit dem Taxi fahren (und abends wieder abholen).

Klima und Reisezeit

Der äußerste Nordwesten, etwa das Gebiet zwischen Dardanellen und dem Golf von Edremit, nicht selten auch noch das Flusstal von Bergama bis hin zu den Badeorten Dikili und Çandarlı, wird vom gemäßigt-feuchten Schwarzmeerklima erfasst, das den Wind *lodos* und die kalte Brise *poyraz* mit sich bringt. Ansonsten ist die türkische Ägäis ganz vom typischen Etesien-Klima des Mittelmeerraums bestimmt. Die ozeanischen Einflüsse reichen 100–150 km weit ostwärts, dann macht sich inneranatolisches Steppenklima geltend, so etwa bei Sardis und bei Denizli. Die Ausgleichswinde zwischen See und Land, so etwa der *imbat*, der vom Vormittag bis zum frühen Abend in der Region von İzmir weht, bringen der Küste, nicht aber dem Hinterland tageszeitliche Kühlung.

Beste Reisezeit ist der **Frühling,** etwa zwischen Mitte März und Anfang Juni, der für kurze Zeit eine Blütenpracht aufglühen lässt, die man im Blick auf sommerdürre Wiesen kaum für möglich hält. Allerdings erwärmt sich das Meer erst Mitte Mai; wer Badeferien genießen will, muss bis dahin Geduld haben, in den Nordabschnitten der Ägäis sogar bis Mitte Juni.

Der **Sommer** ist sehr heiß und weithin niederschlagsfrei, die relativ hohe Luftfeuchtigkeit verdichtet sich aber spätestens gegen Mittag zu Dunstschleiern. Für Badeferien ist diese Zeit ideal, nicht aber für ausgedehnte Besichtigungstouren oder Wanderungen.

Der **Herbst** von Mitte September bis November bringt wieder klarere Sichten, bietet zugleich die Möglichkeit zum Strandurlaub (bis Mitte Oktober; im Norden nur bis Ende September) und ist bis Anfang Oktober nahezu niederschlagsfrei. Man vermisst allerdings die üppige Vegetation des Frühlings; das Land wirkt gelb, ausgebrannt.

Im **Winter,** zwischen Ende November und Anfang März, machen tiefhängende Wolken, tagelange Regenfälle, dazu manchmal auch schneidende Kälte einen Besuch im türkischen Westen zur ungemütlichen Angelegenheit. Herrlich klare Tage gibt es selbstverständlich auch in dieser Saison; dann hat man bei tiefstehender Sonne jenen landschaftlichen Weitblick, von dem Fotografen schwärmen.

Kleidung

Die Reisegarderobe sollte leichte Sommerkleidung aus Baumwolle umfassen, dazu in der Nebensaison warme Pullover für den Abend, feste Schuhe für Spaziergänge und Besichtigungen, Badeschuhe sowie ausreichend Sonnenschutz (Creme mit hohem Schutzfaktor, Kopfbedeckung).

UNTERWEGS

AN DER TÜRKISCHEN WESTKÜSTE

Ein Leitfaden für die Reise und viele Tipps für unterwegs.

Genaue Beschreibungen von Städten und Dörfern, Sehenswürdigkeiten, Ausflugszielen und Reiserouten.

Die Türkische Westküste erleben: Rundgänge durch die großen historischen Stätten, Wanderungen, Hinweise zu Bootstouren und Stränden.

Erntezeit an der Olivenriviera, Golf von Edremit

Im Norden der Ägäis

Das Dorf Behramkale mit den Ruinen des antiken Assos

Kartenatlas S. 234–236

AUF DEM WEG ZUR OLIVEN-RIVIERA

Von den Dardanellen, der Meerenge, wo sich Europa und Asien treffen, führt der Weg zur berühmten Grabungsstätte Troja, doch lohnen auch Entdeckungsreisen in das kaum erschlossene Hügelland der Troas mit seinen einsamen Dörfern, Ruinenstätten und Sandstränden. Von Assos bis hinunter nach Dikili reihen sich am Golf von Edremit die Feriensiedlungen. Am schönsten ist die Küstenlinie beim alten Griechenstädtchen Ayvalık.

Çanakkale und die Dardanellen

Atlas: S. 234, C 1
Die türkische Westküste beginnt an den Dardanellen, jener 65 km langen Meerenge, die mit einer Breite zwischen 1,25 und 7,5 km die Erdteile zugleich verbindet und trennt. So ist es kein Wunder, dass die Geschichte der Dardanellen – in der Antike Hellespont, heute Çanakkale Boğazı geheißen – stets von Schiffsbrüchen, Kampf und Tod bestimmt war. Die Heere der Perser, Alexanders des Großen und der Kreuzritter setzten über diesen Meeresarm. Zuletzt floss hier im Ersten Weltkrieg das Blut von Soldaten (s. S. 70). Auf der europäischen Seite der Meeresstraße reihen sich die Ehrenfriedhöfe der Gefallenen.

Auch **Çanakkale,** eine lebhafte Provinzhauptstadt mit knapp 80 000 Einwohnern, ist aus einer militärischen Anlage an der engsten Stelle der Dardanellen hervorgegangen: Kale-i-Sultaniye (›Sultansburg‹) hieß die osmanische Festung, die 1452 unter Mehmet II., dem Eroberer von Konstantinopel, entstand. Im 16., 17. und 19. Jh. haben die jeweils herrschenden Sultane die Dardanellen-Burg, heute **Çimenlik Kalesi** (›Rasenplatz-Burg‹) geheißen, zu einer flachen, breitgelagerten Sperrfeste mit bis zu 8 m starken Kurtinen ausbauen lassen. Der Innenhof dient heute als Stadtpark, die Kernburg ist gesperrtes Militärgelände. Zugänglich ist jedoch der Minenleger ›Nusret‹, der den ersten Vorstoß der Alliierten in der Gallipoli-Schlacht stoppte und so den Erfolg der Offensive vereitelte. Im früheren Hafenamt zeichnet ein Museum (*Askeri Müsezi*) diese verlustreichen Kämpfe nach (tgl. außer Mo und Do 9–12.30, 13.30–17.30 Uhr).

Die türkische Sprache liebt versteckte Anspielungen. Eine solche prägt auch den heutigen Stadtnamen, der soviel wie ›Topfburg‹ bedeutet. Im

18. Jh. etablierte sich hier eine große Keramikmanufaktur, und die Bevölkerung gab der wachsenden Siedlung mit Blick auf die angrenzende Sultansburg und ironischem Zungenschlag den neuen Namen.

Über die beiden Sperrfesten hinaus besitzt Çanakkale keine größeren Sehenswürdigkeiten. Nur von kultur-, nicht aber von kunstgeschichtlichem Interesse ist der fünfgeschossige **Uhrturm** (*Saat Kulesi*) von Çanakkale. Anfang des 20. Jh. entstanden solche Bauten in beinahe jeder größeren türkischen Stadt (s. S. 114). Als Fortschrittssymbole signalisierten sie die Abkehr von der islamischen Zeitmessung, wie sie im Ruf des Muezzins ihren Ausdruck fand.

In den umliegenden Altstadtgassen geht das Leben vielfach noch seinen alten Gang, doch insgesamt ist Çanakkale eher durch die Studenten seiner Universität geprägt. Das merkt man vor allem am **Kordon,** der Meerpromenade zwischen Fähr- und Jachthafen, der mit seinen Teegärten, Imbissständen und Restaurants eine beliebte Flaniermeile für den Abendbummel darstellt.

Lohnend ist der Besuch des **Archäologischen Museums** an der südlichen Ausfallstraße, das erstklassige ionische Grabstelen und Terrakotten sowie Funde aus den jüngsten Troja-Grabungen zeigt. Besonders spektakulär eine Aphrodite-Statue (nackt mit aufgemaltem Geschmeide) und der Goldschmuck aus dem Dardanos-Tumulus, einem unversehrt entdeckten Grabhügel (4. Jh. v. Chr.) ca. 6 km südwestlich von Çanakkale (tgl. außer Mo 9–12, 13.30–17.30 Uhr).

Eine Burg in Europa

Das Gegenstück von Çimenlik Kalesi ist auf der europäischen Seite der Dardanellen die kleeblattförmige Anlage **Kilitbahir** (›Meerverschluss‹). Nur 20 Minuten dauert die Überfahrt per Boot. Sie lohnt sich, denn die europäische Burg beeindruckt durch ihre geschwungenen, bis 18 m hohen Mauern, die man bis zum Wehrgang besteigen kann. Die Kurvung sollte auftreffende Kanonenkugeln seitlich ›wegspritzen‹ lassen.

Iskele Meydanı 67 (am Hafen), Tel. 217 11 87. **Vorwahl:** 0286.

Akol*:** am Kordon 2 km nördlich vom Hafen, Tel. 217 94 56, Fax 217 28 97. Beste Adresse in Çanakkale. Komfortable Zimmer mit Airconditioning. Dachterrassen-Bar. DZ 80 €.
Büyük Truva*:** Kays. Ahmet Pasa Cad, Tel. 217 10 24, Fax 217 09 03. Etwas schlichter eingerichtete Zimmer als im nahe gelegenen Akol. DZ 45 €.
Anafartalar:** direkt beim Fähranleger, Tel. 217 44 54. Die meisten Zimmer mit Balkon, aber laut. Aussichtsreiches Dachrestaurant. DZ 40 €.
Anzac House*: Saat Kulesi Meydanı 8, Tel. 217 77 77, Fax 217 20 18. Zentral (beim Uhrturm), aber relativ spartanisch eingerichtet. Beliebt bei jungen Backpackern. DZ 10 €.
Badevorort **Güzelyalı** (14 km südwestlich)
Tusan Hotel*:** Tel. 232 82 10, Fax 232 82 26. über dem Strand im Grünen gelegen, gute Ausweichadresse zwischen

»VERDAMMTE DARDANELLEN!«

Im Frühling des Jahres 334 v. Chr. näherte sich Alexander, den man später den Großen nennen sollte, mit seinem Heer den Dardanellen. In voller Rüstung bestieg er das Königsschiff, köpfte in der Mitte der Meeresstraße einen Stier und opferte das Blut dem Gott Poseidon. Noch bevor er asiatischen Boden betrat, schleuderte er seinen Speer in die Erde des Gegen-Kontinents, der damit als ›speererworben‹ galt. Der Eroberer wusste um die Bedeutung jeder einzelnen seiner Handlungen, verstand sich als weltgeschichtlicher Gegenspieler der Perser, die eineinhalb Jahrhunderte zuvor die Dardanellen in Richtung Griechenland überquert hatten. Damals ließ ihr Großkönig Xerxes das unruhige Wasser der Dardanellen von seinen Soldaten geißeln und fesselte die Fluten symbolisch mit Ketten.

Der Wasserweg zwischen zwei Erdteilen blieb auch später eine ganz besondere, eine tödliche Scheidelinie. Selbst der Mythos trägt dem Rechnung: Die berühmteste Liebesbeziehung, die an den Dardanellen spielt, endet tragisch. Leander, der Geliebte der Priesterin Hero, versinkt, zum anderen Ufer unterwegs, wo die Begehrte lebt, in den Fluten, und Hero nimmt sich in ihrem Liebesschmerz das Leben.

Blick von Çanakkale über die Dardanellen zur osmanischen ›Kleeblattfestung‹ Kilitbahir

Die jüngere Geschichte der Meerenge geizt nicht weniger mit Tod und Blut. Davon künden Festungsanlagen wie Kale-i-Sultaniye, Kilitbahir, Kumkale und Seddülbahir, von den Osmanen in dieser Reihenfolge zwischen 1452 und 1657 errichtet: in jener Zeit also, als die Hohe Pforte um die kommerzielle Vorherrschaft in der Levante stritt und die Dardanellen-Durchfahrt zu kontrollieren suchte.

Das wilhelminische Deutschland sah die Möglichkeit, seine Pläne eines Kolonialreichs von Flandern bis zum Persischen Golf durch Annäherung an den ›kranken Mann am Bosporus‹ zu fördern. Schon am 2. August 1914, also bald nach Beginn des Ersten Weltkriegs, wurde ein Geheimbündnis geschlossen, und noch im selben Monat ernannte man einen deutschen Admiral, Wilhelm Souchon, zum türkischen Flottenchef. Zwei weitere deutsche Admirale, 15 Seeoffiziere und 281 Marineartilleristen übernahmen bereits im nächsten Monat die Befestigungswerke an den Dardanellen (wie auch am Bosporus) und sperrten die Wasserstraße. Damit war der kürzeste Verbindungsweg für die Versorgung der russischen Armee verloren. Die Alliierten handelten schnell. Befürwortet von Winston Churchill, damals Lord der Admiralität, lancierten sie die so genannte ›Gallipoli-Kampagne‹.

Am 18. März 1915 versuchte eine alliierte Flotteneinheit, die Dardanellen-Durchfahrt zu erzwingen. Der Vorstoß kam im Sperrfeuer türkischer Küstenbatterien zum Erliegen und scheiterte endgültig, als drei der hochgerüsteten Schlachtschiffe auf Treibminen liefen, die ein osmanischer Minenleger, die ›Nusret‹, abgesetzt hatte.

Mit der Landung australischer und neuseeländischer Truppen (bekannt unter dem Kürzel ANZAC) auf der europäischen Landzunge der Dardanellen traten die Alliierten am 25. April 1915 in eine zweite Aktionsphase ein – wiederum erfolglos, denn trotz allen Einsatzes an Menschenleben gelang es nicht, die zentrale Hügelkette der Halbinsel zu erobern und entscheidende Stellungen zur militärischen Kontrolle der Meerenge zu gewinnen. In dem Abwehrkampf tat sich ein junger türkischer Offizier namens Mustafa Kemal hervor; durch ebenso engagierte wie erbarmungslose Kriegsführung empfahl er sich für künftige Führungsaufgaben: Als Gründervater der Türkischen Republik (s. S. 32) erhielt er später den Ehrennamen Atatürk.

Mit weiteren Landungsoperationen der Verbündeten begann am 6. August 1915 die dritte Phase des ›Unternehmens Dardanellen‹. Nach Anfangserfolgen verfestigten sich die Fronten jedoch aufs neue, und nur folgerichtig zogen die Alliierten ihre Mannschaften – Phase vier – in den Nächten vom 19. auf den 20. Dezember 1915 und vom 8. auf den 9. Januar 1916 vom türkischen Todesgewässer zurück.

Erst nach dem Waffenstillstand Ende 1918 hatten britische Soldaten Gelegenheit, die bis dahin unbestatteten Kameraden auf den von Granaten zerwühlten Schlachtfeldern zu bergen. Nur 9000 der insgesamt 36 000 Gefallenen konnten noch identifiziert werden. Auf den 32 Soldatenfriedhöfen der europäischen Landzunge liegen 22 000 Tote begraben. Mahnmale, alle überragend der Ehrenbau an der Morto-Bucht, erinnern an die Kriegsopfer.

»Verdammte Dardanellen! Sie werden unser Grab sein« – so schrieb schon am 5. April 1915 Admiral Fisher an seinen Vorgesetzten Winston Churchill.

Çanakkale und Troja, gepflegte Anlage, Terrassenrestaurant. Frühstücksbüfett. DZ 55 €.

Abendlicher Treffpunkt sind die Fischrestaurants an der Seefront beim Kilitbahir-Ableger. Beliebt das **Entelektüel** oder das **Liman Yalova:** zu zweit kostet's mit einer Flasche Wein zwischen 18 und 20 €.
Beliebt, aber etwas kostspieliger die Dachrestaurants von **Alkol** und **Anafartalar** (s. unter Hotels) mit Dardanellen-Blick.

Tagsüber etwa stündlich **Busse** nach İstanbul und İzmir (ca. 6 Std.), seltener auch nach Bursa; Minibusse nach Troja, Ezine, Ayvacık.
Etwa jede volle Stunde von 6 bis 24 Uhr große **Autofähren** zwischen Çanakkale und Eceabat. Alle 30 Min. **Fährboote** von und nach Kilitbahir (Platz für ca. 10 Fahrzeuge).
Gökçeada: Für die Überfahrt zu dieser kleinen, noch recht pastoralen Ägäis-Insel ist keine Sondererlaubnis mehr nötig. Fähren ab Çanakkale tgl. 16 Uhr (zurück 8 Uhr am nächsten Morgen), ab Kabatepe auf der europäischen Gelibolu-Halbinsel tägl. 11 Uhr (zurück 18 Uhr). In der Saison mehrfach wöchentlich Flugverbindung (kleine Propellermaschinen; Flughafen ca. 3 km südöstlich von Çanakkale) mit Dardanel Air, Tel. 212 45 71. Hotels im Hauptort Gökçe Merkez, aber auch in Fischerdörfern wie Kaleköy oder Aydıncık.

Truva (Troja)

Atlas: S. 234, B 2
Die mythenumwobene Stätte liegt auf dem Hügel Hisarlık südwestlich vom Dorf Tevfikiye, 5 km von der Staatsstraße 550 entfernt. Der gesamte Hügelsporn über der Flussebene des Menderes Çayı ist eingezäunt (tgl. 8.30–17.30 Uhr; 3 €).

Die Bodenforschung eines internationalen Archäologenteams unter Leitung des Tübinger Frühgeschichtlers Manfred Korfmann dauert an; erschlossen wurde inzwischen auch eine Unterstadt am Fuße des Siedlungshügels. Jedoch steht weiterhin der Beweis aus, dass Truva, wie es türkisch heißt, tatsächlich Troja ist, jene legendäre Stadt des Homer, die von Griechen unter Führung des Agamemnon zerstört wurde, nachdem der trojanische Prinz Paris die schöne Helena, Gemahlin des spartanischen Königs Menelaos, entführt hatte. Wir wissen ja nicht einmal, ob jener Homer eine geschichtliche Persönlichkeit ist. Die Wissenschaft geht heute davon aus, dass zwischen den beiden Epen ›Ilias‹ und ›Odyssee‹ mehr als eine Generation liegt und dass die ältesten Fassungen der Heldenlieder auf mündliche Traditionen zurückgehen, auf Vorträge von fahrenden Sängern.

Heinrich Schliemann dagegen hatte keinerlei Zweifel an Homer, als er 1870 seinen Spaten auf dem Boden von Hisarlık ansetzte. Ihn plagten andere Sorgen. Ein Hügel namens Balli Dağ, 20 km weiter südwärts, galt damals als die wahre Stätte des für wahr genommenen Troja, und Schliemann ging in seinem erbitterten Kampf mit der geltenden Meinung bis zur Fälschung von Indizien. Der ›Schatz des Priamos‹ besteht zwar aus authentischen Stücken des ausgehenden 2. Jt. v. Chr., war aber sehr wahrscheinlich kein zusammengehöriger Fund, sondern wurde auf mehreren Plätzen der Stätte aufgelesen und von Schliemann zum ›Schatz‹ deklariert, um seiner Troja-These größere Überzeugungskraft zu verschaffen.

Seither liegen die schillernden Farben der Spekulation über der Stätte. Und diese Farben sind vielleicht attraktiver als die Ruinen selbst. Nein, Troja, das man mit dem nachgebauten Trojanische Pferd des Odysseus geschmückt hat, mit dem die Griechen nach zehnjährigem Kampf schließlich doch in die Stadt gelangten, hält einem Vergleich mit Pergamon oder Ephesos nicht stand. Allein, dass die Stätte in zehn Kulturstufen zwischen 3700 v. Chr. (Troja 0) und 400 n. Chr. (Troja IX), also von der frühen Bronzezeit bis hin zur spätrömischen Epoche, besiedelt war, wirkt vor Ort sehr verwirrend. Mal steht man vor bronzezeitlichen, mal vor hellenistischen, mal vor römischen Ruinen. Der homerische Mythos wird übrigens mit den Kulturstufen VI oder VII verbunden (13./12. Jh. v. Chr.); beide endeten in Brand und Zerstörung.

Der Rundgang durch Troja ist ausgeschildert und beginnt am **Ostwall von Troja VI** (1900–1300 v. Chr.), und

Am mächtigen Ostwall von Troja VI beginnt der Rundgang

zwar bei einem rechteckigen Turm, der noch meterhoch erhalten ist. Er verstärkte die Stadtmauer, die mit Recht als ein Meisterwerk spätbronzezeitlicher Militärarchitektur gilt. Sie ist abgeschrägt, damit Angreifer an ihrem Fuß für die Pfeile und Speere der Verteidiger erreichbar blieben. Über den Mauerschrägen, die bis 6 m hoch ansteigen, erhob sich ursprünglich noch eine Brustwehr aus Lehmziegeln.

Zur Rechten zieht eine hellere, lotrechte **Quaderstein-Mauer** auf den mehr als eineinhalb Jahrtausend älteren Stadtwall zu. Sie stammt aus römischer Zeit und gehört zu den aufwändigen Unterbauten des Athena-Tempels (s. u.), für dessen Bau die Hügelspitze eingeebnet wurde.

Wo der Besucherpfad nach links schwenkt, befand sich einst das **Osttor** von Troja VI, eine nur 2 m breite Pforte mit 5 m langem Torgang. Über eine **Rampe** ging es danach auf die Höhe des Siedlungshügels; den alten Aufgang ersetzt nun eine Stufenfolge. Auf der Höhe folgt rechts am Weg ein **Brunnenschacht.** Er stammt aus der Römerzeit und war ursprünglich durch einen marmornen Überbau vor Verunreinigung geschützt. Von hier blickt man gen Osten hinunter zum so genannten **Wasserturm** (nicht zugänglich), der mit seinem 6 m hohen geböschten Sockel Mitte des 2. vorchristlichen Jahrtausends einen weiteren Brunnen sicherte.

Der mit Steinplatten ausgelegte Korridor, in dem der römische Brunnenschacht sich auftut, gehört zum geheiligten Bezirk des **Athena-Tempels,** der unter Kaiser Augustus (27 v.–17 n. Chr.) enstand. Erhalten hat sich von diesem Tempel nur wenig: Spuren von Quaderunterbauten, einige Säulentrommeln, Fragmente dorischen Gebälks und einer marmornen Kassettendecke mit

Rosettenschmuck. Immerhin weiß man, dass der Sakralbau etwa 35 x 16 m im Grundriss maß. Ein älterer Vorläuferbau, ebenfalls der Athena geweiht, wurde im 5. Jh. v. Chr. vom persischen Großkönig Xerxes besucht, der hier tausend Rinder geopfert haben soll.

Nun folgen Trojas älteste Siedlungsschichten, die dem 3. vorchristlichen Jahrtausend angehören, ja teilweise noch tiefer in die Vorgeschichte zurückreichen. Der dürftige Zustand der meisten Anlagen, vor allem der Lehmburg von Troja II (2500–2150 v. Chr.), vermittelt dem Besucher kein klares Bild, zumal Schliemanns Suchgräben zusammenhängende Bauhorizonte zerrissen haben. Die Erdstümpfe zwischen den Grabungsschnitten des Troja-Pioniers erscheinen heute wie hochragende Baureste, während die berühmten Megaron-Häuser der Akropolis von Troja II bis zur Unkenntlichkeit verfallen sind. Das Megaron war übrigens ein vorgriechischer Bautypus: ein rechteckiges Haus mit dem Hauptraum um eine Herdstelle und einem Vorraum mit säulengestütztem Eingang; es gilt als Vorstufe des griechischen Antentempels.

Vom ersten Troja (ab ca. 3000 v. Chr.) ist nur noch ein Stück Stadtmauer zu sehen, stark geböscht und aus auffällig kleinen Steinen aufgeschichtet; von Troja 0 (ab ca. 3700 v. Chr.) blieb nur eine Brandschicht, die im Jahre 1989 von den Archäologen aufgedeckt wurde.

Mehr fürs Auge des Besuchers bietet die eindrucksvolle **Rampe von Troja II;** sie ist 21 m lang und 5,5 m breit. Man kann sich vorstellen, wie über ihr bronzezeitliches Pflaster Ochsengespanne mit knarzenden Scheibenrädern Güter zu den Vorratskammern der fürstlichen Residenz hinaufschafften, dabei die Lehmwälle der zweiten Stadt passierend.

Übrigens will Heinrich Schliemann etwa 20 m nordwestlich der Rampe den **›Schatz des Priamos‹** entdeckt haben. In seinen eigenen Worten löste er »den Schatz mit einem großen Messer aus seiner steinharten Umgebung, ein Unternehmen, das die größte Anstrengung erforderte und zugleich in höchstem Maße lebensgefährlich war, denn die große Befestigungsmauer, unter der ich graben musste, drohte jeden Augenblick auf mich herabzustürzen. Aber der Anblick so zahlreicher Gegenstände, deren jeder einzelne für die Archäologie von unschätzbarem Wert sein musste, machte mich tollkühn...«.

So kühn, dass er ihn illegal ins Ausland schaffte. Berlin schien ihm als sicherster Ort für seine Funde – Ironie des Schicksals, dass der Schatz in der Endphase des Zweiten Weltkriegs als Kriegsbeute in sowjetische Depots wanderte. Der sagenhafte Fund, der über 50 Jahre als verschollen galt und jetzt von Deutschland, der Türkei (und Griechenland) beansprucht wird, wur-

Schliemanns Haus

Kurz vor der Ausgrabungsstätte ist das rekonstruierte Holzhaus des Grabungspioniers Heinrich Schliemann zu sehen, der vor Troja jahrelang unter großen Entbehrungen lebte.

WAHRHEIT ODER MYTHOS?

Heinrich Schliemann (1822–1890), ein deutschstämmiger Großkaufmann, nahm seinen Homer ganz wörtlich: Den topographischen Andeutungen der »Ilias« ging er nach wie den Angaben einer Schatzkarte. So verstanden musste die stolze Stadt, die zehn Jahre lang von achäischen Kriegern unter Führung des Agamemnon berannt und schließlich durch eine List des Odysseus erobert worden sein soll, im Nordwestwinkel Kleinasiens zu suchen sein. Dort hatten bereits Alexander der Große und Caesar einer Stätte Reverenz erwiesen, die sie für den alten Platz jenes Geschehens hielten. Schliemann ließ 1870 die Spaten auf einem Siedlungshügel namens Hisarlık (›Burgplatz‹) ansetzen – und triumphierte über Ignoranz und Arroganz einer Fachwissenschaft, die den Autodidakten nicht hatte ernst nehmen wollen. Dies jedenfalls war und ist populäre Meinung. Trifft sie aber zu?

Der ›Mythos Schliemann‹, der Mythos des grandios verwirklichten Kindheitstraums, verdunkelt das eigentliche Problem: die fragliche Geschichtlichkeit der homerischen Heldensage. Denn solche Sagen können nicht wie ein Tatsachenbericht gelesen werden. Dies naiv getan zu haben – daran musste selbst ein Gründerzeit-Gigant wie Schliemann, bei allem, was seine *idée fixe* unzweifelhaft positiv bewirkt hat, letztlich scheitern.

Eine Betrachtung des »Nibelungenlieds« mag die Problematik verdeutlichen. Dort werden historische Abläufe des 5. Jh. n. Chr. in ihr Gegenteil verkehrt: Aus dem Sturm der Hunnen nach Westeuropa macht die Sage einen solchen der Burgunder gegen das asiatische Steppenvolk. Zudem treten neben historischen Persönlichkeiten wie Dietrich von Bern (= Theoderich) auch fiktive Gestalten wie Kriemhild und reale Persönlickeiten einer ganz anderen, Jahrhunderte späteren Zeit auf (etwa Bischof Pilgrim). Wenn Heldensagen geschichtliche Abläufe aber dermaßen verzeichnen können, lässt sich auch der homerische Mythos vom Trojanischen Krieg und seinem Schauplatz nicht ohne historische Bestätigung aus

de jüngst in einer großen Wanderausstellung präsentiert.

Das große, **L-förmige Gebäude** südöstlich der Rampe mit 27 m langer Südfront dürfte das wichtigste Warenlager des sechsten Troja gewesen sein. Aus dem Westraum des Baus konnten jedenfalls noch sieben Ton-›Fässer‹ für Vorräte geborgen werden.

Schon im 7. Jh. v. Chr. legten griechische Einwanderer vor der Stadtmauer von Troja VI einen **Heiligen Bezirk** an; ihre heutige Gestalt mit mehreren Altären und Opferbrunnen erhielt die Stätte in hellenistischer Zeit und danach unter Kaiser Augustus.

Der Rückweg verläuft üblicherweise am Hügelfuß entlang. Dabei kann man rechts noch einen Blick auf die Reste eines römischen **Gymnasiums** werfen, das mit einer **Thermenanlage** verbunden war. Am Siedlungshügel schließen anderen Quellen für bare Münze nehmen. Eben eine solche Bestätigung steht bis heute aus. Nicht eine einzige zeitgenössische Nachricht aus dem hethitischen Keilschriftenarchiv im zentralanatolischen Boğazköy bestätigt sie definitiv, und nicht ein einziger Fund von Troja-Ausgräbern wie Wilhelm Dörpfeld (bis 1894), C. W. Blegen (1932–38) oder Manfred Korfmann (seit 1988) erhärtet den Kriegsmythos.

Aber was tut's? Nach wie vor gilt die spöttische Äußerung des Altphilologen Wilamowitz-Moellendorf: »Die Leute werden nicht aussterben, welche den Todeslauf Hektors auf der Karte einzeichnen, und auch die, welche diesen Glauben in Hisarlık bewahren, unbeirrt um das Höhenprofil des Geländes.«

Heinrich Schliemann. Gemälde von Aronson-Anurro aus den späten 1880er Jahren

Damit ist nicht gesagt, dass jene Stätte, an der seit Schliemann der Name Troja haftet, ein bedeutungsloser Fleck Erde wäre. Ganz im Gegenteil. Die Archäologie bearbeitet hier einen Siedlungshügel, der seit den Anfängen der Metallzeit mehr oder minder kontinuierlich bewohnt wurde, der aufgrund seiner strategisch bedeutsamen Lage schon früh eine Rolle als Wachtstation an den Dardanellen wie auch als Handelsplatz spielte und mit zahlreichen Fundstücken Wesentliches zur Aufhellung der anatolischen Frühgeschichte beigetragen hat.

sich zwei weitere römische Bauten an: ein **Odeion** und ein **Bouleuterion**, beide einst nach Art antiker Theater mit steinernen Sitzreihen versehen. Im Odeion traten Musikanten und Vortragskünstler auf; im Bouleuterion berieten die Honoratioren über politische Fragen.

Darüber hinaus gibt es noch zwei Bauten von Troja VI, der ›homerischen‹ Stadt, zu sehen, doch nur aus der Ferne, da der Besucherpfad sie nicht direkt berührt: das **Pfeilerhaus** besaß einen großen Saal (15,5 x 8 m), dessen Flachdach von zwei Stützen getragen wurde. Das **Südtor** war der alte Haupteingang; sein gepflasterter Torweg führte in römischer Zeit hinauf zum Athena-Tempel.

Das Gelände südlich und östlich des Burghügels, die **Unterstadt,** ist nicht zugänglich. Die neuen Ausgrabungen

Pferdeweide in den Hügeln nördlich von Behramkale

haben dort für Troja VI eine Besiedlung mit zusätzlichen Verteidigungsanlagen ergeben. Die Deutung der Befunde ist umstritten.

Hisarlık:** direkt vor dem Eingang der Ausgrabungsstätte, Tel. 286/ 283 10 26, Fax 283 10 87. Untere Mittelklasse, mit Restaurant. DZ 20 €.
Varol Pansiyon: im nahen Dorf Tevfikiye. Spartanisch, ruhig gelegen – die Adresse für Backpacker. Bett im DZ: ca. 8 €.

Dolmuş-Verbindung von der **Busstation** in Çanakkale, in der Saison etwa stündlich. Auch am Truva/Troja-Abzweig, 26 km südlich von Çanakkale, nehmen Minibusse Passagiere auf.

Die Troas

Atlas: S. 234, B 2/3
Die Landschaft zwischen Troja und Assos hat in letzter Zeit stark unter (teils illegalem) Ferienhausbau zu leiden. Dennoch lohnt eine Rundtour – durch immer noch sehr traditionelle Dörfer. In den ›**Heldengräbern**‹, den Hügelgräbern in der Ebene von Troja, dürften die Großen der vor- und frühgeschichtlichen Handelsstadt ihre letzte Ruhe gefunden haben. Später verehrte man die Tumuli jedoch als Gräber der im Kampf um Troja gefallenen Helden. Achilles, Patroklos und der hünenhafte Ajax sollen hier bestattet liegen. Bei dem Dorf Üvecik ließ der römische Kaiser Caracalla (reg. 211–217 n. Chr.) über dem Sarkophag seines Favoriten Festus sogar einen neuen Totenhügel aufschütten, den höchsten (25 m) der Troas überhaupt.

Alexandreia Troas wurde um 310 v. Chr. von dem Diadochen Antigonos Monophthalmos gegründet. Als Hüterin der Dardanellen und als Handelszentrum war die Stadt ein wichtiges Ziel der christlichen Mission. Der Apostel Paulus hat sich hier zweimal aufgehalten. Bei archäologischen Pirschgängen durch die alte Stadt, in deren Boden bisher kein Archäologenspaten stach, ist mancherlei zu entdecken: neben den Resten der Stadtmauer Ruinen römischer Thermen, die Mulden des Stadions und des Theaters, dazu am antiken Hafen geborstene Säulen und der Torso einer spätrömischen Statue.

Die antike Stadt **Neandreia** auf dem 500 m hohen Ciğri Dağı wird heute noch von eindrucksvollen Stadtmauern (5. Jh. v. Chr.) umschlossen: sie begrenzten ein Terrain von knapp 1,5 km in ost-westlicher, knapp 0,5 km in nordsüdlicher Richtung und waren von vier Toren und sieben Pforten durchbrochen. Der *Tempel* von Neandreia, nur noch in seinen Grundmauern erhalten, folgte der seltenen äolischen Ordnung, die im 7. Jh. v. Chr. unter nahöstlichem Einfluss entstand, dann aber vom ionischen Stil verdrängt wurde. Man erreicht ihn, wenn man vom Westtor (das uns vom Dorf Kayacık her in die Ruinenstätte eingelassen hat) einige Dutzend Meter halblinks geht. Faszinierender als der karge Baubestand sind die stille Landschaft und der Fernblick von der Stadthöhe.

Der **Ajax-Tumulus** (*İntepe*) liegt ca. 2 km vom Dorf Kumkale entfernt nahe den Dardanellen; der durch Neubauten verdeckte **Zwillingstumulus** von Achilles und Patroklos zwischen den Dörfern Kumkale und Yeniköy, kurz nach der Südwendung der Landstraße; das **Grab des Festus** (Üvecik Tepe) ca. 1 km nördlich des Dorfes Üvecik.

Alexandreia Troas erreicht man von der Kleinstadt Ezine an der Staatsstraße E 550 über das Dorf Geyikli und den Hafen von Odun İskelesi, wo sich die Landstraße südwärts wendet; insgesamt ca. 21 km bis zur Stadtmauer, kurz darauf über Feldwege nach rechts.

Auch der Besuch von **Neandreia** beginnt in Ezine und führt zunächst in Richtung Geyikli; nach 6 km aber links abbiegen und über die Weiler Kemallı, Firanlı und Uluköy hinauf nach Kayacık (auch: Ciğriköy) fahren; von dort über eine schlechte Schotterstraße noch 20 Min. Fußweg zum Westtor von Neandreia.

Assos / Behramkale

Atlas: S. 234, B 3

Im Süden der Troas wird die Landschaft reizvoller, die Hügel tragen schöne Kiefernwälder. Etwas abseits der Fernstraße liegt **Ayvacık** (6000 Ew.). Bei einem Bummel durch den Ortskern sieht man noch viele (verfallende) Häuser im türkischen Traditionsstil. Buntes Treiben entfaltet sich um die Verkaufsstände westlich vom Busplatz am Markttag, dem Freitag. Dann setzt jeder Weiler der Umgebung seine Kleinbusse in Marsch nach Ayvacık.

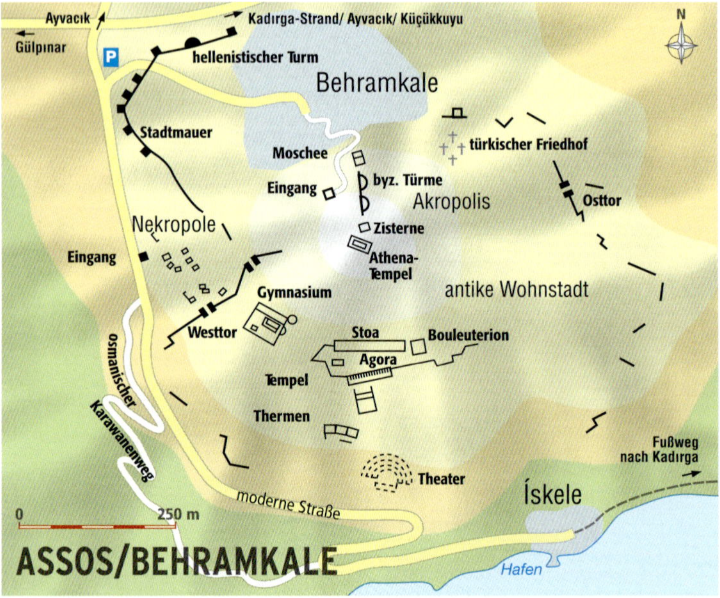

Für die meisten Reisenden ist Ayvacık nur Durchgangstation auf der Fahrt nach **Assos,** 19 km südwestlich beim malerischen Dorf Behramkale (ca. 300 Ew.). Die Anfahrt erfolgt über eine enge, unübersichtliche Straße und berührt die Weiler Söğütlü und Paşaköy. Etwas länger, aber schöner (anfangs dichter Kiefernwald) ist die Südostroute von Ayvacık über das Dörfchen Sazlıköy; mit reizvollen Ausblicken führt sie zuletzt von Ost nach West über der Küste entlang.

Knapp 1 km vor dem Dorf, dessen Häuser sich am Nordhang des alten Burgbergs staffeln, passiert die Straße von Paşaköy her eine osmanische **Buckelbrücke** (14. Jh.), die das Tuzla Çayı oder auch Behram genannte Flüsschen überspannt.

Möglicherweise haben vor Assos schon phönikische Schiffe geankert. Griechen, die von der Insel Lesbos kamen, bauten den altkleinasiatischen Stützpunkt im 9. oder 8. Jh. v. Chr. aus, die Perser wussten ihn als Kriegsbeute zu schätzen. Sie kamen 549 v. Chr. und zogen sich erst nach der Mitte des 4. Jh. v. Chr. zurück. Unter dem Fürsten Hermias entstand wenig später die assische Philosophenschule, der auch Aristoteles angehörte.

Der Weizen, angebaut in der heute verwilderten Flussebene vor der Stadt, war in hellenistischer Zeit ein begehrtes Exportgut, und den pergamenischen Herrschern galten die Zuchtschweine von Assos als die besten. Der Aufstieg von Alexandreia Troas (s. S. 78) ließ den Stern von Assos indessen noch vor der Zeitenwende sinken.

Früh drang die christliche Religion in die Stadt ein; wir wissen vom Wirken der Apostel Paulus und Lukas in der Troas. Die Zeit im Zeichen des Kreuzes endete 1306, als sich Makrames, ein byzantinischer Grande, unter dem Druck türkischer Scharen mit der gesamten christlichen Bevölkerung nach der Insel Lesbos einschiffte. Der Mongole Timur hat Assos 1403 dann den letzten Schlag versetzt. Ein Jahrhundert später verzeichnete der berühmte Admiral Piri Reis die alte Stadt in seinem ›Segelhandbuch‹ nur noch als ein »verfallenes Häflein [...] unterhalb von Behram«.

235 m hoch ist der Hügel von Assos. Wer von Ayvacık über Paşaköy anfährt, lernt ihn nicht von seiner ›Schokoladenseite‹ kennen. Eher düster wirkt diese Nordansicht; zwischen den aus grünlich-grauem Vulkangestein errichteten Häusern des Dorfs Behramkale steigen hellenistische, im Hintergrund byzantinische Festungsmauern und -türme auf, dazu das Minarett der Dorfmoschee (s. Abb. S. 66).

Auf gewundener Pflasterstraße gelangt man hinauf in das Örtchen, wo Bäuerinnen Stickereien anbieten. Die alte **Moschee**, erbaut mit antiken Quadern, stammt aus der Zeit Sultan Murats I. (reg. 1362–1389). An die 11 m Spannweite hat die Zentralkuppel, das Eingangsportal besteht aus Werkstücken aus dem Vorläuferbau, einer byzantinischen Kirche – man erkennt es am Christusmonogramm in der Oberschwelle.

Von der Moschee steigt man zur Höhe der **Akropolis**. Hier eröffnet sich eine bezaubernde Aussicht hinüber zur griechischen Insel Lesbos, die im Blau der Ägäis schwimmt. Auf dieser Höhe stand einst, weithin sichtbar, ein **Tempel** mit einer Ringhalle von weitgekehlten Säulen. Einige dieser Säulen wurden von türkischen Archäologen wieder aufgerichtet, leider unter Einsatz von Stahlbeton. Vermutlich war das Heiligtum, das um 530 v. Chr. entstand, der Göttin Athena geweiht. Auf dem Rückweg lohnen noch zwei ca. 5 m tiefe überwölbte **Zisternen** zu Füßen der beiden hochragenden byzantinischen **Türme** einen Blick; im Osten erkennt man den Zug der Stadtmauer.

Diese **Stadtmauer** aus mächtigen Quaderblöcken ist die zweite Hauptsehenswürdigkeit von Assos; besonders gut hat sie sich auf der Nordwestseite der Hügelsiedlung erhalten. Aus frühhellenistischer Zeit stammen die Außenwerke, z. B. der hufeisenförmige Turm im Norden des Burgbergs; etwa ein halbes Jahrhundert älter ist der gewinkelte Mauerzug am Fuß der westlichen Akropolis-Felsen.

Dort lag auch das **Westtor**, heute der Eingang zur Besichtigung der antiken Stadt, die sich auf der Meerseite des Burgbergs ausbreitete. Gleich anschließend bietet eine der beiden **Nekropolen** der Stadt sehenswerte Mausoleen und Sarkophage aus hellenistischer und römischer Zeit. Eine gepflasterte Straße führte durch diesen Friedhof zum Tor. Der antike Reisende erfuhr so bereits vor seiner Ankunft die

Der dorische Tempel von Assos

Namen der herrschenden Familien, deren Grabbauten die ›Ehrenplätze‹ an der Straße besetzten.

Das steile Gefälle des Hangs zwang der Stadt eine Terrassenarchitektur auf, deren Ruinen dem 3./2. Jh. v. Chr. zuzuordnen sind. Man erwarte aber nicht zuviel: Die erhaltenen Bauspuren des **Gymnasiums,** das bis in byzantinische Zeit genutzt wurde, und der trapezförmigen **Agora** mit einem kleinen Tempel vor dem Markttor im Westen und einem Bouleuterion (Ratshalle) im Osten wirken eher kärglich. Vor der wuchtigen Stützmauer im Norden verlief eine ca. 111 m lange und 12 m breite *Stoa*. Dieses Zentrum des alten Assos war von Gassengewirr mit Wohnhäusern und Handwerksstuben umgeben.

Zum **Theater,** das im 3. Jh. v. Chr. entstand und von dem einige Sitzreihen freigelegt wurden, muss man nun halbwegs nach Assos-Hafen hinunterfahren. Da ein Großteil der Steinblöcke 1864 auf Geheiß der Hohen Pforte abgetragen und in İstanbuler Moscheen verbaut wurde, restaurierte man auch hier mit Beton. Eindrucksvoll aber die unversehrte antike Pflasterstraße mit Abwasserrinnen zu beiden Seiten.

Zum Hafen von Assos schraubt sich nahe der Fahrstraße ein etwa 2 m breiter **Pflasterweg** hinunter, auf dessen Serpentinen osmanische Karawanen zwischen dem 14. und 19. Jh. Güter hinauf in die Troas und nach İstanbul beförderten.

Der **Hafenstreifen,** *İskele* genannt, mit schmalem Strand und einer Mole, an der bunte Fischerboote und Jachten dümpeln, war noch vor zwei Jahrzehnten fast menschenleer; heute scharen sich um die Küstenstation der türkischen Armee mehrere Hotels, Restaurants und Campingplätze. Alles ist eng, gedrängt, dennoch hat sich Assos-Hafen Flair und Ausstrahlung bewahrt – ein angenehmer Platz vor allem in der Vor- und Nachsaison, prachtvoll der Meerblick, nachts mit den fernen Lichtern der griechischen Insel Lesbos.

Viel weitläufiger, aber baum- und schattenlos ist der Sand-Kiesel-Strand von **Kadırga,** ca. 4 km weiter östlich, mit mehreren Hotels, Restaurants und Campingterrain. Man kann ihn von Assos-Hafen auf einem Fußpfad erreichen oder von Behramkale her anfahren.

Schön ist man via Gülpinar auch Richtung **Babakale** unterwegs, wo man lauschig im Teegarten sitzt und mit dem Akliliman einen feinsandigen Strand zur Verfügung hat – jedoch keine Unterkunft. Von Gülpinar sollte man noch zum **Tempel des Apollon Smintheus** fahren (hellenistisch, römisch umgebaut), der vor einigen Jahren von türkischen Archäologen ausgegraben und restauriert wurde.

Vorwahl: 0286

Assos-Hafen

In Assos gibt es etliche Mittelklassehotels, die aus osmanischen Karawansereien hervorgegangen sind:

Kervansaray *:** Tel. 721 70 93, Fax 721 71 98. Die wohl beste Adresse in Assos-Hafen, schöner Innenhof und Terrasse. DZ 70 €.

Nazlıhan:** Tel. 721 73 85, Fax 721 73 87. Auch recht nobel, der holzüberdachte Innenhof wird von Schwalben durchflogen. DZ 50 €.

Assos:** Tel. 721 70 92, Fax 721 72 49. Direkt am Meer, klimatisierte Zimmer. Bei Halbpension kostet das DZ 70 €.

Şen Pansiyon: Eine der zahlreichen preiswerten Pensionen hinter dem Hafen, etwas erhöht gelegen. DZ 25 €.

Behramkale

Auch die Unterkunft oben im Dorf hat ihren Reiz. Zwar fehlen Wogengeplätscher und Meeresbrise, dafür aber entschädigt die Urtümlichkeit des Dorfes. Es gibt natürlich auch ein einfaches Restaurant: Ziegenfleisch, -milch oder -käse lohnen die Kostprobe.

Dolunay Pansiyon: DZ knapp 20 €.

Sıdar Pansiyon: DZ 12 €.

Kadırga-Strand

Keine Einkaufsmöglichkeit, HP fast unumgänglich.

Eden Beach*:** Tel. 721 70 39, Fax 721 70 54. Der *old-time*-Klassiker mit kindgerechtem Sand-Kiesel-Strand und gutem Restaurant, etwas zurückgesetzt vom Meer, aber Achtung: Im Sommer heizt die Sonne den flachen Bau auf, und zur Schlafenszeit ›glühen‹ die Zimmerwände, das gilt auch, da Schatten fehlt, für andere Häuser. DZ/HP 55–60 €.

Troas:** Tel. 721 71 54, Fax 721 72 41. Etwas kühler. Gute Küche. DZ/HP 70 €.

Östlich von Kadırga

Assos Eden Gardens**:** Tel. 762 98 70, Fax 762 94 04. Nobel wohnen in der Einsamkeit. Gepflegter Sandstrand vor dem Hotelblock, Pools, Sauna, Fitness Center und Tennisplätze, eliche Wassersportmöglichkeiten, Anfahrt von Ayvacık am besten über das Dorf Sazlı, von dort hinab zum Meer (ca. 12 km). DZ/HP 90 €.

In der Saison etwa stündlich von der **Busstation** in Ayvacık (wo die Fernbusse auf der Strecke İzmir–Çanakkale stoppen) eine Dolmuş-Verbindung nach Behramkale bzw. Assos-Hafen (İskele), gelegentlich auch zum Kadırga-Strand.

Die Bucht von Edremit

Atlas: S. 234/235, C/D 3
Südwestlich von Ayvacık verlässt die Westküstenstraße in vielen Serpentinen die alte Kulturlandschaft Troas – und die moderne Provinz Çanakkale. Über mehr als 300 m Höhenunterschied geht es durch einsames Waldgebiet hinab in die Küstenebene. Eine andere Landschaft, eine andere Klimazone warten am Meer. Eigentlich beginnt erst hier die türkische Ägäis, wie man sie sich allgemein vorstellt: als ein sonnenreiches Badeparadies. Denn die bewaldeten Hügel des Zeybek Dağı mit der Hochpartie des Kaz Dağı (höchste Höhe: 1767 m) schirmen den Golf von Edremit im Norden gegen die kühlere Marmaris-Region ab.

Im engeren Sinne reicht die Bucht von Edremit vom Dorf Küçükkuyu über die Landstadt Burhaniye (32 000 Ew.) bis zum Ferienzentrum Ayvalık. Pfiffige Tourismusmanager haben für die Küstenlinie das griffige Wort ›Oliven-Riviera‹ ersonnen. Tatsächlich massieren sich die Ölbäume hier zu ganzen Wäldern.

Im Ostwinkel der Bucht, knapp 10 km vom Meer entfernt, breitet sich als regionales Zentrum die Mittelstadt **Edremit** (36 000 Ew.) aus. Der alte Name hallt deutlich genug im neuen nach, aber bis heute bleibt offen, ob das antike *Adramyttion,* das von dem Lyder Adramy, einem Bruder des Kroisos, gegründet worden sein soll, unter dem Boden der türkischen Stadt liegt oder mehr zum Meer hin seinen Platz hatte. Auch wenn namhafte Denkmäler fehlen, lohnt es sich, durch das Städtchen mit seinen enggassigen Vierteln und traditionellen Holzhäusern (an denen der Zahn der Zeit allerdings bedenklich nagt) zu schlendern. Am besten wählt man den Mittwoch, den Markttag, wenn das bäuerliche Hinterland mobil macht und ganze Straßenzüge von Edremit vormittags zum Open-air-Basar werden. Auch die Kurşunlu Cami (14. Jh.) lohnt den Besuch. Die Arkaden der offenen Vorhalle werden von antiken Säulen getragen.

Eine kulturhistorische Merkwürdigkeit und an Sonntagen ein beliebtes Ausflugsziel ist der **›Zeus-Tempel‹**, den man vom Badeörtchen Küçükkuyu aus erreicht. Über ca. 3 km geht es auf einer Erdstraße durch dichten Ölwald, dann steht man nahe dem Dorf **Adatepe** (wo sich viele Istanbuler Intellektuelle einquartiert haben) vor einem kolossalen Felsblock mit geglätteter Oberfläche, der aber niemals ein Tempel oder ein Altar war, vielmehr ein Militärposten zur Sicherung der römischen Straße von Assos nach Adramyttion.

Andere Ausflugsmöglichkeiten? Lokale Reiseveranstalter an der Oliven-Riviera chauffieren Sie von Küçükkuyu hinauf zum **Kaz Dağı** (›Gans-Berg‹), dem Ida-Gebirge der Antike. In der Kühle der hohen Mischwälder mit Eichen, Kastanien, Kiefern und Tannen haben Hirsche und Rehe, Wildschweine, Wildkatzen und Dachse ihren Lebensraum. Bären und Schakale, noch vor zwei Jahrzehnten vereinzelt beobachtet, sind dagegen verdrängt.

Was man an der Oliven-Riviera sonst so tut, folgt sommerlichen Freizeitregeln: Sonnenbäder am Sandstrand und Meeresbäder in den Ägäisfluten scheinen Urlaubsprogramm genug. **Küçükkuyu** (3500 Ew.) ist der erste unter einer Reihe von aufstrebenden Badeorten an der Bucht von Edremit, die meist von türkischen Sommergästen besucht werden. In **Altınoluk** (6000 Ew.), einige Kilometer weiter östlich, sieht es nur wenig einladender aus, obwohl der Strand, mal Sand-Kiesel, mal Feinsand, sich zieht und zieht. Doch alles wirkt eher öde. Die Hauptstraße verläuft direkt hinter einer fast ununterbrochenen Zeile von Hotels und Campingplätzen (*Moteller, Siteler*). Reizvoller, auch durch die landschaftliche Rahmung mit Kiefernwald, sind die beiden Ferienorte **Akçay** (9000 Ew.) und vor allem das baumgrüne **Ören** (5 km westlich von Burhaniye; 4000 Ew.) mit seinem langen Sandstrand, einem der schönsten der Westküste. Hier wie dort ist das Wasser glasklar.

Burhaniye: Hükümet Konağı, Tel./Fax 412 75 56 (nur im Winter); **Akçay:** Edremit Cad., Tel./Fax 384 11 13; **Ören:** Hauptplatz, Tel. 416 35 00, Fax 412 57 56 (nur im Sommer).
Vorwahl: 0266

Selbst in der Hochsaison findet sich zwischen Küçükkuyu und Ören stets ein Zimmer:

Adatepe

Hünnap Han*:** am oberen Rand des Dörfchens, Tel. 752 65 81, Fax 752 65 93. Nur 8 Zimmer (in zwei Bauten), alle geschmackvoll und individuell gestaltet, Vorbuchung obligatorisch. DZ/HP 65 €.

Altınoluk

Eren:** Östlich des Hafens, Tel. 396 17 13. Klein, aber fein; direkt am etwas groben Sandstrand. DZ/HP 45–50 €.

Wasserspaß

Ören ist kinderfreundlich – über eine Riesenrutsche geht's bei den Teegärten mit Karacho ins Meer –, bietet aber auch Sport und Fun, z. B. Wasserski und Jetski, dazu als neuesten Zeitvertreib das berüchtigte Banana Riding.

Mare & Monte:** Fatih Cad. im Zentrum von Altınoluk, Tel. 396 13 88. Ebenfalls unmittelbar am Strand. DZ/HP 45–50 €.

Akçay

Akçay Tatil Köyü: Tel. 385 42 92. Feriendorf 3 km außerhalb; sehr kinderfreundlich am flach abfallenden Altınkum-Sandstrand gelegen, mit 800 Betten aber auch recht megaloman. DZ/HP ab 75 €.
Mehrere kleine Hotels, z. B. **Öge** (Tel. 384 10 04), und Pensionen, z. B. **Arzu** (Tel. 384 17 90), am Strand von Akçay selbst.

Ören

Club Orient*:** Etwas außerhalb im Norden von Ören, Tel. 416 34 45, Fax 416 40 26. Komforthotel im Grünen, stilvoll und mit großem Wassersportangebot; kinderfreundlicher, flach abfallender Strand. Viele Sportangebote. Empfehlung! DZ /HP in der Hochsaison 70 €, sonst billiger.
Die vielen Unter- und Mittelklassehäuser von Ören haben meist türkische Gäste, etwa das

Club Fiord*:** Ören Mahallesi, Tel. 412 60 64, Fax 422 21 09. Direkt am Meer, gutes Wassersportangebot. DZ/HP 65 €.

Garküchen und Fischrestaurants gibt es in allen genannten Orten. Empfehlenswert das sehr preiswerte **Uysal** in **Küçükkuyu,** das **Yeşil Konya** (preiswert) oder das **Sarnıç** (deutlich teurer) in **Akçay** – es gibt dort auch einen

›Italiener‹ – und das **La Bella** in **Ören** (über dem Postamt) sowie das schickeriapreisige **Marina** am Jachthafen.

Nachtleben findet z. B. in der **Metropol-** oder der **Pasha-Disco** (beide Ören) oder in der **Star Disco** (Akçay) statt. Nicht zuviel erwarten!

Gute **Minibus-Verbindungen** am Golf von Edremit; alle Küstenorte werden regelmäßig angefahren.
Die **Fernbusse** halten in Edremit (Busstation im Westen des Ortes) und Burhaniye (kleiner Busplatz im Ort), dazu in Bostancı, 4 km südlich von Edremit (nahe dem Abzweig in Richtung Balıkesir).
In der Saison 3-4 mal tägl. auch **Boote** zwischen Akçay und Ören (knappe halbe Stunde Fahrt).

Ayvalık

Atlas: S. 234, C 3/4
Im schönen Ayvalık (35 000 Ew.) am Südwestrand der Oliven-Riviera wachsen der sonnigen Gesichtslosigkeit der Edremit-Region Tradition und Geschichte zu. Freilich zeichnet sich auch historische Tragik an den Griechenhäusern am Fischerhafen und in den engen Pflastergassen der Innenstadt ab, über die bis heute trappelnde Pferde Fuhrwerke ziehen. Vor dem Bevölkerungsaustausch des Jahres 1922/23 (s. S. 33) war Ayvalık mehrheitlich von Griechen besiedelt. Das Stadtbild zeigt es bis heute: Die hohen Portale vieler Wohnhäuser (mit den charakteristisch vorkragenden Obergeschossen) entsprechen dem neugriechischen Klassizismus des späten 19. und frühen 20. Jh. ebenso wie Frontgiebel und Säulen. Vom damaligen Wohlstand der Stadt kündet die **Taksiyarhis Kilise,** eine aufgelassene griechisch-orthodoxe Kirche des 19. Jh. mit ostkirchlichem Freskenprogramm (jüngst restauriert). Andere Kirchen wurden nach dem Bevölkerungsaustausch in Moscheen **(Saatlı Cami, Çınarlı Cami, Biberli Cami)** oder sogar in Ölfabriken und Tabaklager umgewandelt.

Man besucht Ayvalık aufgrund seiner reizvollen Küstenlandschaft. Ein Schwarm von Inselchen, zu denen man hinausfahren kann, auch nachts im Laternenschein, und der kilometerlange Sandstrand der Sarımsaklı-Halbinsel sind die Hauptattraktionen.

Zwischen Boot und Bad zieht es die Urlauber zum **Şeytan Sofrası** (›Teufelstisch‹), ein Felsplateau im Nordwesten des ›Knoblauchstrands‹ Sarımsaklı. Wer hier eine Münze in einen Felsspalt wirft, dem erfüllt der Teufel angeblich einen Wunsch. Nun ja. Herrlich jedenfalls die schöne Aussicht über die zerlappte Küste.

Yat Limanı Karşısı, am Kai der Alibey-Fähre, Tel./Fax 312 21 22; in der Hochsaison zusätzlich ein kleiner Infostand am Hafen. **Vorwahl:** Tel. 0266

Wandertipp

Man kann vom ›Teufelstisch‹ durch die grüne, attraktive Landschaft noch nordwärts bis Tımarhane und dann zurück nach Badavut und Sarımsaklı wandern; hin und zurück reichlich 2 Std.

Kahve in einem alten Griechenbau

Das Ortszentrum besitzt nur mittelprächtige Hotels:

Ayvalık Palas:** im Viertel hinter dem Hafenamt, Tel. 312 10 64. Mit Meerblick. DZ um 30 €.

Kaptan:** im Viertel hinter dem Hafenamt, Tel. 312 88 34. DZ um 30 €.

In stilvollen alten Griechenhäusern haben sich einige bescheidene Pensionen mit Etagenduschen und -WCs eingerichtet, z.B.:

Yali: nahe der Post. Pro Person etwa 10 € mit Frühstück.

Taksiyarhis: nahe der Museumsskirche. Beliebt bei Backpackern. Pro Person etwa 10 € mit Frühstück.

Sarımsaklı

Grand Hotel Temizel***:** östlich abseits der Strandsiedlung, Tel. 324 20 00, Fax 324 12 74. Luxuriös, teure Schickeria-Disco im Haus. Unschön die sumpfige Landschaft im Rückraum des Strandes. DZ/HP ab 100 €.

Büyük Berk:** Tel. 324 10 45, Fax 324 11 94. Bewährte Adresse direkt im Ort am feinsandigen Strand, gutes Restaurant, Pool, Bar und preiswerte Disco. DZ/HP 60–65 €.

Aytaş*:** Tel. 324 14 45, Fax 324 14 41. Unmittelbar am Meer, gepflegte Zimmer in einer Bungalow-Anlage. Die Küche zeigt Charakter. DZ/HP 55–60 €.

Badavut (westlich von Sarımsaklı)

Özak:** Badavut, Tel. 324 24 59, Fax 312 225 74. Direkt am Strand, Zimmer mit Balkon/Meerblick. Internationale Küche (mit türkischem Einschlag) im Hotelrestaurant. Angenehme Atmosphäre. DZ 45–50 €.

Alibey Adası
Floryum Resort*:** an der Dammstraße, Tel. 331 07 87, Fax 331 07 90. Viel Komfort auf großem, neu begrüntem Areal. DZ/HP ab 80 €.
Ortunç:** etwa 4 km außerhalb am Albey-Westufer, Tel. 327 11 20; Fax 327 20 82. Hübsche, grüne Anlage, umweltfreundlich gestaltet, nettes, intellektuelles Publikum. DZ/HP 50 €
Artur Motel*: am Kordon, Tel. 327 10 14. Schlicht, aber sauber geführt; kleine, aber ordentlich gewartete Zimmer; exzellentes Restaurant im Erdgeschoss. DZ 30 €.
Billigunterkunft bieten z. B. die Pensionen **Altay** (Tel. 327 10 28) und **Atün** (Tel. 327 15 54), beide im Rückraum des Hafens, ca. 9 € pro Person im DZ (nicht alle haben Du/WC; Preis ohne Frühstück).

Ayvalık
Beim kleinen Fischerhafen behauptet das **Öz Canlı Balık** seinen guten Ruf als Fischrestaurant. Nicht ganz billig (knapp 30 € für ein Abendessen zu zweit, dazu noch die Getränke). Gleich nebenan das **Kanelo Café,** ein älterer Griechenbau mit schönem Meerblick (nur abends Küche; voll wird es bei Sonnenuntergang).
Sarımsaklı
Hier müssen es nicht unbedingt die – relativ teuren – Meeresfrüchte im Restaurant des **Büyük Berk** sein (s. o., So mit offenem Büffet, dann gedrängt voll). Abseits der Hotels ist z. B. das **Yakomoz** mit traditionell türkischer Küche zu nennen, und natürlich fehlt auch nicht ein **Spagetti Haus.**
Alibey
Hier reihen sich gute Open-air-Restaurants an der Uferpromenade: Alle in der Preislage etwa gleich – d. h. nicht ganz billig. Empfehlung für das **Nissos** und seine Muscheln und Tintenfischsalate, aber auch das geschmackvoll-ungewöhnlich würzende **Günay** hält sich mit seinem gedünsteten Oktopus und anderen, eher seltenen Vorspeisen (Seeigel = *deniz kestanesi)* wacker. Rechnen Sie mit ca. 30–36 € für ein Abendessen zu zweit (inkl. einer Flasche Wein).

Die **Highway Disco** zwischen Ayvalık und Sarımsaklı ist wohl die beliebteste Adresse; hier hält man – dominierend sind Deutsche und Briten – durch bis zum Morgengrauen.

Bootsausflüge (Halb- oder auch Ganztagstouren; letztere inkl. Mittagessen) erschließen einsame Buchten, aber auch abgelegene Klosterruinen wie die des Georgsklosters auf Güvercin Adası und die des Dimitriosklosters auf der Halbinsel Pateriça, dazu den byzantinischen Pordeselina-Turm auf Maden Adası. Abfahrt um 10 oder 14 Uhr am Hafen.

Internationale Sommerfestspiele mit Folklore und Konzerten: drittes Augustwochenende.

Ayvalık wird von den meisten **Fernbuslinien** zwischen Çanakkale (bzw. İstanbul oder Bursa) und İzmir nicht direkt angefahren. An den drei Halteplätzen (von Nord nach Süd: BP Tankstelle; Ayvalık Plajlar; Sarımsaklı Plajlar) der als Umgehungsroute geführten Westküstenstraße warten in der Saison jedoch **Kleinbusse** und **Taxis** auf aussteigende Passagiere.
Von Ayvalık-Zentrum **Kleinbusverbindung** mit Edremit und Bergama. Stadt- und Kleinbusse nach Alibey, Camlık, Küçükköy, Sarımsaklı und Badavut.
In der Sommersaison dreimal wöchentlich eine **Fähre** zur griechischen Insel Lesbos (nicht ganz billig). Tickets am Gümrük Meydanı.

PERGAMON UND ÄOLIEN

Bergama, das antike Pergamon, glänzt mit den Denkmälern seiner großen Vergangenheit, bietet aber in seiner türkischen Altstadt auch den Charme lebendiger Basarviertel. Ausflüge führen zu hübschen Badeorten wie Bademli und Çandarlı. Die Fahrt durch die äolische Landschaft berührt Flussebenen, weite Olivenhaine und einsames Hügelland, durch das Schäfer mit ihren Herden ziehen. Einsame Ruinenstädte wie Aigai lohnen einen Abstecher, aber auch die Strände zwischen dem alten und dem neuen Foça.

Dikili, Bademli, Çandarlı

Atlas: S. 234/235, C/D 4
Zwischen Ayvalık und Dikili erstreckt sich flaches, baumloses Schwemmland. Sand- oder Sand-Kiesel-Strand, sehr flach abfallend, zieht sich über Kilometer an der Küstenlinie hin. **Altınova** ist die einzige ältere landwirtschaftliche Siedlung in der Küstenebene, nieder bebaut und sommerheiß. Schnell wieder weg!

Der nächste größere Ort ist **Dikili** (ca. 10 000 Ew.); von hier führt eine Straße über die hüglige Halbinsel nach Çandarlı im Süden. In spätosmanischer Zeit war Dikili der Ausfuhrhafen von Bergama; auch die berühmten Reliefs des Pergamon-Altars (s. S. 99) gingen hier auf die große Reise Richtung Berlin. Heute hat Dikili einen ausgebauten Frachthafen, durch Bäume beschattete Gassen – und ist eine Hochburg des organisierten türkischen Tourismus (Feriensiedlungen von Genossenschaften). Der Ort wirkt relativ modern, ist mit zahlreichen Hotels besetzt (meist an den langen, nicht sonderlich sauberen Stränden im Norden), besitzt aber wenig Flair.

Intimer als Dikili sind die Örtchen **Bademli** und **Denizköy,** 10 bzw. 20 km weiter südwestlich. Noch schwanken diese Dörfer, vor allem Bademli mit seinen 2000 Ew., zwischen den bäuerlichen Traditionen der Olivenwirtschaft und den Lockungen des schnellen touristischen Geldes. Der Sieger ist jedoch abzusehen. Wer gut zu Fuß ist, findet in Strandbuchten westlich der Küstenstraße unvermutete Einsamkeit, stets mit Blick hinüber zur nahen Insel Lesbos.

Der ruhige, angenehme Küstenort **Çandarlı** (ca. 3500 Ew.) am Mündungsdelta des Bakır Çayı besetzt auf einer 1,5 km langen Landzunge die

Am Strand von Çandarlı, im Hintergrund die Türme des Genuesenkastells

Stätte des antiken *Pitane,* das sich um das 7. Jh. v. Chr. gegen den Widerstand der kleinasiatischen Altbevölkerung als nördlicher Vorposten der äolischen Immigration entwickelte. Die Stadt hatte es nicht leicht, und es wurde zum geflügelten Wort, »ein echter Mensch von Pitane« zu sein: nämlich dem Auf und Ab des Schicksals unterworfen.

Von der antiken Bebauung ist im Osten der Landzunge nur noch die Mulde des Theaters zu sehen. Ein genuesisches Kastell, entstanden um die Wende vom 13. zum 14. Jh., dient türkischen Filmemachern heute als Kulisse ihrer Historienstreifen.

Der schöne Sandstrand im Nordwesten von Çandarlı ist in der Sommersaison mit einheimischen Badegästen dicht belegt, zu denen sich aber auch immer mehr deutsche Urlauber gesellen, denn viele türkische Rückkehrer aus Deutschland haben hier kleinere Hotels etabliert und kennen die Wünsche ›ihrer‹ Germanen.

Vorwahl: 0232.

Dikili
Ümmetoğlu:** zentral im Ort, Tel. 67190 30. Geeignet für eine Zwischenübernachtung; fast nur türkische Gäste. DZ 38 €.
Perla*: am südlichen Ortsausgang, Tel. 671 41 45. Etwas sterile, aber saubere Zimmer mit Balkon. Jenseits der Straße ein Strandstreifen: nicht die optimale Lösung. DZ 20 €
An den **Buchten Richtung Çandarlı** bieten einige bescheidene Pensionen vollkommene Strandeinsamkeit, z. B. an der Bai von **Kumlu Mevkii** ca. 9 km von Dikili (Kleinbusse nur bis zum Abzweig von der Küstenstraße, dann noch 1,5 km zu Fuß:

Hannover: Tel. 677 84 32. DZ/HP 28 €.
Gürpınar: Tel. 677 81 33. Selbstversorgerküche. DZ ab16 €.
Beide haben nur wenige Zimmer, also unbedingt vorbuchen. Wer sich selbst bekochen will, benötigt einen Wagen/Leihwagen, um in Dikili einzukaufen.
Bademli
Nur einige wenige Privatunterkünfte, dazu an den Buchten – leider unattraktive – Campingplätze.
Denizköy
Keine Empfehlung, die Pensionen sind auf ausländische Besucher nicht eingestellt.
Çandarlı
Emirgan:** Talatemmi Cad., Tel. 673 25 00. Schöne Strandlage/Meerblick. Große Balkonzimmer. Viele deutsche Gäste. DZ/HP 45–50 € .
Senger:** Yali Cad., etwas nördlich der Festung, Tel. 673 31 17. Balkonzimmer mit Meerblick und vornehmlich deutsche Gäste. DZ (mit Fühstück) 25 €.
Samyeli:** Yali Cad., direkt neben der Pansiyon Senger, Tel. 673 34 28. Balkonzimmer mit Meerblick, vornehmlich deutsche Gäste. Gute türkische Küche. Man spricht deutsch. DZ (mit Frühstück) 25 €.

Minibusverbindungen zwischen Bergama, Dikili und Ayvalık; im Sommer etwa halbstündlich ein Dolmuş zwischen Dikili und Bademli. **Kleinbusse** von Çandarlı zur Küstenstraße, gelegentlich auch direkt nach Bergama.

Ölringer

Im Oktober, wenn in Çandarlı die Regionalausscheidungen der *Yağlı Güreş*, der Ölringkämpfe, stattfinden, verwandelt sich der Ort in ein orientalisches Festlager.

Bergama / Pergamon

Atlas: S. 235, D 4
Bergama (60 000 Ew.) liegt 8 km östlich der Westküstenstraße am Bakır Çayı (Kaikos), einem der großen Ströme, die das anatolische Hinterland zur Ägäis entwässern; Nebenflüsse erhöhen die Fruchtbarkeit der Ebene. Ließ sich also ein besserer Verteidigungsplatz für die griechischen Aussiedler denken als die steile Höhe des Burgbergs über den Feldern der Ebene?

Auf diesem Burgberg hatte ab dem 3. Jh. v. Chr. die hellenistische Dynastie der Attaliden ihre Residenz. Könige mit Namen Eumenes oder Attalos geboten von hier über ein unabhängiges Reich, das in seiner Blütezeit weite Teile der Ägäis und des näheren Hinterlandes umfasste. Unter den kunstsinnigen Herrschern entwickelten sich bedeutende Kulturtraditionen. Baumeister, Bildhauer, Philosophen und Poeten schätzten die großzügige Patronage der Attaliden, die sich in Athen, Delphi und anderen griechischen Städten durch Weihegaben einen Namen machten. Denn reich waren und blieben sie, die Attaliden, seit sie sich in der Morgenröte ihrer Dynastie einen Schatz von 9000 Talenten (über 180 000 kg) Silber aneigneten, den sie für den hellenistischen Fürsten Lysimachos hatten verwahren sollen.

Viel Geld floss in die berühmte Bibliothek von Pergamon, die im 2. Jh. v. Chr. an die 200 000 Schriftrollen umfasste. Als Alexandria, das mit Pergamon um die Kulturhoheit in der helleni-

stischen Welt rivalisierte, die Lieferung seiner Papyri einstellte, erfand man in Pergamon eine neue Schreibgrundlage aus hauchdünner Tierhaut – eben das Pergament. Letzter Sieger im langen Widerstreit war jedoch die Stadt im Nil-Delta: Durch Antonius, der damals mit der Ägypterin Kleopatra verbunden war, gelangte Pergamons Bibliothek als Geschenk nach Alexandria.

Unter den Römern, vom letzten Attaliden 133 v. Chr. testamentarisch zum Erben bestimmt, fanden die Kulturtraditionen noch monumentaleren Ausdruck. Die Bevölkerung genoss den Frieden der *Pax Romana*, und die Stadt dehnte sich nun vom Burgberg in die Ebene aus. Mit den Goteneinfällen des 3. Jh. n. Chr. endeten die guten Zeiten für Pergamon. Neue Mauern wurden um den Burgberg gezogen. Der Vorgang wiederholte sich während der Arabereinfälle des 8. Jh. und um 1100 n. Chr. unter dem Druck der türkischen Völkerwanderung. Als die Osmanen Pergamon 1345 einnahmen, wechselte mit dem Ortsnamen – nun Bergama – auch das Siedlungsmuster. Unter der *Pax Osmana* benötigte man keine Burg mehr, benutzte die antike Stadt als Steinbruch und ließ sich in der Flussebene nieder.

Sehenswürdigkeiten

- 1 Asklepieion
- 2 Römisches Theater
- 3 Amphitheater
- 4 Ulu Cami
- 5 Tabak Köprüsü
- 6 Rote Halle (Kızıl Avlu)
- 7 Üçkemer Köprüsü
- 8 Kurşunlu Cami
- 9 Untere Agora
- 10 Gymnasien
- 11 Demeter-Heiligtum
- 12 Bau Z
- 13 Heroon des Diodoros Pasparos

Übernachten

- 14 Yildir
- 15 Pergamon Pansiyon
- 16 Athena

Im heutigen Bergama fallen im Gassengewirr immer wieder antike Quader auf, und manchmal erhascht man durch eine offene Hoftür den Blick auf einen römischen Sarkophag. Doch ist Bergama mehr als nur ein Futteral antiker Ruinen, nämlich eine sehr reizvolle, sehr traditionelle türkische Stadt, in der es am montäglichen Markttag besonders lebhaft zugeht. Zu den Uhrmachern und Schustern, Teppich- und Gemüsehändlern gesellen sich dann die Bauern aus den armen Bergdörfern des Kozak oder des Yünt Dağ ebenso wie die wohlhabenden Landwirte der Flussebene nach Soma hin. In den Teestuben und Garküchen werden Nachrichten ausgetauscht und Geschäfte abgewickelt, und hochbepackt fahren die dörflichen Kleinbusse und Lastwagen um die Mittagszeit wieder von dannen.

Das Asklepieion

1 Unser großer Rundgang führt uns zunächst zum Asklepieion. Man erreicht es in etwa 10 Min. vom Platz vor dem Postamt (Cumhuriyet Meydanı) über eine nach Westen hin ansteigende Serpentinenstraße (ausgeschildert). Der alte Heil- und Kultbezirk liegt heute innerhalb der Militärzone von Bergama; Kasernen und Armeelastwagen bestimmen das Bild: Hier auf keinen Fall fotografieren! Der Kassenkiosk (8.30–18 Uhr; 2 €) steht am Rande der Heiligen Straße, die einst vom Burgberg zum Asklepieion führte. Sie besaß gedeckte Säulenfluchten, in deren Handelskammern Devotionalien und Andenken verkauft wurden. Ein Straßenbrunnen bot erfrischendes Wasser. Wer in dem Rundgrab augusteischer Zeit begraben liegt, ist unbekannt.

Über Treppen gelangt man in den ursprünglich säulengesäumten Vorhof des Asklepieions und (früher erhob sich hier ein Torbau) in den 92 x 120 m messenden Haupthof. Von der Bibliothek rechts des Tores mit Nischen für Manuskripte führte ein Säulengang mit Pultdach nach Westen vor die Front eines kleinen Theaters mit annähernd 3500 Sitzplätzen. Wie die Bibliothek stammt auch das Theater aus der Zeit Kaiser Hadrians, also aus der ersten

DER HEILIGE KURORT

Das Asklepieion war gleichermaßen ein heiliger Platz und ein Kurort. Ihren sakralen Charakter gewann die Stätte durch den Bezug auf Asklepios, den hellenischen Halbgott der Gesundung; ihren medizinisch-praktischen durch vielgerühmte Kuren mit Hilfe von Heilschlaf, Diät und Bädern. Prominentester Arzt am Asklepieion war im 2. Jh. n. Chr. Galen, der nach Hippokrates wohl bekannteste Mediziner der Antike; prominentester Kurgast wiederum der aus Smyrna stammende und Galens Jahrhundert angehörende Redner Aelius Aristides, eine der gebildetsten Persönlichkeiten seiner Zeit – und zugleich ein eingebildeter Kranker. Auch ohne nennenswerten medizinischen Befund betrachtete er sich stets als schweren, vielleicht hoffnungslosen Fall (Schwindsucht, Wassersucht, Malaria), und kein Heilbad Kleinasiens musste lange auf den Besuch des Hypochonders warten.

Natürlich kam der Redner auch nach Pergamon – wo er freilich in raue Hände geriet. Die Priester, die in Gottes Namen den Kurbetrieb leiteten, verordneten ihren Schützlingen eigentümliche Therapien. So umrundete Aelius Aristides – es war im Winter – inmitten von Frost und Eis splitternackt dreimal den Tempel des Asklepios, um sich danach am eiskalten Wasser der Heiligen Quelle zu reinigen. Zwei seiner Leidensgefährten ließ bei diesem nächtlichen Tun sei es die Kraft, sei es der Mut im Stich.

Der eingebildete Kranke Aelius hingegen blieb solchen ›Therapien‹ zum Trotz munter und kräftig. Als er in späteren Jahren an der Pest (oder an den Pocken?) erkrankte, gehörte er zu den wenigen, die die Krankheit überlebten. Der klagesame Redner dürfte in Wahrheit eine Pferdenatur besessen haben. Denn was den Patienten im Asklepieion zugemutet wurde, erforderte Standhaftigkeit. Verstopfung kurierte man z. B. durch Fastenkuren, gern auch setzte man Blutegel an, ließ zur Ader und setzte Klistiere; dazu verordneten die Ärzte ›Heilwässerchen‹, die es in sich hatten: Kreidewasser oder Schierlingssaft etwa, um bei den Patienten ›heilsames Erbrechen‹ zu bewirken.

Die Frage der Bettenbelegung, vieldiskutiert in heutigen Krankenhäusern, löste die antike Verwaltung des Asklepieions entschieden zu ihren Gunsten: Die durchschnittliche Aufenthaltsdauer betrug ein volles Jahr. Allerdings war die Funktion des Asklepieions auch eher die eines Sanatoriums als die einer Klinik – genau gesagt: eines Sanatoriums für die ›oberen Zehntausend‹, die mit dem römischen Kaiserhaus in enger Verbindung standen. Es kamen Philosophen und Gelehrte, reiche Stifter, ja mit Marc Aurel und Caracalla sogar zwei römische Kaiser. Sie suchten nur in den seltensten Fällen Heilung, ob von tatsächlichen oder eingebildeten Krankheiten, sondern genossen das Asklepieion als eine Art Kulturzentrum, ausgestattet mit einer stattlichen Bibliothek und einer (verloren gegangenen) Kunstsammlung, mit einem Theater, in dem Vorträge und Musikdarbietungen stattfanden, und eben auch mit Angeboten zur Gesundheitspflege.

Auf der Heiligen Straße, die zwischen Burgberg (im Hintergrund) und Asklepieion vermittelte

Hälfte des 2. Jh. n. Chr. Das Bühnengebäude ragte ursprünglich drei Stockwerke hoch und schloss das Auditorium gegen den Platz ab.

Vorbei an der dorischen Stoa, die sich vom Platz nach Westen hinzieht und noch zum hellenistischen Baubestand gehört, gelangt man zur Latrine im Südwestwinkel des Platzes. Sie war räumlich nach den Geschlechtern gegliedert und mit Reihen von Steinsitzen ausgestattet. Die den Platz südlich abschließende Säulenhalle lässt den heutigen Besucher in ihren Unterbau blicken, der über abschüssigem Terrain den eigentlichen Wandelgang trug. Bei dem Rundbau im Südwestwinkel des Asklepieions, eindrucksvoll erhalten in konzentrischen Grundmauern mit Tonnengewölben, handelt es sich um das ursprünglich zweistöckige Kurhaus, im ›Souterrain‹ ausgestattet mit Badeanlagen und Brunnenbecken. Von hier führt ein vorzüglich erhaltener, etwa 80 m langer Tunnel auf die Platzmitte hinaus, wo – heute abgetragene – Inkubationsräume dazu dienten, den Kranken in Heilschlaf zu versetzen.

Attraktion des Asklepieions war der heilige Brunnen, der über eine Rohrleitung von einer nahen Quelle gespeist wurde und einst unter einem kleinen, schlichten Bau lag. Man trank das Wasser oder benetzte damit kranke Körperteile; als wirkkräftig galt es insbesondere bei Augen- und asthmatischen Leiden.

Die letzte Sehenswürdigkeit vor dem Verlassen des Asklepieions ist unmittelbar neben dem Kurhaus der Rundtempel des Heilgottes. Der Gläubige erreichte das Heiligtum über eine Freitreppe und durch einen Säulenvorbau.

Römisches Theater und Amphitheater

Entlang der Heiligen Straße zurück bis zur Fahrstraße. Man überquert sie und kommt über einen Karrenweg in eine Pflastergasse mit niederen, zumeist blau und weiß gestrichenen Häusern. Nach rechts abbiegend, gelangt man bald zum **römischen Theater** 2. Viel ist freilich nicht geblieben von dem einst so stolzen Bau für 30 000 Zuschauer. Das Auditorium, als Halbrund an den Hang gelegt, ist seiner Steinsitze beraubt, und nur massive Reste der südlichen Abschlussmauer, im Volksmund *Viran Kapı* (›Zerbrochenes Tor‹) genannt, künden von alter Größe.

Sehr viel eindrucksvoller ist unser nächstes Ziel: das **Amphitheater** 3 von Pergamon. Es liegt in den Slums von Bergama, in denen oft ganze Trupps von Kindern um Bonbons, Kugelschreiber oder Geld betteln. Man geht vom Theater weiter nach Norden und hält sich dann links. Steile Pfade führen abwärts in die antike Anlage, die sich zwischen zwei Hügel schmiegt. Stützbauten überspannten die Distanz zwischen diesen Hügeln und formten mit radial angelegten Zuschauerbänken das geschlossene Rund des Amphitheaters aus, in dem Gladiatorenspiele und Tierhetzen stattfanden. In der römischen Kaiserzeit, welcher der monumentale Bau entstammt, liebte man solche blutigen Spektakel. Das Wasser eines kleinen Bachs in der Senke des Amphitheaters konnte vermutlich gestaut werden und ermöglichte dann zusätzlich die Inszenierung von ›Seeschlachten‹.

Zur Roten Halle

Man verlässt das Amphitheater auf einem Pfad, der jenseits der nordöstlichen Stützmauer in einen Feldweg übergeht. Bei einer Weggabel links abwärts, vorbei an Bauernhäusern und Gärten, zur Autostraße am Üçkemer Çayı, einem Flüsschen – sommers eher ein Rinnsal –, das dem Altstadtbereich von Bergama zuströmt. *Selinus* hieß der Wasserlauf in der Antike.

Die erste Möglichkeit, ihn nach links zu überqueren, bietet eine **osmanische Brücke** auf römischen Fundamenten. Mit ihr hinüber zur **Ulu Cami** 4. Diese Große Moschee der Stadt wurde 1398/99 vornehmlich mit antiken Quadern errichtet. Die Innenarchitektur mit drei Kuppeln zur Mihrab-Wand hin und zwei tonnengewölbten Seitenschiffen bezeugt den Einfluss byzantinischer Kirchenbauten. Von der Ulu Cami zurück auf die andere Bachseite und durch Altstadtgassen nach Osten zur **Tabak Köprüsü** (Gerber-Brücke, 5), einem römischen Bau, der seit fast 2000 Jahren den Verkehr über den Üçkemer Çayı führt.

Wer auf dieser Brücke steht und flussabwärts blickt, sieht den Wasserlauf in einem römischen Doppeltunnel verschwinden. Er gehört zu den Substruktionen im Vorfeld der **Roten Halle** (*Kızıl Avlu,* 6), eines monumentalen Tempels aus der ersten Hälfte des

Orientalisches Volksleben im Basar von Bergama

2. Jh. n. Chr., der wohl drei ägyptischen Göttern, Isis, Serapis und Harpokrates, geweiht war (s. Abb. S. 10). Seit der hellenistischen Eroberung des Pharaonenreiches wurden die religiösen Vorstellungen und kultischen Praktiken Altägyptens zunehmend populär in der mediterranen Welt. Vor der Roten Halle, deren – ursprünglich marmorverkleidete – Ziegelmauern noch an die 19 m hoch stehen, breitete sich ein Vorhof von ca. 200 x 100 m aus. In frühbyzantinischer Zeit setzte man eine dreischiffige Kirche in den Tempel, geweiht dem Apostel Johannes.

Flussabwärts kann man nach Verlassen des eingezäunten Tempelareals noch einen Blick auf die **Üçkemer Köprüsü** (›Dreibogen-Brücke‹, 7) werfen, die dem Selinus seinen heutigen türkischen Namen eintrug. Sie spannt sich über römischen Fundamenten.

Zu Fuß auf die Akropolis

Der Fußweg hinauf zum Burgberg von Pergamon, der als Wahrzeichen der Stadt auch in den Basargassen immer wieder über die Häuserdächer lugt, beginnt jenseits des Nord-›Turms‹ der Roten Halle, der seit Mitte des 20. Jh. eine Moschee, die **Kurşunlu Cami** 8, beherbergt. Von der Hauptstraße, die Bergamas Innenstadt durchwindet, zweigt kurz hinter der Kurşunlu links die Sevketpaşa Caddesi ab. Mit ihr aufwärts, bei einem Kinderspielplatz – von hier vorzüglicher Blick auf die Rote Halle – nach links, dann rechts über eine Treppengasse weiter aufwärts, bis die

Zufahrt zur Akropolis erreicht ist. Auf der anderen Straßenseite setzt ein mit blauen Punkten markierter Aufstiegspfad ein, der Terrasse für Terrasse die antike Stadt und die Denkmäler am Akropolis-Hang erschließt.

Er beginnt an der **Unteren Agora** 9. Ein Abstecher nach rechts führt zu einem rekonstruierten mittelalterlichen Brunnenhaus, erbaut mit dorischen Säulen (das man aus dem Bereich des Kestel-Stausees hierhin versetzt hat). Man folgt der byzantinischen Pflasterstraße den Hang hinauf; zur Linken liegen die Ruinen des hellenistischen Attalos-Hauses, wo unter dem Schutzbau Mosaiken und Wandmalereien erhalten sind. Am Ende der Straße geht es nach links über einen wohlerhaltenen, besonders sehenswerten Treppenaufgang hellenistischer Zeit, der die byzantinische Stadtmauer durchstößt, auf die Ebene des weithin zerstörten **Unteren Gymnasiums** 10.

Vorbei am sogenannten ›Kellerstadion‹ zum **Mittleren Gymnasium** und mit den blauen Punkten weiter hinauf zum **Oberen Gymnasium** mit einem Odeion, dem so genannten Kaisersaal und zwei Thermen. Auf der untersten Terrasse ertüchtigten sich die Knaben des hellenistischen Pergamon, auf der mittleren die Jünglinge, auf der obersten die arrivierten jungen Bürger, die nach ihren Ringkämpfen auf den Luxus von Bad und Musiktheater nicht verzichten mochten. Das **Hera-Heiligtum** am Steilhang über dem Ehrensaal des Oberen Gymnasiums bietet zwar nur geringe Bauspuren; um so beachtenswerter ist dagegen das **Demeter-Heiligtum** 11 einige Dutzend Schritte weiter nach Westen. Diese Kultstätte entstand im 3. Jh. v. Chr. und umfasste einen Tempel, einen Altar, Säulenhallen und theaterartig gestufte Sitzbänke, auf denen die Frauen von Pergamon im Fackelschein den nächtlichen Mysterienspielen zu Ehren der Fruchtbarkeitsgöttin zuschauten.

Das Terrain der neueren **Stadtgrabung** (s. S. 100) zwischen dem unteren Südhang und der Akropolis-Burg auf dem Hügel ist teilweise nicht zugänglich. Zwischen Hera- und Demeter-Heiligtum wurde mit dem so genannten **Bau Z** 12 ein öffentlicher Prunkbau freigelegt, der durch herrliche Mosaikböden (Maskenmosaik, Silen mit Dionysos-Kind) fasziniert. Man steigt nun weiter den Hang empor, bis die antike Burgstraße erreicht ist. Auf ihrem Pflaster dann wieder nach links mitten in die Wohnstadt von Pergamon hinein. Die bedeutendste Sehenswürdigkeit in diesem Alltagsviertel ist das **Heroon des Diodoros Pasparos** 13, ein um 70 v. Chr. entstandener Ehrensaal für diesen verdienten pergamenischen Bürger, geschmückt mit ursprünglich 18 Reliefs. Eine gemeinsame Vorhalle verband die Gedenkstätte mit einem keilförmigen Odeion, also einem Musiktheater; angrenzend schloss sich ein Bad an.

Auf der Akropolis

Ein Pflasterweg führt von der Burgstraße bald nach dem Heroon nach rechts hinauf, vorbei an den Ruinen eines Bades und der **Oberen Agora,** zum **Großen Altar,** dem berühmten ›Pergamon-Altar‹. Allerdings: Pergamons bekanntestes Denkmal steht nicht auf dem Burgberg, sondern in Rekonstruktion auf der Museumsinsel in Berlin. Der deutsche Ingenieur Carl Humann, der seit 1878 zahlreiche Bruchstücke von Relief-Friesen bergen konnte, überführte die Kunstwerke mit Genehmigung des Sultans in die deutsche Hauptstadt.

Am Platz ist nur das fünfstufige Fundamentgeviert von 36 x 34 m verblieben, über das sich malerisch Kiefern erheben. Entstanden zwischen 185 und 160. v. Chr., vielleicht als Denkmal des pergamenischen Sieges über die Galater (190 v. Chr.), gehört der Altar, der dem Zeus und der Athena geweiht war, zu den künstlerischen Höhepunkten des Hellenismus. Hufeisenförmig erhob sich auf dem Unterbau ein Sockel, der mit einem 120 m langen und 2,3 m hohen Reliefband geschmückt war; darüber die von Säulenhallen umgebene Hochplattform mit dem Opfertisch.

Der Nachruhm des Pergamon-Altars ergibt sich aus der Qualität des Außenfrieses, der in bewegter, plastischer Komposition den Triumph der olympischen Götter über Giganten und un-

Das rekonstruierte Trajaneum auf der Akropolis von Pergamon

ALLTAGSLEBEN IN PERGAMON

Wissensdurst ist bekanntlich zeitgebunden. Eine ältere Archäologie interessierten allein versunkene Prachtbauten, Kult und Macht. So war denn auch in Pergamon in einem Jahrhundert Forschung nur wenig bekannt geworden über den Alltag der ›einfachen Leute‹. Insofern bedeutete Wolfgang Radts ›Stadtgrabung‹ einen Durchbruch. Endlich gerieten Wohnhäuser, Läden, Schenken und Werkstätten an den Hängen der antiken Stadt in den Blick.

Die ›einfachen‹ Pergamener bauten – wir zitieren den Ausgräber – mit »ziemlich kleinen, bruchroh belassenen Steinen«, verputzten die Innenwände ihrer Wohnräume und gaben ihnen durch Ritzlinierung gelegentlich den Anschein von Quadermauerwerk. Die wunderliche Welt der Statussymbolik ist eben kein modernes Phänomen. Wasserzuleitungen erhielten die gewöhnlichen Bürgerhäuser erst spät (in Einzelfällen nie). Die grandiose Versorgung des Burgbergs mittels weitreichender Aquädukte und ausgeklügelter Druckleitungen darf also nicht darüber hinwegtäuschen, dass die plebejischen Haushalte über Jahrhunderte Zisternenwasser benutzten, sorgsam abgeleitet von den Dächern und über die Innenhofschrägen.

Interesse verdient ferner die orientalische Abgeschlossenheit der Wohnhäuser – nur ausnahmsweise war ein pergamenisches Heim von der Hauptstraße her zugänglich, in der Regel betrat man es über eine Nebengasse. Dies entspricht der in arabischen Ländern bis heute üblichen Trennung von *scharia* (Straße) und *hara* (Gasse), wobei letztere strikt als Privatterrain gilt (s. S. 124). Im Gegensatz zu den abgeschirmten Privathäusern öffneten sich die pergamenischen Ladengeschäfte nach der Straße hin: »Eine Breite von 5–6 m und eine kaum größere Tiefe waren das Übliche. Bei manchen Läden gab es eine Theke, die den Verkauf direkt auf die Straße ermöglichte…«.

Eine Raumfolge nördlich des Heroons (s. o.) deutet Wolfgang Radt als kleines Restaurant: »Im hinteren Raum befand sich eine Küche mit stark benutzter Feuerstelle, vielleicht eine Art Grill, die Gasträume waren mit Wandmalerei ausgestattet, an der sich noch die Spuren der immer wieder gegen die Wände gestoßenen Stühle abzeichneten.« Hier also haben die häuslich Unversorgten von Pergamon gespeist – wobei eine Weinhandlung neben dem Speiselokal den Durstigen Labsal bot, entweder aus großen, in den Boden eingelassenen Tongefäßen oder aus Amphoren, die sich in Holzregalen reihten.

Nun wurde im Pergamon der ›kleinen Leute‹ nicht nur gegessen und getrunken, sondern auch gearbeitet. Auffällig ist, dass größere Manufakturen bislang nicht aufgefunden wurden: hier eine kleine Werkstätte, in der Knochen gedrechselt wurden, dort eine bescheidene Färberei oder Tuchwalkerei. Das dominierende Töpferhandwerk, für das Pergamon in seiner Zeit wohlbekannt war, hatte seine Werkstätten außerhalb der Stadtmauern.

terirdische Mächte darstellt. Ein kleinerer Fries bildete im Hof um den Opfertisch die Sage von Telephos ab, der als Ahnherr des pergamenischen Herrscherhauses gefeiert wurde.

Der Weg führt nun nach rechts zum Parkplatz des Burghügels (hier auch der Kassenkiosk) und von dort wieder nach links zu einer Terrasse, die nur noch spärliche Reste ehemals bedeutender Bauten trägt. Im Nordwesten des Platzes lag die berühmte **Bibliothek,** im Westen das **Heiligtum der Athena,** entstanden Ende des 4. Jh. v. Chr. Dorische Säulenhallen umschlossen die Terrasse, deren Raumbild sehr eindrucksvoll gewesen sein muss.

Das gilt auch heute noch für das berühmte **Akropolis-Theater** von Pergamon am steilen Südwesthang des Burgbergs. Man erreicht es durch einen engen Treppengang, eingelassen in einen byzantinischen Turm, von der Athena-Terrasse her. Mehr als 10 000 Zuschauer fanden auf 80 Steinbänken Platz. Sie hatten nicht nur das Bühnengeschehen auf der schmalen, über 200 m langen **Theater-Terrasse** mit hölzerner Spielbühne und Abschlusswand vor Augen, sondern genossen zusätzlich einen weiten Blick in die Ebene. Die Holzbauten wurden am Ende der Theatersaison abgebaut, um den Zugang zum **Dionysos-Tempel** frei zu machen, einem Bau des 2. Jh. v. Chr., der sich über einer hohen Freitreppe am Nordende der Terrasse erhob.

Zurück auf die Athena-Terrasse und weiter aufwärts in den Bereich der Königsburg. Wenig genug ist von den **Herrscherpalästen** geblieben, die sich jeweils um einen Säulenhof entfalteten

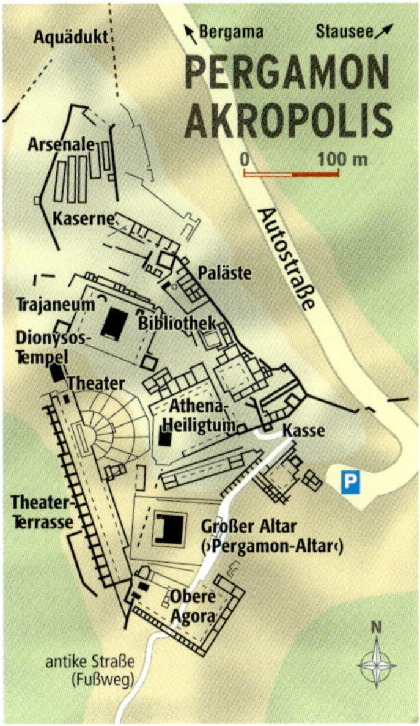

und eine eigene Zisterne besaßen. (Eine Scheidemünze auf der Mittelsäule einer Rundzisterne zum Liegen zu bringen gehört zum Zeitvertreib türkischer Besucher.) Gleich angrenzend, im Nordwesten der Burghöhe, ließen die Könige von Pergamon im 3. und 2. Jh. v. Chr. fünf **Arsenale** errichten – Militärdepots, in denen die Ausgräber u. a. 900 Steinkugeln fanden, die mit Katapulten gegen anziehende Gegner geschleudert werden konnten. Eine **Kaserne** für die Truppen der königlichen Leibwache besetzte den Raum zwischen den Palästen und den Arsenalen.

Im eindrucksvollen Fernblick vom Nordwestende der 335 m hohen Burgspitze liegt der Stausee, der seit den

Ins Kozak hinauf

Naturfreunden sei das Kozak genannte Pinienrevier in einem Hochtal nördlich von Bergama (Anfahrt mit dem Leihwagen, z. B. bis Yukarı Beyköy oder zum Weiler Hisar) empfohlen, dessen Granitgrund durch wilde Felsbildung überrascht. Schöne Rundwanderungen sind möglich.

1980er Jahren Bergamas Wasserversorgung garantiert, aber auch die Linie eines antiken **Aquädukts.** Seit dem 2. Jh. v. Chr. führte dieser über 42 km Trinkwasser aus den Bergen im Norden (Madradağ) auf die Burghöhe in ein Depot, von dem aus die Paläste versorgt und Unrat durch Abwässerkanäle hinunter zum Fluss Kaikos gespült wurde.

Größte Sehenswürdigkeit auf der Akropolis ist das **Trajaneum,** ein monumentaler Tempel, der von deutschen Archäologen rekonstruiert wurde. Trajan (reg. 98–117 n. Chr.) war jener römische Kaiser, der seine Aufmerksamkeit besonders dem Osten widmete. Pergamon dankte es dem Herrscher mit dem Bau eines Kaiserheiligtums, das freilich erst 129 n. Chr. unter Trajans Nachfolger Hadrian vollendet wurde. Denn das Projekt war aufwändig: Allein die Planierung des Bauplatzes erforderte massive Unterbauten zur Talseite hin (begehbar, sehenswert). Der Tempel, auf hohem Podium errichtet, folgte der korinthischen Ordnung und war von Säulenhallen umgeben. So wie die Ebene einst das strahlende Weiß des Tempelmarmors als Blickfang genoss, so schön ist für den heutigen Besucher die Sicht hinunter auf Bergama, das seine roten Ziegeldächer 300 m tiefer ausbreitet.

Ein letztes historisches Atemholen nach dem großen Gang durch Bergama/Pergamon ermöglicht das **Museum** an der Hauptstraße der modernen Stadt (Cumhuriyet Cad., tgl. außer Mo. 9–12, 13–17.30 Uhr; 1.50 €). In seinen Beständen konzentrieren sich bedeutende Kunstwerke des Burgbergs, aber auch erstrangige Fundstücke der nordägäischen Umgebung, darunter ein archaischer Kuros aus Pitane/Çandarlı (s. S. 89f.) und hellenistische Terrakotten aus der Nekropole von Myrina.

Außerhalb:
Motel Berksoy*:** an der Zufahrt nach Bergama (İzmir Yolu), ca. 2 km vor dem Stadtzentrum, Tel. 633 25 95, Fax 633 53 46. Annehmlich in einer Grünanlage gelegen, mit Pool, aber etwas zu teuer. DZ knapp 60 €.
Tusan Motel:** ca. 7 km vor der Stadt am Abzweig der Bergama-Straße von der Westküstenstraße in einem Gartenterrain, Tel. 633 11 73, Fax 633 19 38. Gute Adresse für Auto-Touristen, 60er-Jahre-Architektur, passables Restaurant, jedoch viele Reisegruppen und schleppender Service. DZ ab 35 €.
Im **Ortszentrum** wird es heikel:
Serapion:** İzmir Cad. 75 (an der Haupstraße mitten im Ort), Tel. 633 34 34. Deutschsprachiger Besitzer. Für die mäßige Qualität deutlich zu teuer. DZ 35 €.
Asude:** an der Hauptstraße, Tel. 633 31 79. Ebenfalls deutlich zu teuer. DZ ab 26 €. (Man würde diese beiden Hotels gar nicht erwähnen, wenn die Unterkunftssituation nicht so prekär wäre.)

Yildir Oteli 14: nahe Cumhuriyet Meydanı (bei der Post), Tel. 632 64 82. Hingeklotzt und nach schon einem Jahrzehnt heruntergekommen, nur Basis-Qualität. DZ um 15 €.
Pergamon Pansiyon 15: Bankalar Cad. 3, Tel. 633 23 95. Zimmer im traditionellen Stil um einen Innenhof gruppiert, mit Restaurant, ebenfalls nur Basis-Qualität, bei Backpackern beliebt. DZ um 15 €.
Athena 16: nahe Üçkemer Çayı, also nahe der Roten Halle, Tel. 633 34 20. Pension in einem spätosmanischen Haus, wird von Nostalgikern geehrt, doch bezahlt man hier ein Flair, das die Pension nur in ihren ersten Jahren besaß. Viele Backpacker quer durch die Nationalitäten sorgen trotzdem für gute Atmosphäre. DZ um 15 €.

Bergama Restoran: Das nahe beim Museum an der Hauptstraße gelegene Lokal (nur im Sommer auch abends geöffnet) ist die stadtbekannte Speiseadresse und stets reputierlich besucht: gute Vorspeisen und Eintöpfe, weniger gut die *izgaralar.* Der Ruhm des Restaurants hat die Preise etwas hochgezogen. Ca. 30 € für ein Abendessen zu zweit.

Tagsüber stündlich **Busverbindung** mit İzmir (ca. 100 km, 70 Min.). Achtung! Die meisten Fernbusse auf der Westküstenstraße fahren nicht in die Stadt ein. (Es gibt aber, etwa im Stundentakt, einen Direktbus von İzmir nach Bergama.) Man wird am Bergama-Abzweig abgesetzt; dort Kleinbusse und Taxis **(Vorsicht!** Preis vorab vereinbaren!)
Minibusse nach Dikili und Ayvalık von der Busstation im Südwesten der Stadt; ein zweiter Busplatz nahe der Roten Halle bedient die Dörfer östlich im Tal des Bakır Çayı bis hin nach Soma.

Elaia, Aigai und Kyme

Atlas: S. 236, B/C 1
Elaia, die nächste äolische Stätte nach Süden hin, ist leicht zu verfehlen. Wenige Kilometer nach dem Çandarlı-Abzweig passiert die Küstenstraße eine Tankstelle. Ihr gegenüber führt ein Feldweg durch den Weiler Kazıkbağları (kein Ortsschild) zum Hafen der antiken Stadt. Die pergamenischen Könige benutzten ihn ab etwa 250 v. Chr. als Reede für die königlichen Schiffe und sicherten ihn durch eine Mole. Der ca. 150 m lange und ca. 3,5 m breite Wellenbrecher ist gut erhalten. In römischer Zeit sank Elaias Stern, der Hafen verlandete, so dass die Mole sich heute durch eine Schlammlagune zieht. Zum Vermächtnis der antiken Stadt gehört ein Tumulus direkt an der Westküstenstraße (ca. 1,5 km südlich von Kazıkbağları, gleich nach dem Abzweig zum Motel Afacan).

Eine antike Stadt ganz eigener Art war **Aigai** (*Nemrut Kalesi*). Trotz mühsamer Anfahrt über Erdpisten sei der Besuch empfohlen. In Yenişakran (Taxis) biegt man noch vor dem Postamt (PTT) nach links ab und fährt durch karge Hügellandschaft über die Dörfer Kapıkaya (mit großem Zisternenfeld) und Karaahmetli ostwärts zum 15 km entfernten Dorf Köseler. Vom südlichen Ortsausgang wandert man dann auf Pfaden in ca. 45 Min. nach Süden zum völlig mit Kiefern überwucherten Stadthügel (in der Saison führt der Ruinenwächter). Der Reichtum von Aigai, den eine ca. 80 m lange dreigeschossige Markthalle, ein Theater wie auch Stadtmauerzüge und Tempelruinen dokumentieren, erklärt sich aus der Schafzucht und dem Wollhandel. Das Wollkleid war das Gewand des ›armen Mannes‹ und Wolle der wichtigste Ausfuhrartikel des westlichen Kleinasien zur römischen Kaiserzeit.

Kyme ist die nächste antike Stadt, deren Besuch zu erwägen ist. Im Altertum galt sie als »größte und beste unter den äolischen Städten«, aber auch als eine recht einfältige Gemeinde, deren Einwohner es versäumten, die üblichen Hafenzölle zu erheben. Der alte Stadthügel erhebt sich heute in den Zwingen der modernen Ölindustrie südlich von Aliağa. Man erreicht ihn, wenn man ca. 1,5 km südlich des Abzweigs zum Klinikum von Aliağa rechts von der Westküstenstraße abbiegt zum Dorf Çakmaklı. Nach etwa 250 m wird ein Bach passiert, wenig später führt rechts eine Fahrspur um den nur 50 m hohen Nordhügel von Kyme herum. Nahe dem Parkplatz an den Ruinen eines Hafenbaus aus dem Mittelalter liegt das jüngst freigelegte Theater, auf dem von Oliven, Feigen und Mandeln überwucherten Hügel darüber erkennt man weitere antike Bauspuren, in der Ebene zudem den Grundriss einer Säulenhalle. Auf dem Südhügel sind noch Teile der Stadtmauer mit monumentalem Torbau erhalten.

Etwa stündlich **Busse** zwischen İzmir und Bergama; für den Besuch von **Elaia** und **Kyme** lässt man sich vom Fahrer am jeweiligen Abzweig absetzen und geht ab dort zu Fuß. Wer **Aigai** besuchen will, steigt in Yenişakran aus und organisiert sich in einem der Teehäuser ein Taxi nach Köseler.

Foça und Umgebung

Atlas: S. 236, B 2

Von der Küstenstraße fährt man 26 km durch niedere Hügellandschaft zum Badeort Foça, der zur Unterscheidung vom nördlichen Yenifoça (›Neues Foça‹) auch Eski Foça (›Altes Foça‹) genannt wird. Bei Foça (15 000 Ew.) lag *Phokaia,* die nördlichste Stadt Ioniens, deren Seefahrer legendären Ruhm erwarben. Sie gründeten mehr als 20 Kolonien an den Küsten des Schwarzen und des Mittelmeers. Bis nach *Massalia* (Marseille) und ins ägyptische Naukratis trug es sie auf ihren kühnen Fahrten. In byzantinischer Zeit verfiel Phokaia, und das Kaiserhaus überließ den Küstenort im 13. Jh. den Genuesen, die hier ein Kastell errichteten. Als Oststation ihres Mittelmeerhandels blühte die Stadt wieder auf. 1455, zwei Jahre nach der Einnahme İstanbuls, fiel Foça, wie man es nun nannte, an die Osmanen. Bis zur Umsiedlung des Jahres 1923 dominierte der griechische Bevölkerungsanteil im Verhältnis 3 : 1.

Man besucht (Eski) Foça, das sich in einer schmalen Küstenebene über zwei gute Hafenbuchten im Norden (Küçük Deniz) und im Süden (Büyük Deniz) des Beşkapılar-Hügels erstreckt, heute vornehmlich wegen der Strände im Norden Richtung Yenifoça. Der Club Méditerranée war touristischer Wegbereiter; ihm haben sich inzwischen Hotels und Feriendörfer an den meist kleinen Sand-Kiesel-Buchten zugesellt.

Natürlich hat die lange Stadtgeschichte auch Spuren hinterlassen. Der **Taşkule** (›Felsturm‹), ein 6 m hohes, aus einem Felssolitär geschlagenes

Küste bei Foça

Grabmonument, ca. 7 km vor Eski Foça an der Zufahrtstraße gelegen, mag aus der Perserzeit stammen. Sehenswert auch ein zweites Grab, **Şeytan Hamamı** (›Teufelsbad‹) genannt, dessen zwei Kammern sich nach Passage eines ca. 7 m langen Ganges öffnen. Es liegt am Hang über dem Neubauviertel im Süden der größeren Hafenbucht Büyük Deniz. Die kleine, als Dişkale bekannte **Osmanenfeste** von 1678, 750 m weiter westlich auf dem Kap thronend, ist leider auf dem Landweg nicht zugänglich (militärische Sperrzone).

Wo die neue Zufahrtstraße den Ort (und die Umgehungsstraße) erreicht, haben Ausgrabungen zur Linken einige Sitzreihen des antiken **Theaters** erschlossen, das als eines der ältesten Kleinasiens (Ende 4. Jh. v. Chr.) gilt. Wer sich die Mühe macht, den Hügel über dem Theater zu ersteigen, findet nicht nur die Fundamente dreier Windmühlen, sondern auch über 100 Kultnischen eines **Kybele-Heiligtums,** zu dem Prozessionstreppen hinaufführten.

Die Kybele genoss in Phokaia überhaupt große Wertschätzung. An der Meerpromenade, die vom Küçük Deniz entlang des Landvorsprungs zum Südhafen führt, sieht man die Nischen eines **Seeheiligtums** dieser Göttin, errichtet im 6. Jh. v. Chr. Auf dem Plateau über dem Kap zeigen die Reste eines **Athena-Tempels** die ionische Ordnung. Unentschieden bleibt, ob die massiv restaurierten **Stadtmauern** (*Beşkapılar*) am Ufer noch als eine genuesische oder schon als moderne Bauleistung im Zeichen türkischer Tourismusförderung zu bewerten sind. Die **archaischen Stadtmauern** (590/580 v. Chr.), die in einer ca. 200 m langen Partie vom Bushof Richtung Osten freigelegt wurden, wirken wie ein niederes osmanisches Aquädukt.

Unter den islamischen Denkmälern seien die mit antiken Quadern erbaute **Fatih Camii** (1455; Umbauten im 16. Jh.), die nur 200 m entfernte **Kayarlar Camii** (1457) und der alte **osmanische Friedhof** genannt, der von der Zeit Mehmets II., des Eroberers von Konstantinopel, bis ins frühe 20. Jh. belegt wurde. Kulturgeschichtlich bemerkenswert sind auch die **Griechenhäuser** an der Seefront des Nordhafens; sie tragen maßgeblich zum ägäischen Flair des Ortes bei, in dessen Hafenrestaurants man entspannt und angenehm sitzt. Am Hafen von Büyük Deniz fahren vormittags Boote zu den vorgelagerten Inseln (etwa Orak mit dem ›Sirenenfelsen‹) und Badebuchten.

Noch stärker als Foça war **Yenifoça** (3500 Ew.) an der Nordküste der Halbinsel bis 1923 von Griechen dominiert, doch besitzt der kleine, dicht von Ferienhäusern (etliche davon in deutschem Besitz) ›umzingelte‹ Ort mit Sand-Kiesel-Strand auch einige turmartige Steinhäuser italienischer Tradition. Historischer Hintergrund ist das kommerzielle Engagement der Genuesen, die ab 1275 hier den begehrten Alaun (ein Gerbsalz) abbauten und eine Faktorei errichteten.

Östlich von Foça

In der Umgebung, zurück auf der Westküstenstraße Richtung İzmir, kann man die antike Stadt **Larisa** besuchen, deren spärliche Ruinen auf einem Hügelsporn über dem Dörfchen Buruncuk liegen, ca. 200 m *vor* der Gediz-Brücke. **Neonteichos** hieß eine antike Siedlung über dem Dorf Yanıkköy, dessen Häuser mit ihren Feldsteinsockeln und Lehmziegelwänden türkischen Bautraditionen folgen. Man erreicht Yanıkköy durch Pfirsichplantagen über eine Straße unmittelbar südlich des Larisa-Hügels (ca. 6 km). Vom Südostende des Dorfes führt ein antiker Plattenweg zur Akropolis mit sehenswertem Hangpflaster, das die Verteidigungstechnik mittelalterlicher Burgen vorwegnimmt.

Das Städtchen **Menemen** (35 000 Ew.), bekannt für seine handbemalte Keramik, aber auch für guten *Ayran* (s. S. 50), mutet wie eine Vorstadt von Groß-İzmir an. Entlang der Hauptstraße werden Ton- und Korbwaren verkauft. Donnerstags Trubel auf dem Wochenmarkt. Das auf einem Hügel im Westen des Ortes sichtbare Denkmal für den jungen Offizier Kubilây, der im Mai des Jahres 1930 Opfer religiöser Eiferer wurde, hat angesichts islamischer Radikalisierung zeitgenössische Bedeutung gewonnen.

in Foça: Atatürk Bulv., Foça Girisi 1 (gegenüber dem Busstation), Tel. 812 55 34, Tel./Fax 812 12 22. **Vorwahl:** 0232

Foça

Leon*:** Mersinaki 1, Tel. 812 29 60. Mittelklassehotel am Strand, noch in Stadtnähe, ruhig gelegen, mit Pool, Fitness- und Sporteinrichtungen, Balkonzimmer, alle mit Meerblick DZ/HP 60 €.

Karaçam*:** an der nördlichen Bucht (Küçük Deniz),direkt an der Meerpromenade, Tel. 812 14 16, Fax 812 20 42. Altes, idyllisches Griechenhaus, geräumige Zimmer. Ein Genuss, in der Abendbrise auf der Dachterrasse zu sitzen. DZ 40 €.
Villa Dedem:** gleich neben dem Karaçam, Tel. 812 12 15. Nicht so viel Charakter wie das Karaçam, dafür einige Euro billiger. DZ 33–35 €.
Liberty **: Sahil Cad. 54, Büyük Deniz, Tel. 812 11 93. Apartment-Hotel. Eingerichtete Wohnung für zwei um 35 €.
Huzur: Seitengasse am Küçük Deniz, Tel. 812 12 03. Pension mit Garten zum Meer, schön gelegen, gut geführt; Empfehlung! DZ 28–30 €.
Iyigün: Küçük Deniz, nahe dem Huzur, Tel. 812 11 82. Einfachere Pension, Etagendusche/-WC. DZ 20 €.
Mimoza*: nahe den Beşkapılar, Tel. 812 11 66. Ruhig und zentral gelegen. DZ ab 15 €

Yenifoça
Nur eine Handvoll von Pensionen und Hotels der unteren Mittelklasse:
Naz:** Plaj Cad., Tel. 814 78 28. Z. Zt. die beste Adresse in dieser Kategorie; Hotel mit ordentlichem Restaurant und relativ großen Zimmern. DZ 30 €.
Yavuz*: Lale Tepe, Tel. 814 69 93. Ruhig auf einem Hügel gelegene Pension. DZ 20 €.

Menemen:
Achtung! Die Stadt besitzt z. Zt. kein akzeptables Hotel.

Foça
Am Kücük Deniz-Hafen unterhalb der Akropolis gute Fischrestaurants: empfehlenswert z. B. das **Celep,** das fangfrischen Fisch auf den Tisch bringt. Auch wenn man hier meist unter Einheimischen sitzt, sind die Meerbarben und Brassen oder der Tintenfischsalat nicht ganz billig – man muss zu zweit um 30–35 € inkl. einer Flasche Wein veranschlagen. Ähnliche Kosten entstehen im **Kordon,** im **Foça** oder **Ikizler** oder in Cafés wie **Neco** oder **Keyif.** Eine preiswertere Adresse ist am Kordon des Büyük Deniz das **Çam-et Mangal,** das über Holzkohlen zubereitete Grilladen auf den Tisch bringt. Auch unterhalb der Beşkapilar servieren einige Bars wie **Marine, Classic Cafe, Ayos** oder **Dede** abends Fisch und Snacks, wiederum nicht ganz billig; dafür sind die prächtigen Sonnenuntergänge gratis. Im **Ali Baba** nahe der Busstation erhält man bei 70er-Jahre-Oldies preisgünstige türkische Küche in großer Auswahl.

Yenifoça
Hier heißen die angesagten Fischlokale **Mercan, Calamaris** oder **06** (alle an der Strandstraße); türkische Eintöpfe gibt's im zentral gelegenen *çarşı.* Insgesamt günstigeres Preisniveau als in Foça .

Menemen:
Die lebhafte Stadt besitzt gute Volkslokale. Nur Mut!

In den Bars am Kordon sitzt man bis spät in die Nacht; in der **Kapı** (am Küçük Deniz) rühren sich bei Live-Musik zudem die Tanzbeine; noch heißer und lauter geht's in der Disco **Frigya** (südlich des Büyük Deniz) her, natürlich bis zur Morgenröte.

Etwa halbstündlich **Busverbindung** von İzmir nach Foça; der Bus stoppt am Foça-Abzweig von der Westküstenstraße, wo Anschlussbusse warten. Etwa im Stundentakt auch Direktbusse von Izmir her. Zwischen Foça und Yenifoça **Dolmuş-Verbindung,** ebenso von Menemen nach İzmir-Zentrum. Für Larisa lässt man sich an der Westküstenstraße bei Buruncuk absetzen und geht danach zu Fuß. Nach Yanıkköy/Neonteichos fährt man am besten von Menemen mit dem Taxi an.

İzmir und die zentrale Ägäisküste

Kartenatlas S. 236–237

Blick auf die am Hang der Kadifekale-Burg gelegenen Wohnviertel von İzmir

İZMIR

Die alte Griechenstadt Smyrna, das heutige İzmir, besitzt bedeutende Museen und Sehenswürdigkeiten, lockt aber mehr noch durch ihr mediterranes Flair und erfüllt alle Wünsche des Gaumens und der Unterhaltung.

İzmir

Atlas: S. 236, C 2
Die drittgrößte Stadt der Türkei (ca. 3,5 Mio. Ew.) ist sicherlich nicht die drittschönste. Wie alle türkischen Metropolen kämpft sie mit sozialen und ökologischen Problemen. Das Stadtzentrum ist eingeschnürt von endlosen Vorstädten, die unkontrolliert wachsen, und trotz immer neuer Entlastungsstraßen bleibt in der Rush-hour der Verkehrsstau programmiert. Schon vormittags ziehen die Smogschleier über der Stadt auf, und von einem Meeresleben in der Bucht von İzmir kann längst keine Rede mehr sein. Durch die Parks und Grünanlagen, die den stolzen Beinamen *Yeşil İzmir* (›Grünes İzmir‹) rechtfertigen sollen, dringt das unablässige Brausen der nahen Autokolonnen, und im Basar gehen unter dem Modernisierungsdruck der Großstadt zusehends die alten Traditionslinien verloren. İzmir bleibt jedoch ein Ort mit bemerkenswerter Geschichte – die im Archäologischen Museum, dem bedeutendsten an der türkischen Westküste, auch anschaulich genug wird.

Geschichte

Diese Geschichte beginnt im nördlichen Außenviertel Bayraklı (s. u.), wo um 1000 v. Chr. ein erstes *Smyrna* entstand. İzmir (umgangssprachlich: ›Ssmir‹) ist nur die türkische Kurzform des griechischen Stadtnamens. Ab etwa 800 v. Chr. gehörte die Stadt zum ionischen Städtebund, damals soll der legendäre Homer (s. S. 72) in ihren Mauern gelebt haben. Diese Wälle gelten übrigens als die ältesten einer griechischen Stadt. Das 6. Jh. v. Chr. war eine schlechte Zeit: Erst fielen die Lyder, dann die Meder, dann die Perser in Smyrna ein. Nach dem Siegeszug Alexanders (334 v. Chr.) rückte die Stadt südwärts. Ein Orakelspruch des Apollon von Klaros (s. S. 132 f.) hatte die Verlegung empfohlen: »Drei oder viermal so glücklich werden die Menschen sein, die sich auf dem Pagos am heiligen Fluss Meles anbauen.«

Der damals Pagos, heute Kadifekale genannte Hügel wurde nun zur Akropolis, und am Nordwestfuß der Zitadelle blühte die neue hellenistische Siedlung auf zur schönsten ionischen Stadt. An die 100 000 Einwohner besaß das römisch-kaiserzeitliche Smyrna, dazu einen berühmten Handelsmarkt am Meer, eine Agora mit großzügigen Säulenhallen und weitreichende Aquädukte, die Wasser aus den Bergen im Osten heranführten.

Das byzantinische Smyrna, das als eine der Gemeinden der ›Apokalypse‹ in die Geschichte des Christentums einging, litt unter der arabischen Küstenplünderung des 7. Jh., musste sich Ende des 11. Jh. der türkischen Völkerwanderung beugen, fiel später unter die Kontrolle genuesischer Händler, wurde erst von den Seldschuken, im frühen 14. Jh. dann von den Aydın-Emiren genommen und kam 1344 nochmals in christlichen Besitz (Johanniter-Orden), ehe 1403 der Mongole Timur auch am Hafen von Smyrna aus den Häuptern der Erschlagenen seine berüchtigten Schädelpyramiden errichten ließ.

Seit dem 15. Jh., als die Stadt osmanisch wurde, floss das Leben wieder friedlich dahin: In Smyrna behauptete sich eine im wesentlichen griechische Bevölkerung, die im 19. Jh. durch Handel mit Europa zu erheblichem Wohlstand kam. Dann aber der September 1922: Das im Ersten Weltkrieg besiegte Osmanen-Reich hatte das Gebiet um Smyrna an den neugriechischen Staat abtreten müssen, der von diesem Brückenkopf aus seine Truppen in Marsch setzte. Aber die Griechen verloren gegen Atatürks türkische Bauernarmee. Als die Schiffe der geschlagenen Invasionstruppen Smyrnas Hafen verließen, blieb eine brennende Stadt zurück. Wer das Feuer entfachte, ob die fliehenden Griechen oder die einrückenden Türken, ist bis heute umstritten. Jedenfalls fielen um die 30 000 Häuser im Bereich des heutigen *Kültürpark* (s. S. 115) in Asche. Und mehr noch, die Griechen Smyrnas wie der Türkei überhaupt wurden in der Folge expatriiert (s. S. 148/149). Tiefe Wundränder trennen das alte Smyrna und das heutige İzmir.

Die Ruinen der ältesten Vorläufersiedlung von İzmir liegen in **Bayraklı,** einer Vorortsteinwüste ca. 8 km nördlich vom Zentrum, die sich aber einen grünen Hügel *(Tepekule)* bewahrt hat, schiedlich-friedlich aufgeteilt auf ein staatliches Weingut und eine archäologische Schutzzone. Der Hügel war vor einem Jahrtausend eine Halbinsel, bekanntlich der bevorzugte Ansiedlungstyp bei der Landnahme der Griechen in Kleinasien. Die Straßenzüge und Hausgrundrisse, die man bei einem Gang wahrnimmt, und vor allem die in polygonalem Steinwerk aufgeführte Stützmauer eines Tempels sind griechische Relikte. Bedeutende Kleinfunde bewahrt das Archäologische Museum von İzmir auf.

Stadtrundgang

So wie Bayraklı die frühgriechische Siedlungsphase repräsentiert, so der 160 m hohe Pagos, die heutige **Kadifekale** (›Samtburg‹ 1), die Zeit des Hellenismus, als hier die Akropolis lag. Die verbliebenen Wälle, bis auf einige Quader byzantinisch, bergen eine Parkanlage, durch die allabendlich Liebespaare schlendern. Der Blick von der Höhe ist – nein, nicht schön, aber doch beeindruckend: Der dunstver-

İZMIR
0
500 m
N
Feribot İskelesi
Hafen
Caddesi
Bushof
Atatürk
Caddesi
ALSANCAK
Alsancak İskelesi
Alsancak-Bahnhof
10
M
Kıbrıs Şehitleri
Cumhuriyet Bulvarı
Ali
Bulvarı
Bulvarı
MIMAR SINAN
Çetinkaya Bulvarı
14
Kordon
Talatpaşa
I. KÜLTÜR
Şair Eşref
Ziya Gökalp Bulvarı
M. Sinan Caddesi
15
Caddesi
16
Dr. Mustafa Ender Caddesi
Atatürk
Vasıf Çınar Bulvarı
Lozan Meydanı
II. KÜLTÜR
Cumhuriyet Meydanı
Kültürpark
Şehit Nevresbey Bulvarı
Montrö Meydanı
See
12
Dr. R. Saydam Bulvarı
Fernsehturm
Gazi Osmanpaşa Bulvarı
Hürriyet Bulvarı
Zentraler Bushof, Ankara, Manisa
Jacht-hafen
Atatürk Caddesi
Cumhuriyet Bulvarı
Şehit Fethibey Bulv.
Halit Ziya Bulv.
13
11
Lunapark
Gazi Bulv.
17
Mürselpaşa Bulvarı
1362 Sok.
Dokuz (9.) Eylül Meydanı
BASMANE
Fevzipaşa Bulvarı
Gaziler Caddesi
3
Basmane-Bahnhof
5
GÜZELYURT
Kızlaragası Hanı
Anafartalar Caddesi
6
NAMAZGAH
Konak İskelesi
4
2
Anafartalar Caddesi
Ballıkkuyu Caddesi
ALIREIS
Eşrefpaşa Caddesi
Hacı Ali Efendi Caddesi
8
M
9
ÜLKÜ
1
Halil Rifat Paşa Cad.
Caddesi
Caddesi
YEŞILTEPE
Elkutlu
Çeşme
Mithatpaşa
İMARIYE
Rakım
7
Şehit Nihatbey Cad.
EŞREFPAŞA
Kizilculluk-Aquädukte, Muğla, Selçuk

Sehenswürdigkeiten

1 Kadifekale
2 Agora
3 Hisar Camii
4 Kemeraltı Camii
5 Sadırvan Cami
6 Konak Cami
7 Asansör
8 Ethnographisches Museum
9 Archäologisches Museum
10 Atatürk-Museum

Übernachten

11 Hilton
12 Büyük Efes
13 Karaca
14 Kismet
15 İzmir Palace
16 Yumukoğlu
17 Kabaçam

hangene Stadtmoloch mit seinem grünen Herzen, dem Kültürpark, wirkt wahrhaft atemraubend.

Auch die **Agora** 2 am Fuß des Hügels ist in ihrem Ursprung hellenistisch. Die korinthischen Säulenhallen um den antiken Marktplatz, deren Reste inmitten des lebhaften Volksviertels Namazgah liegen, entstammen jedoch dem späten 2. Jh. n. Chr. Wo heute nur noch einige einsame, wieder aufgerichtete Säulen stehen, erhoben sich damals zweistöckige Handelsbauten. Unvermeidlich wohl, dass das Christentum aus einer dieser basilikalen Hallen ein Gotteshaus machte, und ebenso unvermeidlich, dass der Kirchplatz später zum osmanischen Friedhof wurde, wovon Grabsteine zeugen.

Ansonsten ist von römischer Baukunst in İzmir wenig zu sehen. Auf der Westseite der Eşrefpaşa Caddesi, oberhalb des Basarviertels, kann man über etwa 100 m den Lauf einer **römischen Straße** mit großen Pflasterplatten verfolgen (*Altın Yol*). Das dreistöckige **Doppelaquädukt** (*Kızılçulluk Su Kemeri*) über den Meles-Fluss im Süden, nahe dem Schnittpunkt der neuen Ausfallstraßen, dürfte eine frühbyzantinische Anlage sein, war aber noch bis in spätosmanische Zeit in Gebrauch. Ca. 1 km nördlich schneidet die Yeşildere Caddesi ein weiteres byzantinisch-osmanisches Aquädukt, das sich über den Meles Çayı spannte – einst stolzer Stadtfluss von Smyrna, heute ein Schmuddelrinnsal, an dem die Gerber ihrem anrüchigen Gewerbe nachgehen.

Im **Basarviertel**, das jenseits der Anafartalar Caddesi beginnt, stehen die drei ältesten Moscheen von İzmir, die **Hisar Camii** 3 aus dem späten 16. Jh. sowie die **Kemeraltı Camii** 4 und die **Şadırvan Cami** 5 aus dem 17. Jh., dazu einige Karawansereien aus dem 18. Jh. (*Çakaloğlu Hanı* und *Kızlarağazı Hanı*). Sonderlich eindrucksvoll sind all diese Bauten zwar nicht, jedenfalls im Vergleich zu dem, was Manisa an osmanischer Architektur zu bieten hat (s. S. 119), doch lohnt es sich, durch die engen Basargassen zu schlendern – gerade die, in denen sich nicht Geschäfte reihen, sondern die Handwerke ihren Platz haben. Ein Blick in die gepflasterten Innenhöfe zeigt Tradition im Verfall.

Nach Westen hin öffnet sich das Basarviertel auf den **Konak Meydanı,**

Der Kordon in Alsancak, İzmirs berühmte Meerespromenade

einst großzügiger Freiraum zwischen Altstadt und Hafen, nach missglückter ›Stadtsanierung‹ heute eine Platzwüste. Die farbenfroh geflieste **Konak Cami** 6 von 1754 etwa duckt sich nieder vor modernen Hochhausfronten. Nur in den Grünanlagen um den **Uhrturm** *(Saat Kulesi)*, wo alte Männer die Tauben zählen, bietet der Konak, wie er kurz genannt wird, etwas Geruhsamkeit. Der im maurisch-islamischen Stil gehaltene Turm, fast ein Wahrzeichen der Stadt, wurde 1901 unter Sultan Abdülhamit II. (reg. 1876–1909) zum 25. Jahrestag seiner Herrschaft errichtet (s. auch S. 69). Das Geld dafür kam aus Berlin; Kaiser Wilhelm II. öffnete für den ›kranken Mann am Bosporus‹ die Staatsschatulle.

So kurios wie der maurisch-preußisch-türkische Uhrturm mutet noch ein zweites Baudenkmal an: der **Asansör** 7 im alten Judenviertel von İzmir (Karataş/Halil Rıfat), wo die Hügelfront aus der Meerebene besonders steil aufsteigt. Ende des 19. Jh. suchte man sich den mühsamen Treppenanstieg durch den Bau eines Fahrstuhls (*asansör*) zu ersparen, der sich seit 1993 wieder über annähernd 70 m emporhebt zu einer Terrasse mit schickem Aussichtscafé; hier schlürfen die Yuppies von İzmir ihren Tee. Man erreicht den Asansör über die Mithatpaşa Caddesi; von ihr ca. 1,5 km südwestlich des Konak links in die Dario Moreno Sokağı abzweigen.

Näher am Konak liegen die beiden großen Museen von İzmir am Hang des Yeşiltepe in einer kleinen Parkzone. Das **Ethnographische Museum** 8, untergebracht in einem türkischen Traditionshaus, bietet neben ägäischen Volkstrachten eine schöne Teppichkollektion (Stücke aus Bergama, Gördes); auch die alten kunsthandwerklichen Techniken (Knüpferei, Stoffdruck, Glasschmelze etc.) werden anschaulich dargestellt. Direkt nebenan der moderne Bau des **Archäologischen Museums** (9, beide tgl. außer Mo 9–12, 13.30–17.30 Uhr; je um 2 €) mit einer vorzüglichen Kollektion von Antiken vor allem der Griechen- und der Römerzeit. Bemerkenswert im Erdgeschoss neben den archaischen Statuen (Koren und Kuroi, 5. Jh. v. Chr.) die lebensechte Darstellung des schönen Antinoos (Favorit des Kaisers Hadrian); im Untergeschoss beeindrucken die Liegefigur des Flussgotts Kaystros mit

dem Füllhorn und die Reliefs der Kentaurenschlacht vom Belevi-Grabmal (um 250 v. Chr.; s. S. 126).

Im Norden des Basarviertels beginnt das moderne İzmir. Der **Kültürpark**, eine Art ›Central Park‹ der Ägäis-Metropole, ist mit seinen schattigen Palmenalleen und einem See, auf dem man Bötchen fahren kann, *das* Ausflugsziel der Stadtbevölkerung (24 Std. geöffnet; 50 Cent). Hier wird gejoggt, Tennis oder Minigolf gespielt. Nicht Planung freilich schuf dieses Idyll, vielmehr der große Brand von 1922 (s. S. 111). In den Hallen des Parks findet Anfang September die ›Fuar‹ statt, eine Industriemesse, begleitet von zahlreichen Kulturveranstaltungen.

Nördlich vom Kültürpark, in **Alsancak,** liegen die ›besseren Quartiere‹ von İzmir. An der *Kordon* genannten Seepromenade (Atatürk Caddesi) reihen sich nördlich des Cumhuriyet Meydanı die Restaurants und Cafés, dahinter am Cumhuriyet Bulvarı *(İkinci Kordon)* die Luxusboutiquen, und wer in İzmir zur gehobenen Mittelklasse gehört, wohnt in den Apartmentblocks von Alsancak. Das **Atatürk-Museum** [10], Kordon Nr. 248, ein Stadthaus von 1862, bewahrt Andenken an den türkischen Staatsgründer, der dort bei İzmir-Aufenthalten zu logieren pflegte.

Touristenbüro im Hotel Büyük Efes am Gazi Osmanpaşa Bulv., Tel. 484 21 47, Fax 489 92 78; am Flughafen, Ankunftshalle für Auslandsanreisende Tel. 274 22 10
Vorwahl: 0232

Hilton***** [11]: Gazi Osmanpaşa Bulv. 7, Tel. 441 60 60, Fax 441 22 77. Luxuriösestes Hotel der Stadt, mit 34

Small-talk im Basar

Etagen höchster Turm von İzmir. Alle Annehmlichkeiten, im 31. Stock eine Bar mit faszinierender Aussicht. DZ 150–250€.
Büyük Efes***** 12: Gazi Osmanpaşa Bulv. 1, Tel. 484 43 00, Fax 441 56 95. Älteres, charmantes Luxushotel mit großem Pool in Gartenareal. DZ 150–200 €.
Karaca** 13:** Necatibey Bulv., 1379 Sok. 55; in einer Seitengasse zwischen Büyük Efes und Hilton, Tel. 489 19 40, Fax 483 14 98. Besonders ruhig und intim gelegen, mit Palmen vor der Tür und gutem Service. Empfehlung! DZ um 100 €.
Kismet* 14:** Sok. 9, im Stadtteil Alsancak, Tel. 463 38 50, Fax 421 48 56. Ruhige Lage, gutes Restaurant, angenehme Atmosphäre. Empfehlung! DZ 80 €.
İzmir Palace*** 15: Ecke Kordon/Vasıf Çınar Bulv., Tel. 421 55 83, Fax 422 68 70. Hotel der oberen Mittelklasse mit Meerblick und direkter Lage am Kordon. DZ um 70 €.
Yumukoğlu* 16:** Sair Eşref Bulv. 10, nahe dem Kültürpark, Tel. 483 65 65, Fax 482 02 30. Einfaches Mittelklasseniveau. DZ um 50 €.
Kabaçam 17:** Gazi Bulv., 1364 Sok. 2, nahe dem Basmane-Bahnhof, Tel. 482 33 53, Fax 484 05 49. Einfaches Mittelklasseniveau, kleine Zimmer. DZ um 40 €.

Alsancak

Über die gesamte Länge des **Kordon** (Atatürk Cad.), vom Konak bis hinauf zur Alsancak İskelesi, wo die Fährschiffe zum Vorort Karşıyaka übersetzen, reiht sich Restaurant an Restaurant, Café an Café; eingestreut auch einige Bars und schummrige Bistros. Abends, wenn der Kordon für Autos gesperrt ist, sitzt man hier am ›längsten Tisch‹ von İzmir.
Preiswerter und rustikaler geht es um den Komplex **Çiçek Pasajı** (mit Kneipen und kleinen Restaurants) am Anlegeplatz Pasaport zu. Dort ist man halbwegs sicher vor dem snobistischen Gehabe einige Kellner der ›besseren Adressen‹.

Etwas legerer hält man es auch in den Straßenlokalen, die sich entlang der **Kıbrıs Şehitler Cad.** und ihren Seitengassen reihen; guten Ruf genießt etwa das **Kemal'in Yeri** (1453 Sokak). Übrigens gibt es auch ordentliche Pizza-Adressen, z.B. das **Ristorante Venedik.**

Basmane

In diesem ›plebejischen‹ Stadtviertel bieten zahlreiche volkstümliche Lokale (zu empfehlen die Restaurants in den Gassen südlich des Dokuz Eylül Meydanı) gute Traditionsküche – und man bezahlt dafür nicht einmal die Hälfte von dem, was in Alsancak über den Tresen geht.

Basar-Nähe

Echt türkische Restaurantviertel liegen auch an der unteren Kazım Dirik Cad., wo z. B. **İbrahim Simsek** gegenüber dem Luxushotel Marla ausgezeichneten Döner vom Drehspieß säbelt, oder im Basarviertel, wo es im **Ekmekçibaşı** einladend aus den bullernden Eintöpfen duftet.

Kültürpark

Das Preisniveau schnellt sogleich wieder in die Höhe, wenn man die Restaurants im ›grünen Herzen‹ von İzmir aufsucht, etwa das gute, aber auch teure **Park** oder das auf Kebap spezialisierte **Çarhoğlu Çamlik.**

In den Gassen zur Cumhuriyet Cad. hin finden sich etliche Bars, Discos und Nightclubs, z. B. das dreigeschossige **Punta** (1469 Sok. 26) oder das **Mask** in einem historischen Bau (1453 Sok. 18). Echtes Rotlichtmilieu mit Striptease bietet ab 22 Uhr das **Santana** an der Kazım Direk Cad. (teuer, der Sekt fließt). – Auch der Kültürpark hat seine nächtlichen Attraktionen, z.B. das **Mogambo** (Bauchtanz) oder das **Göl Gazinosu** (Varieté, Gesangsdarbietungen). Ansonsten ist die Millionenstadt İzmir unvermutet brav, wenn es sich um's Nachtleben dreht.

Internationales Kultur- und Kunstfestival: Mitte Juni bis Mitte Juli, Theater- und Tanzvorführungen, Konzerte (Jazz, Klassik); auch Aufführungen des klassischen türkischen Schattenspiels.

Flüge mehrmals täglich nach İstanbul und Ankara, seltener nach Antalya (Turkish Airlines oder Istanbul Airlines) vom Flughafen Adnan Menderes Havaalanı (Tel. 274 26 26), ca. 25 km südlich vom Zentrum nahe der Westküstenstraße; internationale Verbindungen u. a. mit Düsseldorf, Frankfurt, Hamburg, Köln, München, Wien und Zürich. Vom Flughafen mit dem Bummelzug (verkehrt ca. 12mal täglich;1 €) zum Alsancak-Bahnhof. Buszubringer zum Büyük Efes Oteli/Infobüro: in Verbindung mit THY-Flügen kostenlos, sonst um 3 € für die Fahrt. Taxis vom Flughafen ins Zentrum für ca. 17 € (nachts 50 % mehr). **Auslandsflüge:** Turkish Airlines Tel. 484 12 20; Istanbul Airlines Tel. 274 20 76 (Inlandsflüge: Tel. 274 10 20); Lufthansa Tel. 422 36 22; Austrian Airlines Tel. 463 49 90.

Züge ab Basmane İstasyonu bzw. ab Alsancak İstasyonu nordwärts nach Manisa, Balıkesir, Bandırma; südwärts (über den Flughafen) nach Selçuk, Aydın, Denizli; ostwärts nach Afyon, Eskişehir, Ankara. Stets Bummelzüge, meist rappelvoll.

Busse: Vom zentralen Bushof (*Yeni Garaj* oder einfach *Otogar*) im Norden der Stadt beste Verbindungen in alle Regionen der Türkei, aber auch zu den Dörfern und Kleinstädten in İzmirs näherer Umgebung. Es gibt Speiselokale und Teestuben, auch eine Gepäckaufbewahrung. Der zweite Bushof (*Karabağlar Garaj*) liegt im Süden von İzmir an der Ausfallstraße Richtung Selçuk. Alle Busse von der Yeni Garaj stoppen hier, man kann zusteigen. Ein dritter Bushof im Stadtteil Üçkuyular bedient die Orte der Çeşme-Halbinsel. Man erreicht ihn von Karabağlar mit Stadtbus 250.

DIE ZENTRALE ÄGÄISKÜSTE

Die nähere und weitere Umgebung İzmirs begeistertt mit ihrem kulturellen Reichtum: Felsskulpturen aus der Hethiter-Zeit und antiken Stätten wie Sardis oder Teos. In Manisa zeugen herrliche Moscheen, in Birgi traditionelle Häuser von türkischer Baukunst. Feine Sandstrände bietet die Çeşme-Halbinsel im Westen.

Manisa

Atlas: S. 236, C 2
Der Westküste den Rücken kehren? Nur 42 km sind es von İzmir nach Manisa, eine Stunde ist der Bus unterwegs, der sich dabei über einen 675 m hohen Pass quält, den Sabuncubeli. Manisa ist eine vom Tourismus nahezu unberührte Provinzhauptstadt von 175 000 Ew. Großindustrie gibt es nicht, nur vor dem Pass, also auf der İzmir-Seite, wölkt der Staub der industriellen Moderne, in Manisa dagegen weiterhin der Staub der Bauernkarren und Melonen-Lastwagen, denn vor der Stadt breitet sich eine der fruchtbarsten Ebenen (Weintrauben) Kleinasiens aus.

Die Gunst solcher Lage begründete früh die historische Bedeutung von *Magnesia,* wie Manisa damals hieß. An den Gebirgsfuß des bis 1513 m aufsteigenden *Sipylos* (heute: Manisa Dağı) gelehnt, hielt die alte Siedlung sich militärisch den Rücken frei. Im Dunkeln liegt ihre Frühgeschichte, von der das **Taş Suret** oder **Kabartma** genannte Steinbild eines hethitischen Berggotts ca. 7 km südöstlich an der Straße nach Turgutlu über dem Wasserwerk von Akpınar zeugt (bis dort Leihwagen oder Taxi; ca. 180 m Aufstieg, steiler, rutschiger Pfad).

Berühmt wurde Magnesia am Sipylos durch eine Epochenschlacht. In der Ebene vor der Stadt maßen sich Ende 190 v. Chr. der seleukidische König Antiochos III., der 80 000 Soldaten aufgeboten hatte, darunter 120 00 Berittene, und Roms durch Pergamener verstärkte Truppen, kaum mehr als 30 000 Mann. Rom siegte dennoch und bestimmte in der Folge die Politik in Kleinasien.

Seit 1313 Herrschersitz der Saruhan-Emire, avancierte Manisa im 15. und 16. Jh. zur ›Prinzenstadt‹ des Osmanen-Reiches, und weder der Mongoleneinfall noch ein agrarkommunistischer Aufstand unter dem Derwisch Bürklüğe Mustafa (1416) brach nachhaltig die *Pax Osmana*, die 500 Jahre währen sollte. Süleyman der Prächtige erwarb sich vor seiner Thronbesteigung als Gouverneur in Manisa erste politische Sporen.

Antike Relikte bietet Manisa heute nur in seinem ausgezeichnet bestückten **Archäologischen Museum,** das im religiösen Komplex (Medrese und İmaret) neben der Muradiye Cami untergebracht ist (tgl. außer Mo 9–12; 13–17 Uhr; 2 €). Vor allem Werke des lydischen Kulturraums (Sardis, Philadelphia) wurden hier zusammengetragen, darunter ein mit Reliefs zwischen ionischen Säulen geschmückter marmorner Kybele-Schrein aus Sardis (540 v. Chr.). Die ethnographische Sektion zeigt neben einer Teppichkollektion u. a. osmanische Waffen, Manuskripte und Kupferware.

Die hochberühmte **Muradiye** gilt trotz ihrer eher bescheidenen Dimensionen mit Recht als die schönste Moschee der türkischen Westküste (s. Abb. hintere Umschlagklappe). Eine fünfjochige Vorhalle und ein Portal mit Stalaktitenbaldachin geleiten in das Gebetshaus, dessen zentrales Kuppelquadrat durch tiefe Seitentrakte zum Quersaal wird. Doch ist die Farbenpracht der Qibla-Wand mit ihren Buntscheiben und ihrem Fliesen-Dekor im İznik-Stil des 16. Jh. optisch so dominierend, dass die kürzere Längsachse des Baus dem Besucher maßgebend erscheint. Der Meisterarchitekt der Osmanen, Mimar Sinan, damals schon über 90 Jahre alt, hat die Muradiye 1583 entworfen, ihren 1586 vollendeten Bau selbst aber nicht mehr leiten können.

Wer Manisa besucht, sollte unbedingt noch eine zweite Moschee sehen: die **Ulu Cami** (›Große Moschee‹), das älteste islamische Bauwerk der Stadt, errichtet 1376/77 n. Chr., als Manisa noch nicht osmanisch war, sondern von den Emiren der Saruhan-Dynastie beherrscht wurde. Am Bauplatz erhob sich zuvor eine byzantinische Kirche. Zum ersten Mal finden wir hier die später ›klassische‹ osmanische Moscheegliederung in einen offenen Hof und einen gedeckten Betsaal. Den Hof umschließen Arkadengänge, und in der dämmrigen Gebetshalle mit großer Kuppel zieht als eines der schönsten Beispiele türkischer Holzschnitzkunst des 14. Jh. die Predigtkanzel den Blick auf feingliedrige Paneele. Kühl und schattig ist es auf dem Vorplatz der Moschee (Teegarten) – vielleicht verweilt man in Manisa nirgendwo annehmlicher als hier.

Und noch eine Moschee! Die **Sultan Cami** (1522), bekannt als Ort des Mesir-Fests (s. S. 120), entspricht mit ihrer charakteristischen Bausilhouette ganz dem typischen Muster İstanbuler Moscheen. Anfang des 16. Jh. war eben auch in der Provinz die Entscheidung für den hauptstädtischen Baustil gefallen. Ein großer Stiftungskomplex mit Koranschulen, einer Armenküche, einer Sternwarte und einem Hospital kündet vom Prestigebewusstsein des osmanischen Herrscherhauses.

Doğu Cad. 14/3, Tel. 231 25 41, Fax 232 74 23. **Vorwahl:** Tel. 0236

Markt in Manisa

Wer die Wahl hat, sollte Manisa an einem Donnerstag besuchen; dann verwandelt sich das halbe Zentrum in einen sehenswerten Markt.

DAS MESIR-FEST

Einmal im Jahr, Ende März/Anfang April, strömen Tausende von Bürgern und Bauern aus Manisa auf den Vorplatz der Sultan Cami. Auch aus İzmir rollen die Busse an – und aus den Dörfern im Gediz-Tal die Kleinbusse.

Sultan Cami ist nicht mit Sultansmoschee, sondern mit Moschee der ›Sultanin‹ zu übersetzen. Denn der Bau wurde von einer Frau gestiftet. Ayşe Hafsa hieß sie. Sie war die schöne Tochter eines Krimtataren-Khans, avancierte im Harem Selims I. zur Hauptfrau und gebar dem Sultan jenen Knaben, der als Süleyman der Prächtige sein Nachfolger auf dem Thron werden sollte.

Nach der Legende war die ›Sultanin‹ einmal schwer erkrankt. Stambuls Mediziner wussten keinen Rat. Da schickte man eine Liste der Krankheitssymptome nach Manisa, und zwar an Merkez Efendi, den Leiter des Hospitals *(darüşşifa)* bei der Sultan Cami. Dieser bereitete aus 41 Ingredienzen, darunter vielen Gewürzen, eine Paste (*mesir*), die tatsächlich Genesung brachte.

Der Ruf der heilkräftigen Arznei verbreitete sich rasch, und es wurde üblich, die wohldosierte Gallerte, Stück für Stück nach Art eines Bonbons in Papier gehüllt, am Jahrestag von den Minaretten der Sultan Cami in die wartende Menge zu werfen. Wer vom Mesir kostet, wird – so der Volksglauben – das folgende Jahr von Leiden und Beschwerden frei bleiben und ist auch gegen Schlangenbisse gefeit.

Büyük Saruhan*:** Nusret Köklü Cad., Tel. 233 23 80. Modernes Haus mit Sportanlagen und Schwimmbad. DZ 52 €.
Arma:** Doğu Cad. 14, Tel. 231 19 80. An der Hauptstraße gelegen und relativ laut. DZ 25 €.
Niobe:** Sinema Park Cad., Tel. 231 37 45. Kleine Zimmer. DZ 22 €.

Billig und gut wird man in den kleinen Volksgarküchen an der Cumhuriyet Cad. oder im Basarviertel verköstigt. Gepflegter sitzt mann im **Şehir Restoran** am Belediye Parkı.

Im Halbstundentakt **Busverbindung** mit İzmir (ca. 1 Std. Fahrt); seltener nach Turgutlu/Salihli und Menemen. Zum Kabartma (s. o.) fährt man mit dem Turgutlu-Bus oder -Kleinbus (bis Akpınar).

Kemalpaşa und Eti Baba

Atlas: S. 237, D 2

Die Mittelstadt **Kemalpaşa** (18 000 Ew.) liegt 29 km von İzmir, etwas abseits der Fernstraße nach Ankara (E 96). Ihr antiker Name war *Nymphaion;* zu Nimphi oder Nif verschliffen hielt die Bezeichnung sich bis in das 20. Jh. Die Ebene vor dem Städtchen ist für ihre Kirschen bekannt, der Ort selbst durch ein historisches Ehebündnis: 1244 feierte Konstanze, die Tochter des großen Staufers Friedrich II., hier Hochzeit mit dem byzantinischen Kaiser Johannes III., der seine prekäre politische Situation nach der Errichtung des Lateinischen Kaiserreichs (s. S. 28) durch Heiratspolitik zu verbessern suchte. Der Bau, in dem der Ehebund geschlossen wurde, steht noch (links, bald nach der Stadteinfahrt) und ist im Wechsel weißlicher und rötlicher Steinlagen aufgeführt; er wird heute *Kız Kalesi* (›Mädchenburg‹) genannt.

Von Kemalpaşa Richtung Torbalı, zwischen den Höhen des Olympos (Nif Dağı; rechts, also westlich) und des Tmolos (Boz Dağları; links, also östlich) hindurch. Nach 3 km Passage des Fayencen-Zentrums **Çinli Köy** (gute Einkaufsmöglichkeiten), nach 8 km ein Betontorbogen, dahinter ein Parkstreifen; dort beginnt links ein teilweise getreppter Pfad, der ca. 40 m Höhenunterschied zum **Eti Baba** (›Hethitervater‹) überwindet.

Die Entdecker des 2 m hohen Felsreliefs hielten es 1839 für ein Bild des ägyptischen Pharao Sesostris (19. Jh. v. Chr.), denn sie wussten noch nichts vom kleinasiatischen Reich der Hethiter. Heute ordnet man das Werk einer westkleinasiatischen Regionaldynastie des 13. Jh. v. Chr. zu, die – kulturell geprägt von den Hethitern – am Waldpass von Karabel ihre Herrschaftszone durch das Abbild des Regenten markierte. Hapalla dürfte das Land, Targasnalli der dargestellte Kleinkönig geheißen haben. Das Relief zeigt das Bild eines schreitenden Mannes, gerüstet mit Lanze, Bogen und Kurzschwert. Schnabelschuhe bekleiden die Füße, das Haupt ist von einer hohen, kegelförmigen Mütze bedeckt.

Keine Busverbindung von Torbalı her; **Kleinbusse** von İzmir nach Kemalpaşa (von dort per Taxi zum Eti Baba). Wer mit dem **Wagen** von Süden her anfährt, biegt am nördlichen Ortsausgang von Torbalı rechts ab auf die Landstraße 35-26, die am Karabel-Pass mit dem ›Eti Baba‹ vorbei nach Kemalpaşa führt.

Sardis

Atlas: S. 237, E 2

Vor 2500 Jahren, im 7. Jh. v. Chr., kannte die ganze zivilisierte Welt den Namen Lydien. Unter dem Königshaus der Mermnaden gewann dieser fruchtbare Landstrich im westlichen Kleinasien stolze politische Gestalt. Gyges hieß der erste Dynast, Kroisos war der vierte und letzte König. Sprichwörtlich die Schätze (›reich wie Krösus‹), die er in seiner Königsstadt Sardis hortete. Die Lyder bargen Schwemmgold aus dem Sand des Flusses Paktolos und gruben Minen zu den Edelerzadern in den bizarr geformten Bergen des *Tmolos* (heute: Boz Dağları), dem der Paktolos entströmt. Vor allem aber wurde Lydien als Handelsmacht reich. Profitorientiert vermittelte das Land zwischen den altorientalischen Imperien (Persien, Mesopotamien) im Osten und dem seefahrenden Küstengriechentum im Westen. Da aber stach den reichen Kroisos der Hafer politischer Begehrlichkeit. Ein berühmter Orakelspruch ermunterte ihn, den Halys, Lydiens östlichen Grenzfluss, zu überschreiten. Kroisos werde, wenn er Persien angreife, ein großes Reich zerstören, so hatte Delphis Pythia geweissagt. Und die griechische Priesterin sprach die Wahrheit. Nur zerstörte der lydische König nicht Persien, sondern sein *eigenes* Reich: Im Jahre 547 wurde er von den Truppen des Persers Kyros geschlagen und Sardis erobert. Prächtig funkelte die Königsstadt aber auch hernach. Unter den siegreichen Persern war Sardis Endpunkt der berühmten, 2500 km langen Königsstraße von Susa her und Sitz eines Satrapen, eines persischen Provinzgouverneurs.

Wir entfernen uns weit von der Westküste, wenn wir Lydiens alter Königsstadt unsere Aufwartung machen, knapp 100 km nämlich, doch ist die Tour den Aufwand wert. Schon bei den unübersehbaren Ruinen eines römischen **Gymnasiums** links der Fernstraße (s. Abb. S. 14) wird klar, dass man nicht in anatolischer Ödnis, sondern in einem der Zentren der Alten Welt angelangt ist. Auf den ersten Blick wirkt jenes Gymnasium allerdings wie die Attraktion eines archäologischen Disneyland, so klotzig steht es in der flachen Landschaft. Für diesen Effekt darf man aber nicht die amerikanischen Ausgräber verantwortlich machen, die seit Mitte der 1970er Jahre an der Wiedererrichtung arbeiteten. Der kaiserzeitliche Monumentalbau, vollendet 211 n. Chr. unter Caracalla und Geta, entspricht vielmehr ganz der römischen Prunkarchitektur, die in kantiger Symmetrie den Triumph der (römischen) Zivilisation über die ungestaltete Natur zu demonstrieren suchte. Im Westen des säulengesäumten Sporthofs gewinnt das Gymnasium von Sardis seine größte Pracht. In zwei Geschossen steigt hier über Marmorpflaster eine reich gegliederte, ca. 25 m hohe Fassade auf. Dekorativ markierte sie den Eingang zum Badetrakt.

Ein kulturhistorisches Denkmal ersten Ranges ist die **Synagoge** von Sardis, eine der ältesten erhaltenen der jüdischen Diaspora. Nach der Eroberung Jerusalems durch Titus entstanden Gemeinden nicht nur in Ephesos, Pergamon und Milet, sondern auch im römischen Sardis. Die Juden der Stadt erbauten ihr Bethaus an der Südseite des Sporthofs im 3. Jh. unserer Zeitrechnung. Reich geworden durch den Orienthandel, verfügten sie über die nötigen Mittel, den langgestreckten Bau opulent auszustatten mit Säulen, Mosaiken und Plastiken (Originale im Museum von Manisa, s. S. 119).

Eine **Ladenstraße,** die ost-westlich an Gymnasium und Synagoge vorbeistrich, ist in ihrer heute sichtbaren Form byzantinisch; doch markiert sie den Verlauf der über tausend Jahre älteren Königsroute (s. o.), über die im asiatisch-kleinasiatischen Handel die Karawanen der Lyder und Perser zogen. Heute braust wenige Meter weiter südlich der Fernverkehr zwischen İzmir und Ankara dahin.

Das berühmteste Baudenkmal von Sardis ist der **Artemis-Tempel,** das Heiligtum der griechischen Nachfolgerin der altkleinasiatischen Muttergottheit Kybele, etwa 1 km jenseits der Fernstraße im Süden. Der Bau enstand Ende des 4. Jh. v. Chr. und löste eine ältere Kybele-Kultstatt ab. Fast 400 Jahre baute man ehrgeizig an dem Denkmal, zuletzt unter dem römischen Kaiser Antoninus Pius (reg. 138– 161 n. Chr.). Wie der Tempel von Didyma (s. S. 163) wurde aber auch der zu Sardis nie vollendet. Nach Art der Artemis-Heiligtümer ist die ungeheure Bauruine

2500 Jahre alt: der Artemis-Tempel von Sardis

nach Westen gewendet, wo sich auch der ältere rechteckige Altar (5. Jh. v. Chr.) befindet. Vom Tempel selbst stehen noch Partien der Cella-Wände und etliche Säulenstümpfe, aber auch zwei Säulen in voller Höhe (17,3 m), ungebrochen durch alle anatolischen Erdbeben und Kriegshändel. An die Tempelreste lehnt sich ein Ziegelbau, die Ruine einer byzantinischen Kirche.

Eindrucksvoll ist die Lage des Tempels vor der Silhouette der **Akropolis.** Dreifach ummauert, galt der Burghügel von Sardis als uneinnehmbar, und wo auch immer in der Antike eine nicht für möglich gehaltene Tat geschah, kommentierte der Volksmund: »Da hat einer die Akropolis von Sardis eingenommen.« Heute lohnen die spärlichen Baureste kaum die Mühen des steilen Aufstiegs.

Hingegen sollte, wer mit dem Leihwagen nach Sardis gekommen ist, eine andere Sehenswürdigkeit nicht versäumen: die lydischen Königs- und Herrengräber. **Bintepe** (›Tausend Hügel‹) wird der alte Friedhof mit seinen – nein, nicht tausend, aber doch zwei oder drei Dutzend – Erdtumuli genannt. Das höchste Hügelgrab, das des Königs Alyattes, ragt immerhin 69 m hoch. Man erreicht das weite Terrain, heute Ackerland, wenn man von Salihli Richtung Gölmarmara fährt.

Achtung: Salihli als die Sardis nächstgelegene Mittelstadt besitzt weder eine Touristeninformation noch ein annehmbares Hotel.

Etwa stündlich **Busverbindung** von İzmir her. Man bucht bis Salihli, dem nächsten Städtchen im Osten von Sardis, lässt sich aber bereits 10 km vor Sahlili beim Dorf Sartmustafa (auch: Mustafasart) absetzen.

DAS TÜRKISCHE HAUS

Als die ersten Turkmenenverbände im 11. Jh. Anatolien erreichten, schlugen sie auf den Hochebenen Zelte auf. Der türkische Name für diesen zentralasiatischen Zelttypus ist *yurt,* was zugleich Heimat und Heim bedeutet, denn in den Steppen, welche die türkischen Nomaden mit ihren Herden durchzogen, war die Jurte beides.

Bestimmte Eigentümlichkeiten des Zeltlagers sind noch im klassischen Typus des türkischen Hauses nachzuweisen, das sich entsprechend den regionalen klimatischen Verhältnissen in unterschiedlichen Formen ausbildete. Im türkischen Westen baut man mit Stein und Holz und legt besonderen Wert auf sommerkühle Räume. Hohe Zimmerdecken, Erker, Außenlage und eine gute Ventilation sind die architektonischen Mittel.

Auch wenn in den Armenvierteln von Bergama oder İzmir, aber auch auf dem Dorf einstöckige Katen und Häuschen dominieren, gilt eine solche Bauweise nach den Traditionsmaßstäben des renommierlichen Bürgerhauses als soziales Armutszeugnis. Zu einem Repräsentationshaus gehört unabdingbar ein Obergeschoss *(bir kat),* das über die mit Wirtschaftsräumen ausgestattete oder auch gänzlich ungenutzte Parterre vorkragt, meist abgestützt durch Balken oder Konsolen. Das an der türkischen Westküste stets steinerne Erdgeschoss (von teilweise erstaunlicher Höhe) hat die Aufgabe, eine etwaige Hanglage des Hauses keilförmig auszugleichen. Diese Bauweise ersetzt ausgeschachtete Fundamente, und folgerichtig besitzen türkische Häuser keinen Keller – so wie einst ja auch die Jurte auf dem Boden aufgepflanzt wurde.

Zu den Eigentümlichkeiten des türkischen – wie überhaupt des islamischen – Hauses gehört seine Insichgekehrtheit. Dem dörflichen oder städtischen Zusammenhang entzieht sich das Hausleben. Uneingeschränkt öffentlich ist allein die Durchgangsstraße *(cadde).* Intimen Charakter besitzt schon die Gasse *(sokak),* die von einer Cadde oder einer anderen Gasse abzweigt. Hier erwarten Sie als Fremden fragende, wenn nicht scheele Blicke. Vollends ein Fremdkörper sind Sie in einer *cikmaz,* einer Sackgasse, von der sich Tore in Höfe und Häuser öffnen. Solche Gässchen rechnen ganz zur Privatsphäre der Anrainer, die sich hier entsprechend ungezwungen, z. B. im Schlafanzug oder Nachthemd bewegen.

In das Innere eines türkischen Heims gelangt man als Ausländer nur auf ausdrückliche Einladung. Entsprechend dem Wink des Hausherrn, der Sie an der Tür empfangen wird – der Hausfrau steht dieses Vorrecht nicht zu –, werden Sie Ihre Schuhe gleich dort, spätestens aber am oberen Ende der Stiege ablegen, die ins Wohngeschoss hinaufführt. Auch dies entspricht alttürkischer Tradition. Es galt als grobe Unhöflichkeit, ein Zelt mit Schuhen zu betreten oder etwa mit den Füßen die Zeltseile zu berühren. Im Wohngeschoss erwartet Sie zunächst die *sofa* genannte Diele, die als Durchgang zu den Zimmern fungiert. Der türkische Bauforscher Küçükerman vergleicht die Sofa mit einem gemeinsamen Zeltplatz, um den sich mehrere Jurten gruppieren. Traditionell ist dies der Treffpunkt der Familie und, wenn überhaupt, nur mit Sitzgelegenheiten ausgestattet, sonst aber ohne Einrichtung. Schmuckelemente und Schnitzereien, aber auch die Deckengestaltung zeigen den sozialen Status des Hauseigentümers an.

Die einzelnen Zimmer wären nach Küçükermans Bild sozusagen die Zelte der lagernden Sippe. Anders als in unserer Wohnkultur fehlt dabei die Scheidung von Schlaf- und Wohnzimmer, vielmehr ist jeder traditionelle türkische Raum multifunktional. In ihm wird gleicherweise gesessen und gegessen, gearbeitet und geschlafen. Der Grundaufbau mit einer freien, meist teppichbedeckten Zentralfläche, erhöhten Sitzborden, auf denen kleinere Teppiche und Kelims sowie Kissen der Bequemlichkeit dienen, einem Kamin und schließlich, zur Hausinnenseite hin, einer Schrankwand entspricht wiederum ganz der alten Jurtenausstattung. Allerdings ist die Feuerstelle nun nicht mehr im Raumzentrum plaziert, verschließen Holztüren und nicht mehr Textilien den Stauraum mit den Lebensutensilien, lassen Fenster und Oberlichter, nicht mehr Lüftungsschlitze Licht und Luft ein. Das Grundgefüge alttürkischer Lebenshaltung erscheint aber darin bewahrt, dass alle Gegenstände eines Raums tragbar, also transportierbar sind.

Wie schrieb Marco Polo vor 700 Jahren so treffend über die Jurten: »Man kann diese Häuser überallhin mitnehmen…«

Im Tal des Küçük Menderes

Birgi

Atlas: S. 237, E 3
Zwischen Sardis und Salihli zweigt eine ausgebaute Straße nach Süden ab, die über das einsame Bergland der Boz Dağları ins Talbecken des Küçük Menderes führt, des ›Kleinen Mäander‹, der in der Antike *Kaystros* hieß. Kurz vor Ödemiş ist die Kleinstadt Birgi erreicht (ca. 30 km; 5000 Ew.), wo eine der ältesten Moscheen der Westküste zu sehen ist: die **Ulu Cami** (1312/13), errichtet unter Benutzung antiker Marmorblöcke und Säulen. Bauherr war der Emir Mehmet Bey aus dem Geschlecht der Aydınoğulları, die vor den Osmanen bis 1425 in der Region herrschten, übrigens auch in Tire und Selçuk. In einer **Türbe** neben dieser Moschee liegt Mehmet Bey bestattet. »Das Stadtbild von Birgi ist von stattlichen Wohnhäusern des 18. und 19. Jh. mit flachgeneigten Ziegelwalmdächern geprägt, die durch grüne, ummauerte Gärten an kleinen Gassen voneinander getrennt sind. Es ist das Bild der türkischen Landstädte, wie es auf alten Stichen gezeigt wird« (W. Koenigs). Museal hergerichtet ist ein besonders reiches, dreistöckiges Wohnhaus, der **Çakırağa Konağı** (ca. 1760/70), mit schöner Holztäfelung und Blumen- wie auch Landschaftsmalereien.

Die Belevi-Gräber

Wer die Belevi-Gräber besuchen will, lässt sich beim Mausoleum an der Straße absetzen und wandert vom Tumulus auf Feldwegen nach Westen hinunter ins Dorf Belevi (ca. 2,5 km); von dort reger Kleinbusverkehr nach Selçuk. Insgesamt ca. 1.30 Std.

Tire, Belevi, Keci Kalesi

Atlas: S. 237, D 3 / S. 236, C 3
Bei der Weiterfahrt sollte man den ›Kleinen Mäander‹ bei İlkkurşunköy nach Süden überschreiten und noch ein zweites, wie Birgi in seine Traditionen versunkenes türkisches Marktstädtchen besuchen: **Tire** (37 km; 35 000 Ew.) mit einer stimmungsvollen Altstadt am Hügelhang. Interessantestes Baudenkmal ist die Yahsi Bey-Moschee (14. Jh.) mit überkuppeltem Hauptraum und einer eigentümlichen Halbkuppel über der Mihrab-Wand.

Von Tire fährt man am Südsaum des Tales Richtung Selçuk (noch 38 km). 3 km vor dem Dorf **Belevi,** wo die Trasse der neuen Westküstenautobahn nach links in die Berge schwingt, verbirgt sich am Hügelfuß der Felskern eines hellenistischen Mausoleums, das die Gestalt des berühmten Grabmals von Halikarnassos (s. S. 183) nachahmte. Ursprünglich erhob sich auf dem ca. 12 m hohen Felsklotz eine Stufenpyramide; ein Kranz korinthischer Säulen war vor den Steinkubus gestellt. Einer der großen Seleukiden lag hier begraben, wahrscheinlich Antiochos II., der 246 v. Chr. in Ephesos starb. Sein Sarkophag ist heute im Museum von Selçuk (s. S. 149 f.) zu sehen.

Höher am Hügelhang, in ca. 15 Min. Aufstieg zu erreichen, wölbt sich ein älterer **Tumulus,** vielleicht über dem Grab des Hirten Pixadoros, der Ephesos auf der dem Tumulus gegenüberliegenden Talseite einen Marmorsteinbruch erschloss und von der Stadt als Heros geehrt wurde. Ein Gang führt über ca. 20 m ins Innere des Hügelgrabs mit zwei Grabkammern (starke Taschenlampe erforderlich!).

Wo die Tire-Straße in die alte Westküstenstraße mündet, bekrönt eine **Keci Kalesi** (›Ziegenburg‹) genannte byzantinische Feste weithin sichtbar eine Höhe auf der Nordwestseite des Tals. So wie sie ist auch die Zitadelle des Städtchens Selçuk, die man, von Norden kommend, als erstes Bauwerk wahrnimmt, errichtet worden, als im 11. Jh. die Türkengefahr für die byzantinischen Griechen immer bedrohlicher wurde. Der Aufstieg (feste Schuhe!) zur guterhaltenen Ziegenburg ist anstrengend, lohnt aber.

Achtung! Weder **Birgi** noch **Tire** besitzen ansprechende Hotels.

Sehr preiswerte, qualitativ gute Gar- und Eintopfküchen gibt es in **Birgi** und **Tire;** in **Belevi** findet man gemütliche Teehäuser.

Von Salihli gibt es keine Busverbindung nach Birgi oder Ödemiş; wer nicht mit dem Leihwagen unterwegs ist, muss also zunächst zurück nach İzmir fahren. Von İzmir verkehren **Busse** im Stundentakt nach Ödemiş; von dort geht es weiter mit dem Kleinbus nach Birgi. Zwischen Ödemiş und Tire verkehrt etwa stündlich ein **Kleinbus,** ebenso von Tire nach Selçuk.

Çeşme

Atlas: S. 236, A 2
Seit der Fertigstellung der Autobahn benötigt man für die knapp 80 km von İzmir nach Çeşme (›Brunnen‹) nicht einmal mehr eine Stunde. Die moderne Verkehrsanbindung schließt eine Entwicklung seit Mitte der 1960er Jahre ab, welche die Fischerorte um Çeşme zu Sommerresidenzen der Oberschicht aus İzmir machte. Wer es sich leisten konnte, baute sich dort an, wo der Sand am feinsten rieselte und zudem heiße (im Durchschnitt 41° C) Thermalquellen mit schwefligem Wasser sprudelten: in den Weilern **Ilıca** und **Şifne,** 3 oder 4 km vor Çeşme. Doch um diese Sommervillen sind im Zuge des Massentourismus der 90er Jahre Ferienkolonien entstanden, die mit der Anmut Potemkinscher Dörfer über die Realität irreparabler Landschaftszerstörung hinwegtäuschen, so bei **Alaçatı.**

Die Hafenstadt **Çeşme** (22 000 Ew.) ist das Zentrum des Sommerbooms, doch da die Hotels die Strände suchen, durchaus noch ansehnlich. Freilich quartieren sich ganze Brigaden von Teppich- und Lederhändlern aus İstanbul in der Saison hier ein, und die Hauptstraße, die vom Befreiungsdenkmal hinunter zum Hafenplatz führt, wird zur umtriebigen Basarzeile. Berühmt sind übrigens die Konfitüren des Städtchens, darunter eine mit Mastixharz zubereitete.

Die historischen Sehenswürdigkeiten von Çeşme kann man an einer Hand abzählen. Die günstige Lage gegenüber der Insel Chios veranlasste die

Handelsstadt Genua, den Hafen Ende des 14. Jh. mit einem *Kastell* zur Kontrolle der Meerenge zu bewehren. Von der Seefront her steigen die Festungsmauern den Hang hinauf. 1508 übernahmen die Osmanen unter Sultan Beyazıd II. (reg. 1481–1512) die italienische Anlage und bauten sie weiter aus (tgl. außer Mo 8.30–12; 13–17.30 Uhr; in der Burg ein kleines Museum mit Funden aus dem antiken Erythrai, s. S. 130).

Wehr und Waffen halfen freilich nicht, als am 5. Juli 1770 eine russische Flotte unter dem Oberbefehl des Grafen Orlow die osmanische Kriegsmarine im Golf vor Çeşme zusammenschoss. Damals trug ein gewisser Hasan Paşa den Befehl über einen Teil des osmanischen Aufgebots. Hasans gutem Ruf, erworben durch Seesiege, Sultanstreue und sprichwörtliche Grausamkeit, tat die Niederlage offenbar keinen Abbruch. Im Parkstreifen vor dem Kastell hat man dem bärtigen und pluderhosigen Admiral mitsamt seinem ›Haustier‹, einem Löwen, ein **Denkmal** errichtet. Aus dem 18. und 19. Jh. stammen verschiedene osmanische **Brunnen** in den Gassen hinter der Burg.

Weniger deutlich als in Ayvalık (s. S. 86) oder Foça (s. S. 104 ff.) sind die architektonischen Spuren des kleinasiatischen Griechentums in Çeşme. Aber natürlich fehlt es auch hier nicht an den typischen klassizistischen Hausfassaden. Die griechisch-orthodoxe **Kirche** an der Hauptstraße, eine hochgebaute Basilika, wird für kulturelle Veranstaltungen genutzt, z. B. bei den fast einwöchigen Musik-Festspielen im Juli.

Leider haben die meisten **Windmühlen** auf den Hügeln um Çeşme stark gelitten.

İskele Meydanı 8, am Hafen, Tel./Fax 712 66 53; **Vorwahl:** 0232

Kanuni Kervansaray*:** am Hafen neben dem Kastell, Tel. 712 71 77. Stilvolle Adresse für Individualisten mit Mut zum spartanischen Lager, aus einer Karawanserei von 1529 hervorgegangen. Schöner Innenhof, aber etwas heruntergekommen und zu hohe Preise. DZ 60–65 €.

Ertan*:** am Hafenplatz, Tel. 712 67 95. Einige Zimmer mit Meerblick. DZ 45 €.

Rıdvan*:** am Hafenplatz, Tel. 712 63 36. Kleiner Innenhof, Zimmer ›antik‹ möbliert. DZ 44 €.

›Löwenadmiral‹ Hasan Paşa

Es gibt um die zwei Dutzend preiswerte **Pensionen** in der Stadt (z.B. **Ergun, Özge, Tani, Tarvan).** Die meisten haben nur wenige Zimmer, nicht alle freilich mit eigenem WC und Dusche; am besten, Sie lassen sich, um längere Suchgänge zu vermeiden, vom Infobüro (kostenlos) eine Adresse vermitteln. Die Preise liegen zwischen 13 und 18 € für DZ inkl. Frühstück.

Strand von Boyalık (ca. 5 km nördlich von Çeşme)

Altınyunus***:** Östlich von Boyalık, Tel. 723 12 50, Fax 723 22 52. Die Top-Adresse am Strand: luxuriöses Feriendorf mit vier Hotels, alle touristischen Annehmlichkeiten, sogar eigener Jachthafen. DZ 150–160 €.

Framissima**:** Tel. 7712 70 81, Fax 712 73 31. Luxushotel direkt am Strand, zwei Restaurants mit europäischen und mit türkischen Spezialitäten. DZ 140–150 €.

Denizkızı:** Boyalık, Tel 712 65 51. Einfaches, aber annehmliches Hotel. DZ 32 €.

Ilıca (ca. 9 km östlich von Çeşme)

Turban Çeşme**:** Tel. 723 12 40, Fax 723 13 88. Altgediente Anlage aus den 1960ern mit dem feinsten Strand und viel Flair in einer Villenzone (nicht mit Turban Ilıca verwechseln). DZ 40–60 €.

Rasim Palas*:** Tel. 723 10 10. Ebenfalls ein Traditionshaus, leider etwas verwohnt, jedoch direkt am berühmten Sandstrand. DZ 25–35 €.

Kalyon:** Ilıca/Ort , Tel. 723 29 00. Pension mit einfachen Zimmern. DZ knapp 30 €.

Ayasaranda (ca. 2 km nördlich von Çeşme)

Huntman*:** Tel. 712 05 06, Fax 712 79 38. Einsam gelegenes Ferienhotel mit eigenem Strand und Pool. DZ um 40 €.

Dalyan (ca. 8 km nördlich von Çeşme)

Ladin**:** Tel. 724 83 27, Fax 724 70 39. Das Großhotel besetzt einen kleinen Küstenvorsprung nahe dem Fischerörtchen. Alle Annehmlichkeiten, großes Sportangebot. DZ 120-140 €.

Çiflik-Bucht (ca. 8 km südlich von Çeşme)

Babaylon**:** Tel. 722 13 87, Fax 722 13 90. Luxushaus, Sportanlagen, Schwimmbäder.

An der Bucht auch etliche Mittelklasse-Pensionen, meist türkische Gäste.

Çeşme

Großes Angebot, aber leider mit der Tendenz Fastfood und der Tendenz zum Nepp. Im **Kale Lokantası** (unweit Hotel Kervansaray) kommt gute türkische Hausmannskost zu akzeptablen Preisen auf den Tisch. Auf Fisch (Goldbrassen) und Tintenfisch ist das **Körfez** an der Seepromenade zwischen Zollhafen und Stadtstrand spezialisiert. Mit einer Flasche Wein muss man hier zu zweit 40–45 € für das Abendessen hinblättern. Ähnliche Preise im **Rıhtım,** wo man ebenfalls in der lauen Abendluft schön am Meer tafelt. Dem Infobüro gegenüber serviert das etwas günstigere **Castle BBQ** Grilladen vom Holzkohlegrill. Hafenblick.

Dalyan

Gute, preiswerte Fischlokale, z. B. **Dalyan, Körfez.**

Ilıca

In Restaurants wie **Altınkapı** oder **Yakamoz** (teurer) sitzt man sehr angenehm bei Fleisch und Fisch.

Beliebt sind in **Çeşme**/Stadt die Bar auf der Dachterrasse des **Hotel Papageno** (Gasse hinter dem Hotel Çeşme Marin), die **Castel Taverna** (Bauchtanz), die Bar des **Yaz Restaurant** an der Meerfront, **The Bar** (Inkilap Cad.), die **Anatolian Bar** und die **Körfez Disco** an der Seefront. Favorit in der Publikumsgunst ist freilich der sogenannte **›Magical Place‹** an der Ayayorgı-Bucht zwischen Boyalik und Dalyan mit mehreren voll aufdröhnenden Diskotheken (großer Parkplatz). Natürlich findet Nachtleben auch in den großen Hotelanlagen statt: Beliebt, aber teuer ist z.B. die **Altınyunus Disco.**

Die guten Windverhältnisse machen die Buchten von Güvercinlik, Altınkum (kaum versehrter Strand; Empfehlung!) und Alaçatı zu beliebten **Surfrevieren.**

Busse: In der Saison, zwischen Juni und September, im Halbstundentakt Verbindung mit İzmir (ca. 60 Min.). Bushof 1 km südlich des Ortszentrums. **Kleinbusse** von der Busstation am Hafen zu den Sandstränden von Ilıca, Pirlanta, Güvercinlik, Altınkum. In der Saison täglich eine **Fährverbindung** nach Chios (sehr teuer, lohnt nicht als Tagesausflug). **Bootsausflüge** zu den kargen, unbewohnten Inseln im Golf und zu einsamen Buchten; die Ganztagestour (ab: 10.30 Uhr) kostet um 16 €.

Ildır und Erythrai

Atlas: S. 236, A 2

Als Çeşme noch nicht einmal ein Fischerdorf war, fungierte es als Chios-Hafen für Erythrai, eine antike Stadt, die damals in Blüte stand, seit dem osmanischen Steinraub des 19. Jh. aber in kärglichen Ruinen liegt. Kreter sollen Erythrai gegründet haben, das später zum ionischen Städtebund gehörte. Alexander der Große plante angeblich, im Süden der Bucht von Erythrai einen Kanal durch die Halbinsel zu stoßen und auf diese Weise Smyrna mit Teos (s. u.) zu verbinden.

Wer die Ruinen sehen will, fährt über Ilıca zum Dörfchen **Ildır** (ca. 20 km von Çeşme) und fragt dort nach dem Aufseher *(bekçi)*. Noch vor dem Dorf, das bis 1923 von Griechen bewohnt wurde, überschreitet die Straße den Fluss Aleon. Weil sein Wasser bitter und ungenießbar ist, musste sich die antike Stadt am Hügel über Ildır über Aquädukte und Rohrleitungen aus dem gebirgigen Hinterland versorgen. Sehenswerte Reste von **Erythrai** sind erhaltene Partien der in rot-weißem Steinwechsel errichteten, bis 5 m starken Stadtmauer (4./3. Jh. v. Chr.), ein steiles, nach Norden gewendetes Theater (ca. 3. Jh. v. Chr.) am Hang der Akropolis sowie die Fundamente von hellenistischen und römischen Wohnhäusern, dazu die Grundmauern eines Mausoleums, wohl eines Heroengrabs.

Vorwahl 0232

Erythrai**:** an der Bucht von Ildır, ca. 20 km von Çeşme, Tel. 725 15 00, Fax 725 15 01. Luxushotel, gute Restaurants, Sportanlagen, Fitness Center. DZ/HP 110 € pro Person.
Ildır Pansiyon*: Bucht von Ildır, Tel. 725 15 09. Kleines, bescheidenes Haus. DZ um 16 €.
Im Dorf selbst kann man auch in Privathäusern unterkommen.

In der Saison etwa stündlich **Dolmuş**-Verbindung von Çeşme her.
Tipp: Mit dem eigenen **Auto** von Ildır nordwärts weiter Richtung Küçükbahçe und Karaburun. Einsame Berglandschaft; in die Steilküste sind da und dort kleine Buchten eingelagert. Etwas für Einsamkeitssucher und unternehmungslustige Wanderer, die es zu den seit 1923 verlassenen Griechendörfern in den Bergen zieht.

Sığacık und Teos

Atlas: S. 236, B 3
Teos ist eine weitere antike Stätte der Çeşme-Halbinsel, die man sehen sollte, denn zu sehen gibt es hier manches, nicht nur Ruinen. Das Panorama umfasst eine sanft ausschwingende Hügellandschaft mit Olivenhainen, über die meerwärts die blauen Buchten der Ägäis blitzen. Freilich beginnen die schandbaren türkischen Ferienhauskolonien sich auch dieser Küstenlinie zu bemächtigen. Jedenfalls war die Lage von Teos einst so vorzüglich, dass Thales von Milet die Stadt Anfang des 6. Jh. v. Chr. als zentralen Verwaltungssitz des ionischen Städtebundes vorschlug.

Man fährt Teos von Seferihisar über den Fischerort **Sığacık** an. Sığacık ist dabei nicht bloß Durchgangsstation, sondern eine Sehenswürdigkeit für sich: Am Hafen laden Restaurants zur Rast, und niedrige Fischerhäuser ducken sich hinter einen fast vollständig erhaltenen genuesischen Schutzwall aus dem 15. Jh. Die italienische Handelsmacht, die sich u. a. in Çandarlı (s. S.89 f.) und Foça (s. S.104 ff.) engagierte, umgab ihre Warenlager mit diesen starken Mauern. Dass darin zahlreiche antike Quader verbaut sind, hat guten Grund: Der Genuesenhafen ist identisch mit dem 2000 Jahre älteren Nordhafen von Teos.

Eine halbe Stunde zu Fuß über den Hügel im Süden, und man ist im Stadtgebiet des antiken **Teos.** Die Straße zieht sich dagegen, teils durch Kiefernwald mit Picknickplätzen, um die Halbinsel, ehe als erstes Denkmal der Tem-

Sığâcık, ein malerisches Fischerort mit genuesischen Mauern

pel des Dionysos erreicht ist. Das Heiligtum in ionischer Ordnung, das an den Athena-Tempel von Priene (s. S. 156 f.) erinnert, stammt aus dem 2. Jh. v. Chr. Es war Zentrum der Techniten, einer Vereinigung von Schauspielern und Tänzern, die wie Hollywood-Akteure unserer Tage einen gleichermaßen hohen wie zweifelhaften Ruf genossen und als Wanderschauspieler von einem religiösen Festspiel zum nächsten zogen.

Das Theater von Teos wurde im 2. Jh. v. Chr. am Hang der Akropolis errichtet. Seit osmanische ›Quaderjäger‹ es im 19. Jh. ausplünderten – in irgendeiner Moschee von Istanbul sind die Steine verbaut – beeindruckt es weniger durch den Baubestand als durch den Ausblick über die Küste.

Besser erhalten hat sich mit elf oder zwölf Sitzreihen das Odeion, ein römischer Bau einige hundert Meter östlich vom Theater. Auf Spaziergängen durch das weitläufige Gelände kann man ferner Reste eines Gymnasiums sowie Partien der hellenistischen Stadtmauer entdecken, und am Meer sind Fischerboote am antiken Kai vertäut.

Vorwahl 0232

Çakırağa:** Akkum Cad., am Ortsrand von Siğacık, Tel. 745 75 75, Fax 745 70 23. Angenehmes Mittelklassehotel – ein Häuserkomplex mit Garten und Pool – am Hang über dem Hafen. Ägäisblick. Empfehlung! DZ/HP ab 55 €.
Teos Sunset:** Tel. 745 74 63. Sehr freundlich geführte Pension, mit gutem Restaurant. Einige Zimmer mit freiem Meerblick. DZ 25 €.
Teos Holiday Village**:** an einer Sandbucht 2 km von Siğacık, Tel. 745 74 67, Fax 745 74 75. Komfortable Ferienanlage mit Bungalows und Pool. Idyllische Lage. Sportangebote (Tennis, Surfen, Tauchen).
Ferienwohnungen: Auskunft unter Tel. 745 73 74.

Mehrere gute Fischrestaurants am Hafen.

Schöne **Sandstrände** am Akkum und Ekmeksizkum.

In der Saison **Kleinbusse** von Seferihisar nach Sığacık. Nach Seferihisar (großer Teegarten im Zentrum) gelangt man von Çeşme und İzmir über Güzelbahçe.

Klaros und Notion

Atlas: S. 236, C 3

Die Küstenlinie von Teos hinunter nach Kuşadası ist im letzten Jahrzehnt touristisch in großem Maßstab erschlossen worden. Dörfer wie **Ürkmez, Özdere** oder **Gümüldür,** deren alte Ortskerne am Hügelfuß liegen, breiten sich heute mit Feriensiedlungen entlang der langen Strände aus, und an den Sommerwochenenden rollen die Blechlawinen von İzmir an.

Östlich dieser ›Ferienparadiese‹ liegen die beiden antiken Stätten Klaros und Notion. Von Seferihisar oder Kuşadası anfahrend, biegt man beim Notion Restoran an der Küste nach Ahmetbeyli ab (Richtung Menderes).

Das berühmte Orakelheiligtum von **Klaros** stand unter dem Schutz des Gottes Apollon und hat alte Tradition. Erwähnt schon im 7. Jh. v. Chr., stammen die verbliebenen Ruinen indes zumeist aus frühhellenistischer Zeit, als

Klaros mit Didyma konkurrierte (s. S. 162). Durch den römischen Historiker Tacitus (spätes 1. Jh. n. Chr.) wissen wir von der Art der ›Wahrheitsfindung‹ im Heiligtum. Anders als in Delphi besaß in Klaros nicht eine Frau (die Pythia), sondern ein Priester die Gabe der Weissagung. Nachdem die Besucher ihre Fragen vorgetragen hatten, stieg er in eine ›Höhle‹ hinunter, um dort aus einer Quelle zu trinken. Wunderbar inspiriert durch diesen Trunk, skandierte er in Versen die nach Art aller antiken Orakel vieldeutigen, rätselhaften Antworten. Übrigens sollen die Priester, die vom heiligen Wasser kosteten, stets einen frühen Tod gefunden haben. Übermenschliche Weisheit hatte offenbar ihren Preis.

Schon die französischen Ausgrabungen 1950/51 wurden durch den seit der Antike angestiegenen Grundwasserspiegel erschwert. Im Frühjahr steht man vor Tümpeln, in deren Wasser sich zwischen Schilf enttäuschend wenige Mauerzüge abzeichnen. Nur am Ende eines heißen Sommers kann man in die von Gewölbebogen überspannte Orakelkammer vordringen. Der Grundriss des Apollon-Tempels (4. Jh. v. Chr.) und eines Propylons (2. Jh. v. Chr.), dazu die Fragmente einer monumentalen Kultbildgruppe (Apollon, Artemis, Leto) über den Kellerräumen des Orakels treten dagegen schon am Sommeranfang aus der feuchten Niederung hervor, ebenso der Doppelaltar vor der Tempelfront, zu der ein schöner steinerner Ehrensessel und eine Sonnenuhr gehören.

Wer mit dem Bus nach Ahmetbeyli gefahren ist, kann nun von Klaros über den an der Stätte entlangstreichenden Feldweg nach Süden zum Meer wandern (ca. 1,5 km). Man folgt dabei der Trasse der **Heiligen Straße,** auf der die Besucher des Orakels vom Kai der Stadt Notion zum Tempel pilgerten. Ansonsten fährt man über die Landstraße zur Küste.

Links der Bucht, Richtung Kuşadası, erhebt sich der Doppelhügel von **Notion.** Man weiß wenig von der antiken Stadt, die von äolischen Siedlern gegründet wurde. Rechts der Kuşadası-Straße zeichnen sich am Hang Partien der Stadtmauer ab. Wer zu Fuß von Klaros her kommt, erreicht zunächst die Nekropole von Notion (mit Felsgräbern) links der Straße. Der kurze Aufstieg zur Hügelstadt über dem Meer lohnt allein wegen der anmutigen Landschaft. Oben kann man – von West nach Ost – Fundamente eines Athena-Tempels, der Agora mit Ratshalle und (im Sattel zum zweiten Hügel) das Rund eines Theaters entdecken.

Sun Club Biltur**:** Am Strand nahe Özdere, Tel. 232/ 797 66 90, Fax 797 52 33. Die wohl beste Adresse, eigene kleine Sandbucht und Pool, ca. 700 m von der Straße zurückgesetzt, ruhige Exklusivität. DZ 65 €.

Kleinbusse von İzmir nach Özdere und Ürkmez, in der Saison halbstündlich oder stündlich; sie fahren über Menderes (früher: Cumaovası) an. Wer Klaros und Notion sehen will, bucht bis Ahmetbeyli İskelesi und steigt 2 oder 3 km vor der Küste beim gelben Klaros-Schild aus. Von Ahmetbeyli İskelesi in der Saison (nur dann!) etwa im Stundentakt Kleinbusse nach Seferihisar im Osten und nach Kuşadası.

Durch Ionien und das Tal des Mäander

Die Hafenstraße (Arkadiane) von Ephesos

Kartenatlas S. 236–239

DURCH DAS ALTE IONIEN

Südlich von İzmir öffnet sich Ionien, die bedeutendste altgriechische Landschaft der türkischen Ägäis. Hier blühten – prachtvoll noch in ihren Ruinen – antike Weltstädte wie Ephesos und Milet. Sanft ist das Hügelland Ioniens, fruchtbar entfalten sich die großen Schwemmebenen der beiden ›Mäander‹-Flüsse, lang und sandig sind die Strandbuchten. Natur pur bieten der Samsun Dağı und die Lagunen des Menderes-Deltas mit ihren Vogelkolonien.

Selçuk / Ephesos

Atlas: S. 236, C 3/4

Als ionische Griechen um 1100 v. Chr. in die breite Ebene des Flusses vorstießen, der heute Küçük Menderes (›Kleiner Mäander‹) heißt, fanden sie, nahe dem heutigen Selçuk, eine Siedlung der kleinasiatischen Karer vor. Deren Mutterkult beeindruckte die Einwanderer, wodurch sich die eigentümlichen, nichtgriechischen Züge in der religiösen Verehrung der ephesischen Artemis erklären. Bereits im 6. Jh. v. Chr. stand dieses erste Ephesos, das über Flusstäler mit dem anatolischen Hinterland verbunden war und zugleich über einen sicheren Hafen verfügte, in solcher Blüte, dass man ein allseits bewundertes Bauwerk in Angriff nahm: den großen Artemis-Tempel (s. S. 146).

Die zunehmende Verschlammung des Hafens durch die Ablagerungen des Küçük Menderes (antiker Name: *Kaystros*) zwang um 560 v. Chr. zur Ortsverlagerung. Damals stand die Stadt unter der Kuratel des Lyder-Königs Kroisos, dem 547 v. Chr. die Perser als Oberherren folgten. Das zweite Ephesos wurde weiter östlich erbaut; es liegt heute unter dem Grundwasserspiegel. Drei Jahrhunderte später, unter dem hellenistischen Herrscher Lysimachos, entstand das dritte Ephe*sos* zwischen den Hügeln Koressos und Pion, also auf dem jetzigen Ruinengelände. Aber auch der dort geschaffene neue Hafen sollte versanden, die Stadt abermals in Bedrängnis geraten. Bis dahin aber verstrich mehr als ein halbes Jahrtausend, in dem Ephesos blühte.

Kurz vor der Zeitenwende avancierte die Stadt zur Metropole des römischen Kleinasien, der auch die Missionare der neuen nahöstlichen Erlösungsreligion besondere Beachtung schenkten: Zwischen 55 und 58 predigte der Apostel Paulus den Ephesiern das Christentum. Nicht zur Freude aller. Die um ihre Einnahmen fürchtenden Devotionalienhändler der ›großen alten Dame‹ Artemis wollten den Apostel abgeurteilt und ausgewiesen sehen. Auch Jesu Lieblingsjünger Johannes soll mit Maria, der Mutter des Gekreuzigten, in Ephesos gelebt haben (s. S. 144).

Der Stern der glanzvollen Stadt mit ihren Palästen und Villen, ihren Gymnasien, Bädern und Theatern sank im 3. Jh. n. Chr., als Gotenscharen einfielen und der Hafen erneut für Fernfrachter untauglich wurde. Über dem Sumpfdelta schwirrten die Mücken; in der Stadt ging die Malaria um. Das christianisierte Ephesos beherbergte zwar noch zwei Konzilien, verkam aber immer mehr. Daran änderte auch eine letzte Initiative nichts. Man schuf ein viertes, byzantinisches Ephesos ganz in der Nähe des ersten, auf jenem Hügel nämlich, der die Johannes-Basilika trägt (s. Abb. S. 147).

Im 7. und 8. Jh. plünderten arabische Flotten die Stadt, die Türken rückten 1090 und 1097 ein. Die letzten Christen von Ephesos sollen 1304 aus der Stadt in den abgelegenen Weiler Şirinçe geflohen sein (s. S. 148/149). Erst im 14. Jh., unter den Emiren von Aydın (s. S. 126), begann sich der Ayasoluk genannte Ort (nach Agios Theologos = Johannes der Evangelist) zu stabilisieren – Bauten wie die İsa Bey-Moschee bezeugen es.

Die antike Stadt

Unser großer Rundgang durch Ephesos bis hin zu den alten Bauten in Selçuk beginnt am unteren Eingang der Ruinenstätte. Da der Tag lang wird, sollte man frühmorgens kommen, wenn Ephesos seine Tore öffnet (tgl. 8.30–19 Uhr; im Winter bis 17.30 Uhr; 3.50 €). Dann nämlich ist die Stätte noch fast menschenleer; erst gegen 9.30 Uhr treffen die Ausflugsbusse ein. Wer vom nahen Kuşadası mit dem Minibus anreist, lässt sich am Abzweig zu den Ruinen absetzen (kurz vor dem Tusan Motel). Von dort führt die Stichstraße zum Parkplatz an mehreren antiken Bauten vorbei, die aber alle nicht zur Besichtigung offenstehen: Auf das Vedius-Gymnasium (Mitte des 2. Jh. n. Chr.) folgt das Stadion, danach ein Palastbau byzantinischer Zeit.

Statt hinter der Kassenpforte geradeaus durch die Allee Richtung Theater zu gehen, sollte man gleich rechts abbiegen und den Pfad zu den Ruinen der ca. 150 m entfernten **Marienkirche** nehmen. In ihren Mauern fanden 431 und 449 große Ökumenische Konzile statt. Der ca. 260 m lange Bau entstand im 2. Jh. n. Chr. als Marktbasilika; hier feilschten Händler und Wechsler. Zu dieser Zeit galt Ephesos als das ›Bankhaus Kleinasiens‹. Im 3. und 4. Jh. gestaltete die Christengemeinde von Ephesos den Kommerzbau um.

Nun nicht zurück zum Kassenhaus, sondern auf einer Erdpiste, die an der Marienkirche entlangstreicht, nach Südwesten. Nach ca. 150 m führt ein schmaler, fast zugewachsener Pfad nach links zu den **Hafenthermen** aus dem 2. Jh. n. Chr. mit großem Pflasterhof. Selbst in der Hochsaison ist man in diesem in Gestrüpp versunkenen Teil der antiken Stadt fast immer allein. An den mächtigen Stümpfen von ur-

EPHESOS-PIONIERE

Schon früh pilgerten Christen nach Ephesos. Nicht die antiken Ruinen, sondern die Heiligkeit des Ortes zog sie an. Nach einer Legende hatte der Evangelist Johannes hier seine letzten Lebensjahre in einer Höhle zugebracht. Über dieser Grotte erbaute man später eine Basilika, die zu einem Lourdes des Byzantinischen Reiches wurde. Am 27. Dezember, dem Jahrestag des Heiligen, sammelte sich jeweils eine fromme Menge an der unterirdischen Klause, aus der dann angeblich heilkräftiger Staub (›Manna‹ genannt) emporwölkte. Auch die Grotten der ›Siebenschläfer‹ gehörten zu den Sehenswürdigkeiten.

Nach der ersten türkischen Eroberung (1090) der Stadt wurden die frommen Besuche spärlicher. Berühmtheit erlangten aber die Reisen zweier deutscher Pilger: Im Jahre 1335 kam Wilhelm von Boldensele, ein exkommunizierter Dominikaner-Mönch aus Minden in Westfalen, und 1336 oder 1341 besuchte Ludolf von Suchem (Sudheim) aus der Diözese Paderborn den altehrwürdigen Ort. Beider Erfahrungsberichte wurden im Westen populär; Palästina-Pilger benutzten sie als Reiseführer.

Der moderne Ephesos-Tourismus setzte im 17. Jh. ein. Beeinflusst und geschult durch die Renaissance, zog es die Reisenden der frühen Neuzeit nun weniger zu den christlichen Stätten als zu den Ruinen der alten Stadt. Es entstanden erste Ephesos-Pläne und -Ansichten. Wie beschwerlich das Reisen damals war, lässt sich in den Berichten dieser Pioniere mit Händen greifen. In der versumpften Hafenbucht brüteten die Stechmücken, und Graf Forbin schreibt 1817: »Die Luft ist ungesund, und die Einwohner sind kränklich und bleich. Ein Ağa, nicht weniger elend ausschauend als seine Untertanen, siecht wie sie am Fieber dahin.« Der Engländer Cockerell wiederum fand 1811, untergebracht in einem schäbigen Kaffeehaus, keine Nachtruhe »wegen der Flöhe drinnen und der heulenden Schakale draußen«.

Wer heute mit dem Kleinbus zu den Ruinen fährt, mag es kaum glauben, aber noch vor 70 Jahren galt ein Ephesos-Besuch als ein Abenteuer. Die Stätte, schreibt H.V. Morton 1936, bietet »keine Spur von Leben außer einem Schafhirten, der an einem geborstenen Sarkophag lehnt, oder einem Bauern, der sich gegen die Tristesse eines Sonnenuntergangs abzeichnet.« Um so höher ist der Mut jener ersten Forscher einzuschätzen, die sich in Ayasoluk, dem heutigen Selçuk, einquartierten. Als der Entdecker des Artemis-Tempels, der Engländer J.T. Wood, im Jahre 1863 hier eintraf, fand er gerade 20 Einwohner in erbärmlichen Hütten vor. Elf Jahre lang setzte er, von Mücken und Flöhen ebenso wie von osmanischen Bürokraten gepeinigt, seine »Discoveries at Ephesus« unermüdlich fort. Er war der einsame Vorläufer der österreichischen Ausgrabungen, die 1896 aufgenommen wurden und Ephesos seither in die wohl anziehendste antike Stätte Westkleinasiens verwandelten.

sprünglich quaderverkleideten Ziegelpfeilern vorbei geht es oberhalb versumpften Terrains durch einen marmorgeschmückten Thermensaal und ein geborstenes Tor, ehe nach etwa 200 m die **Arkadiane** erreicht ist.

Diese gut 500 m lange und 11 m breite säulengesäumte Prachtstraße, die ihren Namen nach Arcadius, einem römischen ›Kinderkaiser‹ an der Wende vom 4. zum 5. Jh. trägt, sollte zwischen Hafen und Stadtzentrum vermitteln (s. Abb. S. 134). Der Aufwand – 50 Laternen beleuchteten nachts den von Säulengängen begleiteten Pflasterweg – erscheint bizarr, denn um diese Zeit war die Hafenbucht schon kaum mehr als ein Schlammbecken.

Mit schönem Stadtblick schlendert man über das Pflaster des spätantiken Boulevards und passiert eine Prunksäule des längst zerstörten **Hafentors** wie auch die Mündung des offiziellen Anwegs (von links her). Gleich darauf geht es am **Theater-Gymnasium** mit großem Innenhof vorbei, einem der vielen kaiserzeitlichen Gymnasien von Ephesos, direkt auf das **Große Theater** zu.

Hier machte der Silberschmied Demetrios, der durch die Mission des Paulus Einbußen beim Handel mit den Artemis-Devotionalien befürchtete, Stimmung gegen den Apostel. Groß sei die Artemis der Ephesier – und christliche Propaganda unerwünscht. Erbaut im 3. Jh. v. Chr., wurde der Zuschauerraum im 1. und 2. Jh. n. Chr. auf ein Fassungsvermögen von mehr als 25 000 Plätzen erweitert. In der obersten Steinbankreihe saß man mit

In den Hafenthermen von Ephesos

Panoramablick 30 m über der Orchestra, und auch heute noch hat man hier den besten Blick über das freigelegte Stadtgelände. Von der reich gegliederten, einst dreigeschossigen Fassade des Bühnenhauses sind nur Reste geblieben. Am **Brunnenhaus** vor der äußeren Theaterfront konnten die Passanten ihren Durst stillen.

Über die so genannte **Marmorstraße** führt unser Weg nun auf ca. 200 m an der **Agora** zur Rechten vorbei. Sie entstand in hellenistischer Zeit, wurde aber unter Kaiser Caracalla (reg. 211–217) stark renoviert. Auf dem quadratischen Platz mit 110 m Seitenlänge, den einst Säulenhallen umgaben, trieben die alten Ephesier Handel. Staatsangelegenheiten wurden dagegen auf der oberen Agora besprochen.

Zugang zur Handelsagora bot u. a. das eindrucksvolle **Tor des Mazaeus und Mithridates,** das kurz vor der Zeitenwende mit dem Geld dieser beiden freigelassenen Sklaven (des Agrippa) errichtet wurde (s. Abb. S. 142). Architektonisch entsprach ihm ein **monumentales Tor** gegenüber, das von der österreichischen archäologischen Mission rekonstruiert worden ist. Offenbar war es dem Hadrianstor in Athen nachempfunden und sollte wie jenes in ein vom Kaiser gestiftetes neues Stadtviertel geleiten.

Zwischen den beiden Toren erhebt sich in zwei Geschossen die berühmte **Celsus-Bibliothek.** Sie markiert das Stadtzentrum und ist seit ihrem Wiederaufbau die Hauptsehenswürdigkeit von Ephesos. Celsus, dessen Namen die Bibliothek trägt, war 105–107 n. Chr. römischer Statthalter der *Provin-*

Sehenswürdigkeiten

1 ›Tor der Verfolgung‹
2 Johannes-Basilika
3 Aquädukt
4 Archäologisches Museum

Übernachten

5 Motel Tusan
6 Akay
7 Pınar
8 Barim
9 Homeros

cia Asia. Sein Sohn und weitere Erben ehrten den Verstorbenen durch den prächtigen, schmuckreichen Bau, der 135 n. Chr. vollendet wurde und in einem hohen Innensaal Tausende von Pergamentrollen barg. Von der Ehrenhaftigkeit des großen Verstorbenen kündet plastisch der Statuenschmuck der Prunkfassade: Von rechts nach links erinnern weibliche Verkörperungen der Bildung, der Rechtschaffenheit, der Tugend und der Weisheit an Celsus' Vorzüge.

Nun schätzten die Alten nicht nur die Tugend, sondern auch die Untugend. Mit behaglichem Schmunzeln bezeichnen die örtlichen Fremdenführer gegenüber der Celsus-Bibliothek unscheinbare, aber zimmerreiche Ruinen als die des ›**Bordells**‹ von Ephesos. Sehr zweifelhaft, dass sie recht haben, auch wenn als ›Beweis‹ gern eine kleine Ritzzeichnung auf der Marmorstraße, ca. 100 m entfernt, angeführt wird, die ein Frauenporträt und einen Fuß zeigt und angeblich zum Besuch des Freudenhauses animieren sollte. Vielmehr haben wir wohl die Ruinen eines der reich ausgestatteten römischen Privathäuser vor uns, wie sie die Hänge von Pion und Koressos besetzten.

Auf der rechten Seite der aufsteigenden **Kuretenstraße,** die ihren heute gebräuchlichen Namen (in der Antike hieß sie *Embolos)* nach den Priestern, den ›Kureten‹ trägt, welche das heilige Feuer im Prytanaion an der Staatsagora hüteten (s. S.144), kann

Die Celsus-Bibliothek; rechts das Tor zur Agora

man neben einem **Brunnenbecken** mit byzantinischen Kreuzzeichen noch die Grundmauern eines oktogonalen **Heroons** sehen, errichtet für ein römisches Mädchen aus reicher Familie.

Auf der linken Straßenseite folgt, durch eine Hanggasse vom ›Bordell‹ getrennt, der **Hadrian-Tempel.** Der Bau entstand zu Ehren jenes römischen Kaisers, der im Zuge seiner Orientpolitik Ephesos besonders förderte (und 123 n. Chr. höchstselbst hier weilte), und war vielleicht die städtische Antwort auf die kaiserliche Stiftung des Tores am Platz vor der Celsus-Bibliothek. Reliefs (Abgüsse) mit Darstellung der ephesischen Gründungslegende und einer vieldeutigen ›Rankengöttin‹ schmücken das kleine, aber ansehnliche Heiligtum. Neben dem Tempel der Aufgang zu den **Scholastikia-Thermen,** die in ihrer jetzigen Gestalt aus dem 4. Jh. n. Chr. stammen. Die Sitzstatue der Stifterin, einer reichen Christin jenes Namens, befindet sich noch am Ort. Bevor christliche Sittenstrenge zu walten begann, mag sich übrigens *hier* das Freudenhaus von Ephesos befunden haben. Ein Inschriftenfund lässt diese Deutung jedenfalls zu.

Gegenüber dem Hadrian-Tempel zeugen die sogenannten **Hanghäuser** von der hohen Lebenskultur im Zentrum der Stadt. In diesen Villen ließen es sich die reputierlichen Bürger von Ephesos gut gehen. Allerdings: Nicht überall in der Stadt hat man so luxuriös gewohnt wie hier, wo es fließendes Wasser gab und wo schweres Geld für marmorne Böden, Wandgemälde und Mosaiken zur Verfügung stand. Leider ist die Besichtigung des unter

Schutzdächern liegenden Komplexes nur ausnahmsweise möglich.

Nun wieder auf die linke Seite der Kuretenstraße. Die Reste des **Trajan-Brunnens,** erbaut zwischen 102 und 114 n. Chr., lassen das ursprüngliche Bild nicht mehr erkennen. Einst umschloss hier eine zweigeschossige Säulenstellung ein Becken, über dem das Kolossalbild des Kaisers stand. Unter Trajans Füßen floss Wasser in das Bassin, aus dem Passanten es schöpften – und natürlich jene Ephesier, die anders als die Bewohner der Hanghäuser nicht an das öffentliche Wassernetz angeschlossen waren. In Nischen standen beiderseits des alles überragenden Kaiserbilds je sechs Statuen.

Ca. 200 m von der Celsus-Bibliothek entfernt verengt sich die Kuretenstraße seit dem 4. Jh. n. Chr.; Stufen markieren ihr Ende, und es lohnt sich, hier noch einmal zurückzuschauen auf die Celsus-Bibliothek als optischen Abschluss der Straße.

Bald nach der Engstelle mit einem **Tor,** das die Straße einst mit drei Bögen überwölbte, gabelt sich der Weg. Links das **Hydreion,** ein Straßenbrunnen, dessen Statuenschmuck seit Beginn des 4. Jh. n. Chr. entsprechend dem neuen Herrschaftsmodell nun die Tetrarchen Diokletian, Maximian, Galerius und Constantius Chlorus künstlerisch in jener Einheit versammelte, die politisch erstrebt wurde.

Das grabmalartige **Memnius-Denkmal** neben dem Brunnen ehrt einen Enkel des römischen Politikers Sulla, unter dessen Befehl römische Soldaten 84 v. Chr. das aufständische Ephesos heimsuchten. Wenn das Monument den Zerstörer Sulla in einer Inschrift ›heilbringend‹ nennt, so zeigt dies, wie sehr die Stadt nach ihrer antirömischen Phase (s. S. 25) nun um Wohlverhalten bemüht war.

Nach rechts schwenkend passiert man über antikes Pflaster am Saum der Staatsagora den **Pollio-Bau** mit massivem Sockel und den **Pollio-Brunnen.** Jener C. Sextilius Pollio war ein Mäzen der Stadt. Er finanzierte Ephesos im 1. Jh. n. Chr. eine Wasserleitung, die an diesem Brunnen endete.

Schräg gegenüber dem Brunnen erhob sich einst auf einer Terrasse ein monumentaler **Domitian-Tempel.** Es war bekannt, dass der Kaiser (reg. 81–96 n. Chr.) in Ephesos ein Heiligtum besaß, aber erst als man aus den Gewölben des Baus den unverkennbaren Kolossalkopf der Kaiserstatue barg, war erwiesen, wem der Tempel gewidmet war. Denn Domitian, der notorische Christenfeind, sollte der Vergessenheit anheimfallen, und so nennt auch keine Inschrift am Ort seinen verhassten Namen. In den Unterbauten des Kaisertempels hat man heute ein **Inschriftendepot** eingerichtet. Von der Pracht der niedergerissenen Tempelfassade künden zwei Säulenstellungen mit Skulpturen der ägyptischen Isis und des phrygischen Gottes Attis.

Man geht nun zurück zur Straßengabel und erreicht durch das **Herkules-Tor,** so benannt nach den Darstellungen des Halbgotts auf den Reliefpfeilern, über eine Rampe die Höhe der **Staatsagora.** Dieser Platz mit einer Fläche von 160 x 58 m, in dessen Zentrum sich ein Tempel unbekannter Zueignung erhob, war auf drei Seiten von Langhallen umgeben. Hier wurden keine Fische und keine Sklaven gehandelt, sondern nach antiker Manier im Dahinschreiten die Staatsangelegenheiten erörtert.

Auf der Nordseite des ›Staatsmarkts‹ versammelte sich im **Prytaneion** der Magistrat der autonomen Stadt, im angrenzenden **Heiligtum der Hestia Boulaia** brannte das Heilige Feuer, Tag und Nacht geschürt von Kureten (Priestern) und Vestalinnen (priesterlichen Jungfrauen). Das ›Ewige Licht‹ christlicher Kirchen bietet noch heute einen Abglanz solcher antiken Tradition. Die zwei überlebensgroßen Artemis-Statuen, die heute im Archäologischen Museum von Ephesos stehen, wurden unter dem Prytaneion gefunden: Die frühen Christen der Stadt waren abergläubisch genug, sie nicht zu zertrümmern.

Das anschließende **Odeion,** ein kleines überdachtes Theater mit ca. 1400 Plätzen, stammt aus der Mitte des 2. Jh. n. Chr. und wurde vornehmlich wohl für politische Versammlungen genutzt; aber auch Musiker, Sänger und Rezitatoren mögen hier aufgetreten sein. In Stein gemeißelte Löwenpranken zieren repräsentativ die Treppenaufgänge. Gestiftet hat den Bau jener Vedius, dem Ephesos auch ein Gymnasium verdankt (s. S. 137). Das **Varius-Bad** östlich des Odeions ist das letzte Denkmal im umzäunten Ruinengelände. Einer der Thermensäle wurde angeblich von dem sophistischen Philosophen Damianus (2. Jh. n. Chr.) finanziert, dessen Gewandstatue im Museum von Selçuk steht.

Zum Marienhaus

Durch den oberen Eingang verlässt man das ›offizielle Ephesos‹. Dort warten immer einige Taxis, mit denen man zum 7 km entfernten **Marienhaus** auf dem bewaldeten Ala Dağ fahren kann. Das Marienhaus (türk.: *Meryemana* oder *Panaya Kapulu*; tgl. 9–19 Uhr, 1.50 €), in dem Maria, die Mutter Jesu, ihren Lebensabend verbracht haben soll, steht bei einer Quelle, deren Wasser christlichen Pilgern, aber auch Moslems als heilkräftig gilt.

Artemis-Tempel, İsa Bey-Moschee und Johannes-Basilika: drei Religionen in einem Blick

Vielleicht gehen die Grundmauern des kleinen, schlichten Baus tatsächlich noch auf das 1. Jh. zurück. Im 6. oder 7. Jh. byzantinischer Zeit stand hier jedenfalls eine Kapelle. Die orthodoxen Christen des Dörfchens Şirinçe (s. S. 148/149) einige Kilometer östlich von Selçuk ehrten den Platz seit je durch eine jährliche Prozession.

Der westliche Katholizismus entdeckte das Marienhaus aufgrund von Visionen der stigmatisierten westfälischen Nonne Katharina Emmerich (1774–1824), nach deren Ortsangaben Lazaristen-Mönche aus İzmir 1891 die verfallene Kapelle identifizierten. Heute ist die Stätte ein offizieller Wallfahrtsort der katholischen Kirche – und ein beliebtes Ausflugsziel (mehrere schattige Gartenlokale; auch Mittagessen möglich).

Artemision und İsa Bey-Moschee

Mit dem Taxi zurück zum oberen Ephesos-Eingang. Man geht die Asphaltstraße nun weiter abwärts und kann dabei noch einen Blick auf das monumentale **Ostgymnasium** zur Linken werfen. Auch für diese Thermen scheint Flavius Damianus, der sich beim Bau des Varius-Bads engagierte, Geld gegeben zu haben. Gegenüber, auf der rechten Straßenseite, erkennt man die Grundmauern des **Magnesischen Tors,** im späten 1. Jh. n. Chr. mit drei Bögen errichtet. Hier verließ eine

wichtige Fernstraße die Stadt; Magnesia am Mäander (s. S. 154) war ihr erstes Ziel.

Ca. 50 m südlich des Schutzzauns um das Ostgymnasium links ab auf einen Feldweg, der nach knapp einem halben Kilometer ein Asphaltsträßchen erreicht. Zuvor gewinnt man auf der ländlichen Route über den Hang zur Linken Blick auf die byzantinisch-türkische Burg von Selçuk. Danach mit dem Sträßchen nach links zum **Siebenschläfer-Bezirk,** einer alten christlichen Begräbnisstätte am Hang des Pion-Berges. Hier sollen sieben fromme Jünglinge bei der Christenverfolgung unter Kaiser Decius (reg. 249–251) lebendig in eine Grotte eingemauert worden sein. Gott ließ sie jedoch in einen zwei Jahrhunderte währenden Schlaf sinken. Als der fromme Theodosios auf dem Thron von Byzanz saß, erwachten sie aus ihrer wundersamen Ruhe als unanfechtbare christliche Zeugen für die Auferstehung des Fleisches. Um eine in den Fels bei der legendären Grotte geschlagene Kirche gruppieren sich Sarkophage und Katakomben mit byzantinischen Deckenmalereien. Die Gräberanlage ist aufgrund der Einsturzgefahr seit einigen Jahren geschlossen. Für den beschränkten Zaundurchblick entschädigen einige schlichte, aber angenehme *lokantalar.*

Nun zurück auf die Asphaltstraße und nach links, aber schon nach ca. 100 m rechts abbiegen auf einen Karrenweg, der auf den modernen, von Zypressen überragten **türkischen Friedhof** von Selçuk zuführt (Mauertreppe). Durch den Friedhof hinaus auf die Selçuk-Kuşadası-Straße und im Baumschatten der 1936 gepflanzten Eukalyptus-Allee Richtung Selçuk, bis ein Schild nach links zum Artemision weist.

Nur wenig ist vom weltberühmten **Artemis-Tempel** (9-18 Uhr; 1.50 €) geblieben, und auch dieses wenige zu bergen kostete die österreichischen Archäologen große Anstrengung. In einer zum Teil mit Grundwasser gefüllten Mulde erhebt sich heute einsam eine wieder errichtete Säule, auf der Störche nisten. Dies also ist die Stätte eines der Sieben Weltwunder der Antike. Schon der Tempel des 6. Jh. v. Chr. war mit einem Kranz von 127 jeweils 19 m hohen Säulen umgeben und ganz aus Marmor erbaut: Das Heiligtum der göttlichen Naturherrscherin Artemis stand also in einem ›Wald‹ von Säulen. Doch in einer Nacht des Jahres 356 v. Chr. ging das Heiligtum in Flammen auf. Der Brandstifter, ein gewisser Herostratos, wollte durch seine Zerstörungstat in die Geschichte eingehen. Als sich Alexander der Große 334 v. Chr. in Ephesos aufhielt, machte er dem niedergebrannten Tempel seine Aufwartung und ermutigte die Stadt zum Wiederaufbau. Ephesos nahm die Herausforderung an.

Über einer Plattform von 13 Stufen entstand in 120jähriger Bauzeit das hellenistische Artemision. Wie einst erhob sich danach in der Cella des Heiligtums die monumentale Kultstatue der Artemis Ephesia, behängt mit Stierhoden, die als Fruchtbarkeitssymbole galten. Auf einem hufeisenförmigen Altar vor dem Tempel wurden die Opfertiere geschlachtet. Ein halbes Jahrtausend später (263 n. Chr.) zerstörten die Goten das Weltwunderwerk, danach

Die Johannes-Basilika, eine der größten Kirchen byzantinischer Zeit

versanken die Fundamente in den Schlammaufschüttungen des Kaystros.

Nun zurück zur Straße und weiter auf Selçuk zu, nach ca. 250 m biegt man links in die Anton Kallinger Caddesi ab. Der Straßenname verdient Erklärung: Anton Kallinger ist jener Wiener Bauunternehmer, der die österreichische Ephesos-Archäologie über Jahrzehnte unterstützte und ihr kostenlos Baugerät zur Verfügung stellte. Seine Ingenieure waren auch an den Rekonstruktionen der Celsus-Bibliothek und der Hanghäuser beteiligt.

Nach ca. 500 m ist die **İsa Bey-Moschee** von 1375 erreicht, das bedeutendste islamische Denkmal von Selçuk. Der von hohen Mauern umfangene und von einem Minarett überragte Bau mit Säulenhof und karg-nüchterner Bethalle wird durch ein Stalaktitenportal über doppelläufiger Treppe erschlossen. Der Bautyp mit querliegendem Gebetshaus, dessen zwei Kuppeln von antiken Marmorsäulen aus den ephesischen Hafenthermen getragen werden, ist für Westanatolien ungewöhnlich, die Art des Dekors verweist eher auf syrische Traditionen. İsa Bey war der Sohn jenes Mehmet Bey, der in Birgi begraben liegt (s. S. 126).

In Selçuk

Von der İsa Bey Camii in wenigen Minuten auf einem Rampenweg durch Parkgelände hinauf zu den byzantinisch-türkischen Bauten auf dem Ayasoluk-Hügel, der schon vom Artemision her schön im Blick lag. Das leider baufällige und vorsorglich eingerüstete **›Tor der Verfolgung‹** [1], errichtet mit

ŞIRINÇE

»Das Dorf hat seinen Ursprung in sieben Familien, welche nach der Eroberung von Ephesos in Sklaverei gerieten. Es gelang diesen sieben Familien, den Türken zu entfliehen und sich in die Gebirge in der Gegend von Ephesos zu retten, wo sie einen Platz suchten, an dem sie verborgen bleiben konnten. Sie wählten diesen gänzlich entlegenen Ort und ließen sich dort nieder.« So hat es im Dezember 1892 der griechische Dorfvorsteher Constandinidis im Namen der Gemeinde von Şirinçe zu Protokoll gegeben.

Legende oder Wahrheit? Aus der Antike ist bekannt, dass die Bewohner aufblühender Griechenstädte zu fragen begannen, wie denn eigentlich ihre Siedlung entstanden sei, und auf das Dunkel der Frühgeschichte mit Gründungslegenden reagierten. Häufig wurde dabei ein Mythos konstruiert: Eine Stadt wie Erythrai führte sich ›rückwirkend‹ auf einen Gründer namens Erythros zurück, in Myrina wiederum galt eine Amazonenkönigin gleichen Namens als Stadtstifterin.

Die Tradition von Şirinçe kann jedoch Glaubwürdigkeit beanspruchen. Am 24. Oktober 1304 kapitulierte das byzantinische Ephesos. Dennoch richteten die Eroberer ein Massaker unter der christlichen Bevölkerung an. Auch die Grabeskirche des hl. Johannes wurde geplündert. Wenn einige Griechenfamilien tatsächlich flüchten konnten, wäre der von Bergen umschlossene Talkessel von Şirinçe ein idealer Ort gewesen, die erste türkische Sturmperiode zu überstehen. Denn schon bald änderte sich die Einstellung der neuen Machthaber gegenüber der griechischen Bevölkerung: So groß wurde nach der Verwüstung der ägäischen Landstriche die Nahrungsnot, dass die Türken verschiedene christliche Reliquien, darunter einen Splitter vom Kreuz Jesu und eine Abschrift der Johannes-Apokalypse, im Austausch für Getreidelieferungen zurückgaben.

Als das Osmanen-Reich 1919 zusammenbrach, lebten in seinen Grenzen, vor allem entlang der Küsten des Schwarzen Meers und des Mittelmeers, noch mehr

Steinen des römischen Stadions, eröffnet das Plateau des **Zitadellenhügels** (tägl. 9–18 Uhr; 1.50 €). Der Name des Tors entspringt der Fehlinterpretation eines der früher hier verbauten Reliefblöcke. Den dargestellten Tod des trojanischen Helden Hektor deutete man in byzantinischer Zeit als Bild eines christlichen Märtyrers.

Auf dem durch Terrassen erweiterten Ayasoluk-Hügel ließ der christliche Kaiser Justinian im 6. Jh. n. Chr. über dem mutmaßlichen Grab des Evangelisten Johannes eine kreuzförmige Kirche mit sechs Kuppeln errichten, 110 m lang und 30 m breit, und ihr Inneres mit Marmor verkleiden: die **Johannes-Basilika** [2], von deren Atriumhof man heute einen schönen Blick zurück auf Artemision und Ephesos-Ebene hat. Das dominante Gebäude des Hügels, die byzantinische (11. Jh.), in türkischer als eineinhalb Millionen Menschen, die sich als Griechen verstanden und sich zum orthodoxen Christentum bekannten.

Hier nun setzte die verhängnisvolle Strategie des seit 1829 unabhängigen Griechenland ein. In Athen war man von der ›Großen Idee‹ *(Megali Idea)* besessen, nach dem territorialen Leitbild des alten Byzantinischen Reichs in all jene kleinasiatischen Gebiete zu expandieren, die nach wie vor von Griechen bewohnt wurden. Schon vor Ende des Ersten Weltkriegs hatten die späteren Siegermächte Pläne entwickelt, die Kernlande des wankenden osmanischen Imperiums unter sich aufzuteilen; englische, französische und italienische Einflusszonen in Anatolien waren abgesteckt. Die nordägäische Küste, Smyrna (heute İzmir) und Ostthrakien wurden in den Verträgen von Neuilly (1919) und Sèvres (1920) Griechenland zugesprochen. Aber was Atatürk bereits viel zu weit ging, erschien in Athen, wo neue Träume von alter Größe aufkamen, als Brosamen vom Tisch der Großmächte. 1920 setzte Ministerpräsident Venizèlos, der starke Mann im Griechenland jener Tage, Truppen gegen Ankara in Marsch, um den national-türkischen Widerstand zu brechen. Der angezettelte Krieg endete im Spätsommer 1922 mit der völligen Niederlage; im Zuge der Kampfhandlungen ging zwischen dem 13. und 15. September auch halb Smyrna in Flammen auf (s. S. 111).

Über sechs Jahrhunderte hatte das Griechendorf Şirinçe sich unter der Türkenherrschaft behaupten können, zuletzt in bäuerlichem Wohlstand. Nun aber besiegelte der griechische Waffengang auf anatolischem Boden das Ende dieser alten Tradition – wie überhaupt des Griechentums in Kleinasien. Im Vertrag von Lausanne, geschlossen am 30. Januar 1923, regelten Griechenland und die inzwischen anerkannte Türkische Republik den Austausch ihrer jeweiligen Minderheiten. Mehr als 430 000 Türken aus Epiros, Makedonien und Kreta wurden nach Kleinasien ›zurückgeführt‹; zugleich begann der Exodus von mehr als 1 340 000 Griechen, knapp die Hälfte davon bislang an der Westküste ansässig. Wohin es Şirinçes griechisch-christliche Bevölkerung 1923 verschlagen haben mag? Im heutigen türkischen Şirinçe vermag dies niemand zu sagen.

Zeit verstärkte **Festung** mit mehreren Zisternen, einer kleinen Moschee (14. Jh.) und einer Kirchenruine ist weniger sehenswert.

Nun vom ›Tor der Verfolgung‹ entlang den Pfeilern des byzantinischen **Aquädukts** und einer **Zisterne,** die als Reservoir für überschüssiges Aquäduktwasser diente, abwärts ins Ortszentrum von Selçuk. Die Wasserleitung mit liebenswerten Storchennestern auf den Backsteinrümpfen zieht sich durch den Ort zum Bahnhof, parallel zu den Restaurantgassen des Städtchens, und jenseits der Gleise in die dörflich anmutenden Quartiere von Selçuk (24 000 Ew.).

Das 1964 errichtete **Archäologische Museum** 3 nahe dem Kuşadası-Abzweig von der Westküstenstraße (beim Informationsbüro), gewährt einen guten Einblick in die Geschichte der alten Stadt (tägl. 8.30–18 Uhr; 1.50 €). Die beiden ›vielbrüstigen‹ Statuen der ephesischen Artemis sind die Attraktionen. Die größere dürfte jene Artemis abbilden, die im archaischen Artemision stand, die niedere den römerzeitlichen Typus; beide sind behängt mit den Hoden geopferter Stiere dargestellt. Bildwerke wie das Sokrates-Fresko aus einem der Hanghäuser, dazu zahlreiche Statuen, die von antiken Monumenten wie dem Trajan- oder dem Pollio-Brunnen stammen, runden das museale Ensemble ab. Nicht zu vergessen der berühmte Belevi-Sarkophag im Hof (s. S. 126).

Efes Müzesi Çarşısı, schräg gegenüber dem Ephesos-Museum, Tel. 892 63 28, Fax 892 69 45. **Vorwahl:** 0232

Tusan*** 5**:** am Abzweig zum unteren Eingang von Ephesos, Tel. 892 61 90. 1970er-Jahre-Bau im Grünen, tagsüber aber viel Straßenverkehr. Eigenes Restaurant. DZ ab 35 €.
Akay** 6**:** gegenüber der İsabey; Tel. 892 31 72. Recht ruhig gelegen, bescheidener Garten. DZ 25 €.
Pınar** 7: Şahabettin Dede Cad., Tel. 892 25 61, Fax 892 30 33. Mit 40 Zimmern und Klimaanlage. DZ ab17 €.
Einfach, aber sympathisch sind die beschaulichen Pensionen auf dem Zitadellenhügel, z.B.
Barim* 8**:** Turgut Reis Sok., Tel. 892 69 27. Pension oberhalb des Museums, kleiner Garten. DZ mit Du/WC ab 16 €.
Homeros* 9**:** Açmalı Sok. 7., ca. 250 m südlich vom ›Tor der Verfolgung‹; Tel.892 39 95. Ordentlich geführte Pension, schöne Dachterrasse, jedoch nur Etagendusche/WC. DZ mit Frühstück ab 15 €.

Pamucak
Efes Beach Club***:** Pamucak Plaj, Tel. 893 14 73. Viel Beton, aber auch Komfort am sehr flach abfallenden Strand, bestens für Kleinkinder geeignet. DZ ab 40 €.
Şirinçe
Esra: Tel. 891 57 41. Eine der drei, vier ordentlich geführten Pensionen des Ortes. Die Zimmer liegen um einen Zentralhof. DZ ab 26 €
Privatzimmer ab 8 € pro Person.

In den Gassen von Selçuk zwischen Durchgangsstraße und Bahnhof zahlreiche kleine Lokale. An Sommerabenden genießt man in diesen autofreien Restaurantgassen, auch wenn kein Meeresrauschen in den Ohren klingt, mittelmeerisches Flair. Man wählt zwischen herzhaften Eintöpfen und Grillgerichten. Generell: Internationale, junge Kundschaft; entspannte Atmosphäre. Etliche Restaurants auch entlang der nördlichen Ausfallstraße; hier machen einige der Langstreckenbusse auf der Küstenstraße Halt – dann wird's schlagartig voll.

Es lohnt sich, die 8 oder 9 km von Selçuk nach **Çamlık** (s. auch S. 153) zu fahren und sich im Handarbeitszentrum **Sultanköy** (Teppiche, Töpferei, Goldschmiedearbeiten) oder auch im Lederverkaufszentrum **Naturel** umzusehen. Qualitätvolle, freilich nicht ganz billige Ware.

Nahe dem **Pamucak-Strand** ist mit dem **Fantasy Aquapark** das größte Spaßbad der Türkei entstanden, ausgelegt für 5000 Besucher.

Bus: Von der zentral gelegenen Busstation in Selçuk beste Verbindungen nach İzmir, Denizli und Muğla. **Minibusse** viertelstündlich nach Kuşadası und zum Pamucak-Strand (Fantasy

Aquapark), etwa stündlich nach Belevi, Şirinçe und zum unteren Ephesos-Eingang, etwa stündlich nach Tire. Im Sommer auch zu den Badeorten der Çeşme-Halbinsel (Özdere etc.; für Klaros und Notion steigt man in Ahmetbeylı İskelesi aus).
Vom Bahnhof 3 x tägl. **Zugverbindung** nach Aydın und Denizli, 6 x tägl. nach Izmir (mit Zwischenstation Adnan Menderes-Flughafen; sehr langsam, aber ein Erlebnis!).
Vorsicht bei Taxibenutzung! Nepp gehört zum Taxi-Alltag von Selçuk.

Kuşadası

Atlas: S. 136, C 4
Die Mittelstadt (32 000 Ew.) war bis ins 13. Jh. ein bedeutungsloser Fleck Erde. Erst als der Hafen von Ephesos, 19 km weiter nördlich, endgültig zur Schlammlagune wurde (s. S. 136), in die nicht einmal flache Schuten mehr einfahren konnten, gewann *Scala Nova* (›Neuer Hafen‹), wie Kuşadası zunächst hieß, an Bedeutung, und zwar unter den Genuesen, die um diese Zeit (ca. 1300) als Seehandelsmacht auch am Talausgang des ›Kleinen Mäander‹ eine Faktorei benötigten. Von dem, was die Italiener im 14. Jh. bauten, sind an einigen Stellen der Altstadt, so entlang der Menekşe Sokağı. noch Passagen der **Stadtmauer** zu erkennen. Auch die mit dem Festland durch eine Dammstraße verbundene Insel Güvercinada (›Taubeninsel‹) besitzt eine kleine **genuesische Festung** mit 8 m hohem Turm, den die Osmanen ab dem frühen 16. Jh. als Arsenal benutzten (und baulich veränderten).

Die Küstenlinie von Kuşadası, im Hintergrund die Taubeninsel

Aus der Taubeninsel wurde dann die ›Vogelinsel‹, wie das türkische Wort *kuş adası* zu übersetzen ist. Um 1610/20 entstand als Zollstelle und Seefeste gegen die Übergriffe der Italiener und der Malteserritter jene osmanische **Karawanserei** (Öküz Mehmetpaşa Han; benannt nach einem türkischen Großadmiral), die nun ein Luxushotel beherbergt. Im 19. Jh. lebten etwa 8000 Menschen in der Hafenstadt, darunter viele Griechen und Armenier. Damals florierte Kuşadası als Ausfuhrhafen (Getreide, Baumwolle) zur Insel Samos; nach Ägypten wurden Rosinen exportiert. Den Niedergang der Stadt besiegelte der griechisch-türkische Krieg im frühen 20. Jh.

Um 1965 war Kuşadası noch ein stilles Fischerstädtchen. Doch seither entstand Hotel um Hotel, und jeden Sommer machen neue Leuchtreklamen auf neue Unterkünfte aufmerksam. Ein großer Jachthafen unterstreicht den angestrebten Status der Stadt als ›ägäische Metropole‹. Doch auch Kuşadası besitzt noch Volksstadtteile mit Atmosphäre und osmanischen Erkerhäusern, gerade im Bereich des altummauerten Genuesenzentrums auf dem Stadthügel (z. B. in der Anıt Sok.). Dort, wo die Tourismusindustrie vorherrscht, wird es freilich öde in der Buntheit. Offen gesagt, hat der Ort, anders als etwa Bodrum, wenig Charakter, und, anders als etwa Marmaris, mangelt es ihm an bemerkenswerter Landschaftsszenerie. Wer zwangsweisen Hautkontakt nicht scheut, bricht zu den Stränden im Süden (Kadınlar, Yavansu) auf, wo Luxushotels ihre hochgewachsenen Baukörper zeigen. Ansonsten heißt die ›Fluchtlinie‹: Kultur. Ephesos ist nahe, Pamukkale nicht allzu fern, und eine Tagestour nach Milet, Priene und Didyma, aber auch nach Klaros und Notion vielleicht ergiebiger als der Kauf einer Lederjacke im Basar von Kuşadası.

Liman Caddesi, Hafen, Tel. 614 11 03, Fax 614 62 95, www. kusadasi guide.com; **Vorwahl:** 0256

Kismet** :** Akyarır Mevkii, ca. 2 km vom Zentrum, Tel. 618 12 90, Fax 618 12 95. Klassiker in hübscher Lage auf einer felsigen Landzunge nördlich vom Jachthafen. Aircondition, Pool. Empfehlung! DZ 90 €.

Club Caravansérail* :** Atatürk Bulv. 1 (direkt am Hafen im Mehmetpaşa Han), Tel. 614 41 15, Fax 614 24 23. Das Haus bietet die Tradition einer befestigten Karawanserei des 17. Jh. und trotz eines etwas lärmigen Innenhofs genug Luxus, um türkische Prominenz anzuziehen. DZ ab 80 €.

Atinç :** Atatürk Bulvarı, Tel. 614 76 08. Mittelklassehaus mit kleinem Pool und Dachterrasse. DZ 35–40 €.

Stella :** Bezirgan Sok. 44 im Altstadtviertel (Hacı Feyzullah Mahallesi) über dem Hafen, Tel. 614 16 32. Angenehmes Hotel mit Dachterrasse und Pool. DZ 38 €.

Selam :** Atatürk Bulvarı, gegenüber dem Jachthafen, Tel. 614 11 87. Mittelklassehaus. DZ im Bungalow um 35 €.

Hasgül Pansiyon :** Bezirgan Sok. 53, gleich neben dem Stella, Tel. 614 36 41. DZ 24 €.

İmbat** :** Kadınlar Plaj, Tel. 614 20 00, Fax 614 49 60. Traditionsreiches Luxushotel, mit Meerwasser-Pool, Tauchschule und sehr vielen Sportangeboten. DZ/HP 100 €.

Kazım Usta (Tel. 614 12 26) und **Ali Baba** am Hafen, beider Spezialität sind Fisch und Meeresfrüchte, beide nicht billig; Reservierung ratsam! Abendessen zu zweit mit 1 Flasche Wein um 40–45 €. **Tipp**: Versuchen Sie es mal in den kleinen Restaurants am Altstadthang über der Karawanserei.

Das Nachtleben konzentriert sich in der ›**Pub Lane**‹ (Barlar Caddesi) im Basarviertel (nördlich der Barbaros Cad., der Fußgängerzone bei der Hauptpost): Dort reiht sich eine Kneipe an die nächste, wobei englische und irische Namen dominieren. Die bekannteste Disco ist der **Temple Club** nahe dem Jachthafen, wohin auch die İzmir-Schickeria anreist. Beliebt auch die **Güvercinada Disco** auf der Taubeninsel. Die Luxushotels am Kadınlar-Strand besitzen eigene, meist teure Discos.

Von der **Busstation** am Südrand der Stadt in der Saison alle halbe Stunde ein Bus nach İzmir; sehr gute Minibusverbindung mit Selçuk/Ephesos, Davutlar, Güzelcamlı (dem letzten Dorf vor dem Samsun Dağı-Nationalpark), Aydın und Söke.
In der Saison tägl. ein **Ausflugsboot** zur griechischen Insel Samos (Abfahrt 9 Uhr).

Die Umgebung von Kuşadası

Ein Ausflug lohnt zu dem inmitten von Kiefernwäldern gelegene Dörfchen **Çamlık** an der Westküstenstraße (12 km von Kuşadası), das ein kleines, aber sehenswertes **Eisenbahnmuseum** besitzt. Es erinnert an die erste Schienenstrecke der asiatischen Türkei, die zwischen 1856 und 1866 von der englischen Ottoman Railway Company erbaut wurde und von İzmir nach Aydın führte. Çamlık liegt in der Mitte dieser Strecke. Zu sehen sind etwa 20 Dampflokomotiven, darunter auch einige der legendären Bagdadbahn. Im Ort auch gute Einkaufmöglichkeiten (s. S. 150).

Ein weiteres schönes Ausflugsziel ist der 1966 gegründete **Nationalpark** auf der Dilek-Halbinsel im Süden, wo das Samsun Dağı-Gebirge bis 1237 m aufsteigt. Nur 1,7 km trennen das Dilek-Kap von der griechischen Insel Samos. Man fährt an über die Dörfer Davutlar und Güzelçamlı (hier einige kleine Pensionen, z. B. *Park* und *Gül*); bald danach der offizielle Eingang zum Nationalpark (8–20 Uhr; 1 €), der mehrere schöne Strände bietet (am Wochenenden meist aber überfüllt) – der längste heißt Kalamaki.

Zum Kamm des Samsun Dağı

Die Tour (Vor- und Nachsaison; im Hochsommer zu heiß) durch die kurz vor Kalamaki links abzweigende Schlucht (*Kanyon*) führt durch ein der mediterranen Natur zurückgegebenes Stück Türkei hinauf zum Kamm des Samsun Dağı (knapp 3 Std.). Vom 1000 m hohen Kamm bietet sich durch Waldschneisen ein unvergleichlicher Tiefblick hinunter auf das Mäander-Delta mit seinen Lagunen. Mit ein wenig Glück lassen sich während des Aufstiegs Rudel verwilderter Pferde beobachten.

Zwischen Ortaklar, wo die Straße durch das Mäander-Tal nach Pamukkale abzweigt (s. S. 167 f.), und Söke liegt das antike **Magnesia am Mäander** am Fuß des Durmuş Dağı (1016 m). In der Stadt wurde Polykrates, der Tyrann von Samos, ermordet, später lebte der Athener Themistokles hier im Exil. Von Norden kommend, nimmt man im Westen den Zug der byzantinischen Stadtmauer, dann im Osten die wuchtigen Reste römischer Kasernen wahr (gegenüber Parkplatz und kleines Restaurant). Nur wenige Dutzend Meter entfernt haben sich die Kapitelle und Grundmauern eines der bedeutendsten Tempel Kleinasiens im ionischen Stil erhalten, erbaut Ende des 3. Jh. v. Chr. und der Göttin Artemis geweiht. Auf den beiden Karrenwegen, die westwärts über den Tempel hinausführen, erreicht man das Gymnasium der antiken Stadt (unterer Weg) bzw. ein Ende der 80er Jahre freigelegtes Theater römischer Zeit (oberer Weg).

Die betriebsame Marktstadt **Söke** (60 000 Ew.) ist das Handelszentrum für die Dörfer des unteren Mäander-Tals und gilt als ›Stadt der Baumwollkönige‹. Mittwoch ist Markttag; dann schauen sich auch Touristen aus Kuşadası das bunte Treiben an. Verkehrsgünstig zu den drei großen antiken Stätten im Südwesten – Priene, Milet, Didyma – gelegen, verfügt Söke leider über nur ein akzeptables Hotel.

Haymanalı: nahe der Busstation von Söke. DZ um 24 €.

Minibusse von Söke halbstündlich nach Güllübahçe/Priene, im Stundentakt nach Altınkum/Didyma und Balat/Milet. Gute **Busverbindung** auch nach Kuşadası, Selçuk, Aydın und Milas sowie zum Dilek-Nationalpark am Samsun Dağı. Die Busstation liegt am östlichen Stadtrand.

Priene

Atlas: S. 238, B 1

Ein erstes Priene, dessen Philosophenregime Platon rühmte, von dem aber keine Gebäudespur geblieben ist, lag im 6. Jh. v. Chr. als Hafenstadt dort, wo sich heute die Fluren der Mäander-Ebene ausbreiten. Als der Latmische Golf durch die Schlammfrachten des Großen Mäander verlandete und nur der Bafa Gölü (s. S. 172 f.) zurückblieb, entstand um 350 v. Chr. ein zweites Priene auf einem ca. 150 m hohen Plateau am Bergfuß des mehr als 1200 m aufragenden Samsun Dağı. Die Ruinen der Neugründung zeigen bis in die Wohnarchitektur hinein hohen Anspruch. Nach der Manier des milesischen Baumeisters Hippodamos fällte ein rechtwinkliger Schnitt die Wohnquartiere aus. Sechs Ost-West-Straßen und 15 kürzere Nord-Süd-Gassen (zumeist Treppengassen) gliederten das abschüssige, in Terrassen gestaffelte Bauplateau. Unregelmäßig verläuft in dieser Stadt nur die **Stadtmauer,** die sich fortsetzt auf der **Akropolis,** 200 m hoch über dem Siedlungsplateau.

Prienes weiteres Schicksal in Stichworten: 227 v. Chr. von den keltischen Galatern geplündert, seit 190 v. Chr. unter pergamenischer, seit 129 v. Chr. unter römischer Oberhoheit. Nach ei-

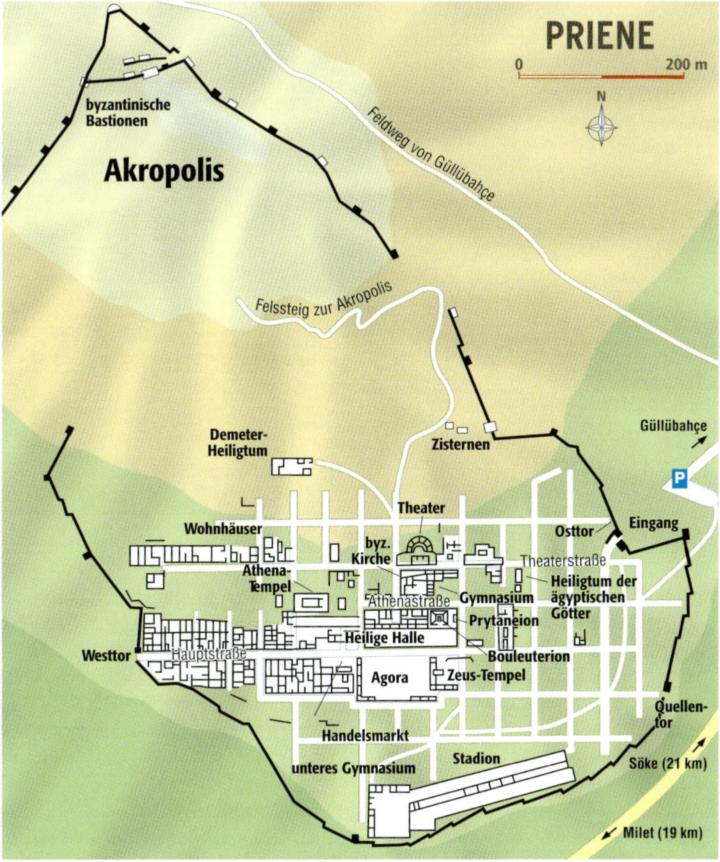

ner letzten Blüte unter Kaiser Augustus verfiel die Siedlung mit der zunehmenden Verlandung des Golfes. Das byzantinische Landstädtchen suchte sich noch einmal durch neue Mauerzüge zu schützen – die Akropolis trägt mächtige Bastionen – , erlag aber Ende des 11. Jh. dem Türkeneinfall.

Die antike Stätte liegt südöstlich des Dörfchens Güllübahçe. Am Ende der Stichstraße, die vom südlichen Dorfplatz, vorbei am Haus des deutschen Ausgräbers Theodor Wiegand, hinauf zu den Ruinen führt (Parkplatz, Kassenkiosk in einem antiken Gewölbe, tägl. 8.30–19 Uhr; 1 €), tritt man in die

Athena-Heiligtum und Burgberg von Priene

Ruinenstadt ein. Das **Osttor** lag ursprünglich etwas weiter nördlich.

Der neue Eingang führt auf eine Treppenstraße und mit ihr hinauf zum Zentralbereich der Stadt. Vorbei am sehr zerstörten **Heiligtum der ägyptischen Götter** erreicht man über die ›Theaterstraße‹ das **Theater** aus dem 3. Jh. v. Chr. Die einst 50 Sitzreihen des Auditoriums waren nach griechischer Art an den Hang gelegt und boten etwa 5000 Personen Platz. Über die Zuschauerränge spannten sich Sonnensegel. In den fünf Marmorsesseln rings um die mit gestampfter Erde bedeckte Orchestra fanden die Honoratioren komfortablen Sitz. Interesse verdient die Wasseruhr im Südwesteck der Orchestra; sie regelte die Zeitdauer von politischen Ansprachen, denn das Theater von Priene wurde auch für Volksversammlungen genutzt. Ein zweistöckiges, fast 6 m hohes Bühnenhaus schloss die Anlage nach Süden ab. Dahinter erstreckt sich die Ruine einer **byzantinischen Kirche**, in der die Bischöfe von Priene die Messe zelebrierten.

Vom Nordwestrand des oberen Theaterrangs führt ein mit Farbmarken bezeichneter Pfad zum frühhellenistischen **Demeter-Heiligtum,** wo auch Persephone, die Herrin der Unterwelt und Tochter der Erdmutter Demeter, verehrt wurde. Das Blut der Opfertiere rann in eine viereckige Steingrube.

Zurück zum Theater und nach rechts zum weithin sichtbaren **Athena-Tempel,** der auf einer etwas erhöhten Kuppe über allen anderen Stadtbereichen steht. Die Athena war Prienes Stadtgöttin, und im 4. Jh. v. Chr. entwarf Pytheos, Architekt des Mausoleions von Halikarnassos (s. S. 183 f.), den Prachtbau, der zwischen 350 und 330 v. Chr. u. a. mit Spenden Alexanders der Große entstand. Das Heiligtum ist mit einem Ringkranz von 6 x 11 Säulen ausgestattet und gab der ionischen Tempelordnung ihre ›klassische‹ Gestalt. In die Cella gelangte man durch eine 8 m hohe Tür. Vor dem Tempel stand ein Prunkaltar.

Westwärts schließen sich die **Wohnstraßen** von Priene an. Wer Zeit hat, sollte einen Gang durch diesen wenig besuchten Teil der Stadt unternehmen. Vor allem auf der rechten Seite der so genannten ›Theaterstraße‹ hinter dem Athena-Tempel fallen die Fundamente großzügiger Stadthäuser auf.

Die einst zweischiffige, 116 m lange **Heilige Halle** (Mitte des 2. Jh. v. Chr.) im Südosten des Tempels war mit mehreren Stufen über die ›Westtorstraße‹ und die anschließende **Agora** erhöht, einen Staatsmarkt von 75 x 35 m, auf dem einst Statuen verdienter Bürger präsentiert wurden. Für den Lebensmittelverkauf war neben dem Platz, an der zum Westtor führenden Straße, ein kleinerer **Handelsmarkt** reserviert. An der Agora lag auch ein **Zeus-Tempel,** der aber durch die Überbauung mit einem **byzantinischen Kastell** (spätes 11. Jh.) sehr gelitten hat.

Besser erhalten hat sich dagegen das politisch-administrative Zentrum des Ortes mit Bouleuterion und Prytaneion, erbaut im 2. Jh. v. Chr. Auf den Sitzbänken der Ratshalle, des **Bouleuterions,** nahmen die 500 Stadtverordneten von Priene Platz. Die übliche Halbkreisform dieses Baus, wie man sie etwa in Milet oder Troja findet, ist in Priene durch ein Raumgeviert ersetzt. Im **Prytaneion,** das wie ein gewöhnliches Wohnhaus mit Innenhof aussah, residierte der Magistrat, dessen Mitglieder (die Prytanen) im Turnus von 35 Tagen wechselten. Von hier aus wurde die Stadt verwaltet.

Wenig besucht wird ein Baukomplex ganz im Süden der Stadt, nur noch 30 m über der Mäander-Ebene nahe der Stadtmauer gelegen und bestehend aus Gymnasium und Stadion. Während das Obere Gymnasium im Vorfeld des Theaters nahezu ganz zerstört ist, haben sich vom **Unteren Gymnasium,** das um 130 v. Chr. entstand, die Waschräume mit ihren Trögen unter löwenköpfigen Wasserspeiern sowie zahlreiche Kritzeleien der jungen Schüler erhalten. Mehr als 700 Epheben haben sich in Graffiti namentlich verewigt. Im **Stadion,** das aufgrund des abschüssigen Geländes nur auf der Nordseite Sitzreihen für die Zuschauer bot, erkennt man noch die Linie der antiken Startanlage für die Wettläufer.

Şelale Restaurant: rechts von der Auffahrt zu den Ruinen. Hier sitzt man nach der Besichtigung angenehm im Baumschatten. Ein kleiner Wasserfall (türk: *şelale)*, der aus Prienes Quelle gespeist wird, mündet hier in einen Forellenteich, Spezialität des Şelale sind folgerichtig die Forellen.

Etwa alle 30 Min. **Kleinbusverbindung** von und nach Söke.

Milet

Atlas: S. 238, B 2
Öffnungszeiten: tgl. 9–18.30; 1 €.
Von Güllübahçe/Priene nach Milet sind es 19 km. Die Straße zieht sich quer durch die baumlose Mäander-Ebene, in der Hunderte von Störchen staksen. Der einzige Hügel in dieser flachen Ödnis ist identisch mit dem antiken Eiland Lade, bei dem die ionischen Griechen 494 v. Chr. eine entscheidende Seeniederlage gegen die Perser erlitten. Die Verlandung der Bucht rückte die Insel ins Binnenland.

Auch das alte Milet, eine der bedeutendsten Griechenstädte, erhob sich einst auf einer Landzunge über den Wassern des Latmischen Golfes. Das Schicksal von Priene vollzog sich an Milet mit historischer Verzögerung, aber doch unausweichlich: Aus der Hafenstadt, deren stolze Schiffe Mittelmeer und Schwarzes Meer befuhren und dort an die 80 Kolonien gründeten, wurde eine Landstadt, denn der Mäander schob immer neue Schlammfrachten vor die Küste; schließlich breitete sich vor der Stadt ein brackiger Sumpf aus. Ähnlich bietet sich auch das heutige Landschaftsbild dar. Die Bauern des Streuweilers Balat kämpfen mit der Versalzung des Bodens, und die Ruinen des alten Milet versinken jeden Winter aufs neue im Hochwasser der Ebene. Noch im Frühsommer kann man manchen Teil der antiken Stätte nicht trockenen Fußes erreichen, und vieles, was hundert Jahre deutsche Ausgrabung zutage förderten, ist mittlerweile wieder im Mäander-Schlamm versunken.

Die Stadt war das ökonomische und kulturelle Zentrum der östlichen Ägäis. Erfindungsreich überwand das ionische Milet die wirtschaftliche Beschränkung des direkten Warenaustauschs: Offenbar wurden im Handelsverkehr zwischen dem lydischen Hinterland und der ostgriechischen Ägäis auf den Märkten von Sardis und Milet im 8. oder 7. Jh. v. Chr. erstmals geprägte Münzen als Zahlungsmittel eingesetzt. Zugleich entfaltete sich in der Stadt die griechische Wissenschaft; Thales, Anaximander und Anaximenes umstanden ihre Wiege. Von der Naturspekulation zu exakter Beobachtung und zu überprüfbarer Hypothese führte Milets kulturgeschichtlich kaum zu überschätzender Weg. Der große Thales konnte schon die Sonnenfinsternis am 28. Mai 585 v. Chr. vorausberechnen. Später brachte die Stadt den Architekten Hippodamos hervor – und prägte über ihn bis heute die Form städtischer Architektur. Nach 494 v. Chr. – der Ionische Aufstand war gescheitert und Milet von den Persern gebrandschatzt worden – entwarf Hippodamos auf dem Reißbrett eine neue Planstadt; fortan wohnten die etwa 100 000 Milesier nicht mehr in ›naturwüchsigen‹ Winkelgassen, sondern in rechtwinklig sich schneidenden Straßenzügen.

Die Römerzeit war eine große Bauzeit – zuletzt im Zeichen des Christentums, das Milet 51. n. Chr. mit der Mission des Apostels Paulus erreichte. Dagegen erscheint die byzantinische Zeit als eine Ära des Rückzugs der Stadt auf das engere Feld um den Theaterhügel, das seit dem 8. Jh. durch das

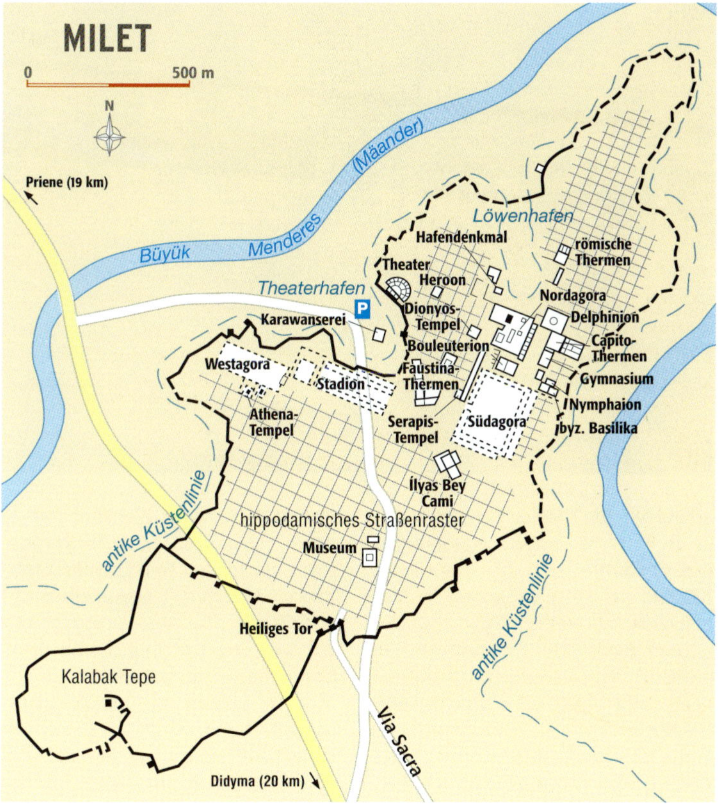

Kastell Palatia bekrönt wurde; und die Jahrhunderte nach dem Türkensturm als die eines schlichten kleinstädtisch-dörflichen Lebens. Immerhin benutzten die Menteşe-Emire (s. u.) Balat, wie der Ort nun hieß (die verschliffene Wortform von Palatia) als Hafen, und noch im 15. Jh. entstanden beachtliche Bauten wie die İlyas Bey Cami.

Das **Theater,** das man als erste Sehenswürdigkeit erreicht, bietet von der Höhe des oberen Rangs zugleich einen Überblick über die gesamte Ruinenstätte. Es entstand im 4. Jh. v. Chr., durchlief verschiedene Baustufen und hatte in seiner römischen Gestalt vom Anfang des 2. Jh. n. Chr. auf drei Rängen Platz für annähernd 15 000 Zuschauer, deren Sitzbänken gegenüber sich zuletzt ein 40 m breiter und 20 m hoher, in drei ›Geschosse‹ gestaffelter und reich geschmückter Bühnenbau

erhob. Auf den Theaterhügel setzte Milet im 8. Jh., als arabische Flotten die Ägäis bedrohten, das schon erwähnte **Kastell,** das im 11. Jh. gegen die Türken nochmals verstärkt wurde.

Dem Blick vom Theaterhügel erschließen sich Grund und Boden des alten Milet als eine abweisende Schwemmlandschaft, durchsetzt mit Tümpeln; dazwischen Ruinen. Beim Abstieg vom östlichen Gewölbegang des Theaters nach Südosten lässt man die Gruft eines überwölbten **Heroons** mit fünf Bestattungsstollen zurück – eine sehenswerte hellenistische Anlage.

In den **Faustina-Thermen,** benannt nach der Gattin des römischen Kaisers Marc Aurel (reg. 161–180 n. Chr.), reiht sich, ca. 300 m vom Theaterhügel, zwischen wuchtigen Umfassungsmauern das für die Römerzeit übliche Ensemble der Baderäume. Mal heiß, mal warm, mal lau, mal kalt. Das Marmorkleid der massigen Ziegelmauern ist dahin, nur am Schwimmbecken des Kaltbads zeugen eine Löwenskulptur und ein Bild des Flussgotts Mäander von vergangener Ausstattungspracht; auf dem alten Sporthof des Faustina-Bades weiden derweil die Schafe.

Unser nächstes Ziel, die **İlyas Bey-Moschee,** liegt ca. 200 m südlich der Faustina-Thermen. Auf der roten Ziegelkuppel nistet fast jedes Jahr ein Storchenpaar (s. Abb. S. 31). İlyas Bey war ein Emir der Menteşe-Dynastie, die von 1280 bis 1428 nahe Milas residierte (s. S. 179). In seinem Hafen Balat/Milet ließ der Herrscher 1404 aus dem Marmor des antiken Milet die Moschee, daneben eine Koranschule und eine Bibliothek erbauen. Das Minarett fiel dem Erdbeben von 1955 zum Opfer. Prachtvoll reliefiert sind die Eingangsseite und die Mihrab-Wand der Moschee.

Blick über den versunkenen Nordmarkt auf die ionische Stoa von Milet

Zurück bei den Faustina-Thermen, biegt man nach halbrechts (östlich) ab, wo sich die Marktplätze von Milet ausbreiten. Zuvor gelangt man zu einem römischen **Heroon** und zur **Kirche des Erzengels Michael.** Die dreischiffige Emporenbasilika wurde um 600 n. Chr. über den Fundamenten eines frühhellenistischen **Dionysos-Tempels** erbaut. An die Nordseite der Kirche schließen (mit Schutzdach) die Räumlichkeiten eines **Bischofspalastes** an, geschmückt mit Mosaiken spätantiker Tradition (u. a. Jagdszenen).

Diesseits des Nordmarkts verdient das **Bouleuterion** von Milet Beachtung, gegliedert in einen dreiseitig von Hallen umgebenen Hof und den eigentlichen Ratssal, auf dessen gut erhaltenen 18 Stufenreihen 1200 Bürger Platz fanden. Verhandelt wurden hier die politischen und administrativen Probleme des städtischen Alltags. Einer Inschrift zufolge entstand der Bau zwischen 175 und 163 v. Chr.

Die jenseits des Nordmarkts wiedererrichteten Säulenstellungen einer **ionischen Stoa** gehörten zum Hallenrahmen der versunkenen und von Wasser überspülten Platzanlage (ca. 90 x 43 m). Östlich schließen an den Nordmarkt die wuchtigen römerzeitlichen Ruinen der **Capito-Thermen** an. Daneben erstrecken sich die Grundmauern eines hellenistischen **Gymnasiums** und eines **Nymphaions.**

Gleich angrenzend an das Nymphaion eröffnete ein Prachttor den bis heute unausgegrabenen **Südmarkt,** mit ca. 127 x 161 m die größte Platzanlage von Milet. Über der planen Fläche liegt jetzt Ackerkrume. Das Tor, ca. 29 m breit und 17 m hoch, ist mit seinen Säulenvorbauten unter einem gesprengten Giebel eine typische Schöpfung der späten Kaiserzeit, genau gesagt: des Jahres 165 n. Chr. Durch die deutschen Archäologen abgetragen, verbindet es seit 1930 im Berliner Pergamon-Museum zwei Ausstellungsräume.

Vom Bouleuterion führt der Weg nach Nordosten zum Nordhafen, in den die Handelsschiffe einliefen. Die tiefe, U-förmige Bucht ist längst verlandet. Vom **Großen Hafenmonument** am Südende der Bucht sind immerhin der Unterbau und der Sockel mit einem sehenswerten Tritonen-Fries erhalten; unzugänglich stehen sie in einem Tümpel. Auch die **Löwenskulpturen,** die am Hafen jedem einfahrenden Schiff die

Macht der Stadt demonstrierten, sind im Schwemmwasser versunken. Ein moderner Damm sichert den Ausgang des alten Nordhafens; auf seiner Höhe gelangt man trocken und bequem zurück zum Theater.

Im kleinen **Museum** (9–18.30 Uhr; 1 €) nahe der Straße Richtung Didyma/Altınkum sind Architekturteile und Inschriftensteine aus den Ruinen, hellenistische Gewandstatuen und römische Sarkophage zu sehen, dazu eine repräsentative Sammlung von Keramiken.

Didyma

Atlas: S. 238, B 2

Eine **Heilige Straße** zog sich von Milet nach Süden. Sie begann am Delphinion, einem Apollon geweihten Heiligtum, querte den Südmarkt und verließ die antike Weltstadt durch ein Prachttor. Ziel des Prozessionswegs war der Apollon-Tempel von Didyma, eines der berühmtesten Orakelheiligtümer der antiken Welt. Mehr als 16 km lagen vor den frommen Milesiern, die unterwegs immer wieder Hymnen auf die Gottheit anstimmten. Unter Kaiser Trajan wurde die Trasse aufwändig gepflastert, wie man ca. 150 m nördlich des Tempels, nahe der **Hisar Camii,** einer zur Moschee umgewidmeten byzantinischen Kirche im Dorf Yenihisar, noch sehen kann. Badeanlagen dienten der rituellen Reinigung vor dem Tempelbesuch.

Wer heute von Milet aus Didyma besucht, benutzt den Wagen und hat es einfacher. Bis zum Dorf Akköy sind es 6 km, nach weiteren 14 km ist Didim, wie die Türken Didyma nennen, erreicht; noch einmal 5 km, und man ist am Strand von **Altınkum,** einem – im Sommer gewöhnlich überbuchten, lärmigen – Ferienort (auch als Didim Plaj bekannt).

Didyma war der Haupttempel Milets. Genau gesagt: Er sollte es werden. Schon in vor-ionischer Zeit hat man sich hier um eine heilige Quelle versammelt. Als der einheimische Kult durch die Verehrung des Apollon und seiner Zwillingsschwester Artemis überlagert wurde, umbauten die Ionier den heiligen Grund, auf dem sich nun neben der Quelle, der man prophetische Kraft zuschrieb, ein Lorbeerbaum (oder -hain) als Wahrzeichen des Apollon erhob. Seit dem 7. Jh. v. Chr. war diesem Hof eine Säulenhalle vorgelagert. Im 6. Jh. entstand dann ein erster Tempel, dessen Pracht sich mit dem des Artemis-Tempels von Ephesos (s. S. 146) messen konnte.

Berühmt waren die Orakel von Didyma. Den Branchiden genannten Priestern, die vom Wasser der heiligen Quelle tranken, war durch Apollons Kraft – so der Glaube – die Gabe der Weissagung verliehen. Von weither suchte man hier Rat. Ein ägyptischer Pharao weihte dem Tempel eine Rüstung, der lydische König Kroisos (s. S. 121) stiftete, obwohl er als Eroberer kam, Goldgeschenke, und selbst die in Kleinasien siegreichen Perser respektierten das Heiligtum zunächst. Erst nach dem Ionischen Aufstand erfasste die Strafaktion gegen Milet auch das Heiligtum südlich der Stadt: Der erste Tempel von Didyma wurde zerstört, die hochverehrte, etwa lebensgroße Kultstatue des Apollon (in Bronze darge-

Der nie vollendete Apollon-Tempel von Didyma

stellt als Jäger mit einem Hirschen) entführt, und die priesterlichen Branchiden verschlug es unter persischem Befehl nach Zentralasien. Aber auch danach wurde in Didyma weiter orakelt, z. B. vom Sieg Alexanders über die Perser.

In der zweiten Hälfte des 4. Jh. v. Chr. beschloss Milet, ein neues Didymaion zu errichten. Teilweise folgte es den Linien des älteren Tempels, doch waren ungleich ehrgeizigere Dimensionen vorgesehen: 51 x 109 m sollte das Tempelgeviert messen, für dessen Realisierung man bald reiche Sponsoren gewann. Aber wieviel Gold die Seleukiden und Ptolemäer, später die römischen Kaiser Caligula und Hadrian auch spendeten, es war nie genug, den kolossalen Tempel zu vollenden. Ein letztes Mal versuchte es Kaiser Julian Apostata (reg. 361–363 n. Chr.); ihm, dem Christenfeind, galt der angestrebte Abschluss des Baus als Zeichen für die bevorstehende Wiederkehr der alten Götter. Vergebliche Hoffnung!

Zu abgelegen war der Tempelplatz, zu fern das Meer – das türkische Mittelalter legte keine Hand an die Steine von Didyma. So behielten die meisten Quader ihren Platz, und auch einige herrliche Stücke des großformatigen figürlichen Bauschmucks – berühmt ein Medusenhaupt (s. S. 1) – blieben erhalten. Die mächtigen Säulen freilich, fast 20 m hoch und 2 m im Durchmesser, stürzten bis auf drei unter den Erschütterungen der in der Mäander-Region so häufigen Erdbeben zu Boden.

Ursprünglich war der **Apollon-Tempel** von Didyma (tgl. 9–19 Uhr; 1.50 €) durch zwei Doppelreihen zu je 21 Säulen an den Langseiten und zwei Doppelreihen zu je 10 Säulen an den Schmalseiten umkränzt. Die Säulen *in antis* hinzugerechnet, ergibt sich ein ›Wald‹ von 120 Säulen, die sich mit ihren ionischen Kapitellen über einer vielstufigen Plattform erhoben.

Es ist kein Zufall, dass die Freitreppe auf der Ostseite des Tempels, eigentlich der Hauptzugang, nicht ins Innere, nicht in den hochheiligen Tempelhof, führt, sondern vor einer Schranke endet, von der aus den Wartenden die im Zeichen Apollons ergangenen Weissagungen zugerufen wurden. Dem gewöhnlichen Sterblichen stand das Orakelzentrum nicht offen, nur Priestern und Eingeweihten. Sie gelangten durch zwei überwölbte Rampen in den Hof. Von dort erschloss eine rückläufige Treppenanlage die ›Erscheinungstür‹ über jener Schwelle oder Schranke. Zwei Wendeltreppen sollten auf eine – nie vollendete – Dachterrasse führen.

Der heilige Hof (ca. 22 x 54 m) war nicht überdacht. Seine Wände ragten ca. 25 m hoch auf und waren durch Pilaster mit figürlichen Kapitellen gegliedert. Nach Westen hin erhob sich als Allerheiligstes ein 11 m hohes Tempelchen. Nur die Fundamente zeichnen sich noch ab. In diesem Naiskos war das erwähnte Kultbild des Apollon aufgestellt, das nach seiner Entführung durch die Perser (494 v. Chr.) zwar noch einmal nach Didyma zurückkam (um 300 v. Chr.), in frühbyzantinischer Zeit aber verloren ging. Auch von der heiligen Quelle und vom Lorbeerhain sind keine Spuren geblieben.

Die Stufen auf der Südwestseite des Tempels dienten als Sitze, wenn alle vier Jahre zu Ehren des Apollon Festspiele in Didyma stattfanden. Dann maßen sich vor diesem provisorischen **Stadion,** auf freilich sehr verkürzter Strecke, die Wettläufer.

Vorwahl: 0256.

Orakçı Tesisleri*:** direkt vor Didim rechts abzweigen, Tel. 825 64 65. Gepflegtes Mittelklassehaus, ruhig in einer Mandarinenplantage gelegen. DZ/HP 50 €.
Medusa House:** einfache Pension beim Tempel, Tel. 811 00 63. DZ um 25 €.
Oracle*: ebenfalls beim Tempel, Tel. 813 15 85. Pension mit Blick auf die Stätte. DZ um 25 €.
Am überlaufenen Feinstrand von **Altınkum** (›Goldsand‹), 5 km südlich, diverse Mittelklassehotels, die meisten fest in britischer Hand. Am Westende des Hauptstrandes finden sich, zurückgesetzt von der Seepromenade, halbwegs ruhig und grün gelegene Hotels der unteren Mittelklasse.

Zahlreiche Restaurants und Bars im ›Stadtzentrum‹ von Altınkum an der Meerfront; die beste Qualität bieten die Restaurants zwischen Haupt- und Oststrand, etwa das **Eden Summer Garden.** Überzeugend bei Fisch und Service ist auch das **Kamici 2** oberhalb des Hafenanlegers. Etwa deutsche Preise.

Großes Angebot. Junges, enthusiastisches Publikum z.B. im **Xclub** und der **Didim Disco,** beide an der Hafenpromenade.

Etwa im Stundentakt **Kleinbusse** von Söke nach Didim; während der Saison direkte Busverbindung mit İzmir. Im Sommer täglich um 9 Uhr ein **Boot** von Altınkum nach Torba auf der Bodrum-Halbinsel.

IM TAL DES GROSSEN MÄANDER

Von den vier großen Flusstälern, die von der Ägäis hinauf nach Zentralanatolien führen, ist das Tal des Großen Mäander das wichtigste. Träge und lehmreich windet sich der gelbbraune Fluss dahin. Wohlhabende Städte wie Aydın, Nazilli und Denizli säumen die Randberge mit ihren Plantagen. Der Reichtum am Saum des Mäander ließ schon vor zweitausend Jahren stolze Städte wie Aphrodisias und Hierapolis aufblühen, deren Theater und Thermen sich in seltener Schönheit erhalten haben.

Die Tour ins Landesinnere nach Denizli beginnt in Ortaklar, 19 km südlich von Selçuk; von Süden her kann mandorthin über Muğla anfahren. Der Ausflug wird von vielen örtlichen Reiseagenturen angeboten, lässt sich aber auch individuell mit dem Mietwagen oder einem Taxi unternehmen.

Nyssa

Atlas: S. 239, D 1
Eine erste Zwischenstation sollte man zwischen den beiden begüterten Marktstädten Aydın (ca. 125 000 Ew.; das antike *Tralles)* und Nazilli (ca. 81 000 Ew.; das antike *Mastaura)* bei den Ruinen von Nyssa (tägl. 9–18 Uhr; 1 €) einlegen, einer Stadt, die im 3. Jh. v. Chr. gegründet wurde. Knapp 3 km nördlich der Kleinstadt Sultanhisar (ca. 33 km östlich von Aydın) erreicht man das gut erhaltene **römische Theater.** Bei der Freilegung des Bühnenhauses entdeckte man einen Sockelfries, der einen Festzug zu Ehren des Dionysos zeigt, Schutzherr nicht nur der Vegetation, sondern auch des Theaters. *Nyssa ad Maeandrum* war, wie der berühmte Historiker und Geograph Strabon, der hier studierte, es formuliert hat, »eine gleichsam zweigeteilte Stadt«. Östlich vom Theater geht man über einen ca. 100 m langen **Tunnel,** der im 2. Jh. v. Chr. angelegt wurde, um den die Siedlung durchschneidenden Bach mit einer Platzanlage zu überbauen. Jenseits der Schlucht ist das **Bouleuterion** am Saum der **Agora** besonders bemerkenswert.

Aphrodisias

Atlas: S. 239, E 1
Ca. 16 km östlich von Nazilli geht es über das Örtchen Karacasu südwärts

Das Tetrapylon (Propylon) von Aphrodisias

nach Aphrodisias, einer besonders eindrucksvollen Ruinenstadt im Tal des Dandalaz Çayı (tgl. 9–18.30 Uhr; 2 €). Die Stadt, benannt nach der Göttin Aphrodite, stand in enger, mythologisch begründeter Beziehung zum Julisch-claudischen Kaiserhaus (das seine Wurzeln über den Trojaner Aeneas auf die griechische Liebesgöttin zurückführte) und hatte ihre Blüte in der Kaiserzeit als ein Wallfahrts- und Festspielort. So war es nur folgerichtig, dass der Stadt in christlicher Zeit, als hier ein Bischof residierte, der beziehungsreiche Name genommen wurde: Fortan, bis zum Untergang im Türkensturm, hieß sie *Stauropolis* (›Stadt des Kreuzes‹).

Am Saum des großen Grabungsgeländes beim Dorf Geyre, auf ca. 600 m Höhe gelegen, überrascht zunächst die überaus qualitätvolle Statuenkollektion des **Archäologischen Museums** (tgl. außer Mo 9–12, 13.30–17 Uhr; 2 €). Sie erinnert daran, dass die antike Stadt eine Bildhauerschule hervorgebracht hat, deren begehrte Werke bis nach Rom und Nordafrika exportiert wurden.

Auch das **Tetrapylon,** das Tor des großen Aphrodite-Heiligtums, das man als ersten Bau auf dem Gelände erreicht, zeigt den üppigen Schmuck der Kaiserzeit. Unter Kaiser Hadrian errichtet, konnte das Tor von amerikanischen Archäologen aus den Fundstücken fast vollständig rekonstruiert werden. Der **Aphrodite-Tempel** (1. Jh. v. Chr.), der in christlicher Zeit zur Kirche umgewidmet wurde, ist leider nicht zugänglich. Hoch ragen seine Säulen.

Ein Seitenweg nach rechts führt zum **Stadion** (1. Jh. n. Chr.), das als besterhaltenes der antiken Welt gilt. Bis zu 30 000 Menschen konnten auf den

Sitzbänken miterleben, wie die Athleten über die Stadiondistanz (um 190 m) dem Siegerlorbeer zueilten. Von der Hochlinie des Stadions ist übrigens der Zug der im Norden besonders gut erhaltenen, einst 3,5 km langen **Stadtmauer** zu erkennen.

Zurück im Stadtzentrum, erreicht man hinter dem Tempel den **Bischofspalast** und das **Odeion** mit seinen gut erhaltenen Marmorbänken (2. Jh. n. Chr.) und geradeaus – jenseits der Agora – die **Hadrian-Thermen** (2. Jh. n. Chr.). Dieser riesige Bau blickte nach Osten auf ein langes, von Säulenhallen umgebenes Wasserbecken. Auf der anderen Seite schloss die Anlage mit einem monumentalen Tor ab.

Von der Höhe des Hügels, an den sich das späthellenistische **Theater** lehnt, hat man einen guten Überblick über die Stadtstruktur. Südlich der Orchestra die **Theaterthermen,** weiter südwestlich eine byzantinische **Martyrion-Kirche.** Von oben sind auch die Kolonnaden des **Sebasteions** zu erkennen, einer Prunkstraße zu Ehren der Kaiser, die zur Agora führte.

Mit eigenem Wagen (keine Busse/Kleinbusse) fährt man nun am besten weiter südöstlich zur Kleinstadt **Tavas** und danach über die ausgebaute Straße 330 Richtung Denizli bzw. Pamukkale. Die Strecke (ca. 85 km) ist kürzer als die Fahrt über die Mäander-Straße und zieht über eine einsame, reizvolle Hochebene (Tavas Ovası) und den Kazikbelı-Pass (1250 m).

Aphrodisias:** Geyre. Bescheidenes, aber ordentlich geführtes Hotel, abends wird es hier ganz still.

Von Nazilli (s. S. 165) **Minibusse** nach Karacasu (von dort per **Taxi** weiter), zuweilen auch direkt nach Geyre.

Pamukkale und Hierapolis

Atlas: S. 239, F 1

Die weißen Terrassen von Pamukkale gelten als eines der größten Naturwunder der Türkei. Der Rand des Mäander-Grabens markiert eine geologische Bruchzone. Die Thermalquellen mit einer ›Badewassertemperatur‹ von ca. 35° C, die hier entspringen, haben sich beim Durchsickern des Kalkgesteins mit mineralischen Stoffen angereichert. Beim Abkühlen an der Erdoberfläche erstarren die Mineralienfrachten zu Travertin. Nirgendwo am Mäander hat sich dieser Vorgang eindrucksvoller vollzogen als bei der antiken Stadt Hierapolis. Die Quellen liegen hier ca. 90 m über dem Talboden und haben über zwei Kilometer weiße Sinterterrassen mit Becken und Abbrüchen hervorgebracht, deren märchenhaftem Anblick eine märchenhafte Bezeichnung entspricht: im Türkischen bedeutet der Ortsname ›Baumwollschloss‹.

Dieses faszinierende Naturphänomen war lange Zeit *das* touristische Ziel im türkischen Binnenland; Tag für Tag wateten Hunderte von Besuchern durch die Wasserbecken am Travertin-Hang. Über dem Hang entstanden Hotels, und das Dorf unterhalb wurde zu einem quirligen Urlaubsörtchen, wie man es sonst nur an der Küste findet. Doch hinterließ der Massenandrang Spuren, und die Terrassen wurden seit

Die baumwollweißen Sinterterrassen von Pamukkale hoch über den Feldern des Mäander-Tals

Mitte der 90er Jahre immer unansehnlicher, weil zuviel Wasser von den Hotels abgezapft wurde. Schließlich entschied man sich für eine radikale Lösung: Die Terrassen sind seit 1998 komplett gesperrt, die Hotels auf dem Hang wurden abgerissen (s. auch S. 21). Damit ging leider auch viel Flair verloren, und das Dorf leidet stark unter dem Ausbleiben der Gäste, die entweder gar nicht mehr oder nur mit Ausflugsbussen kommen und dann in den teuren Hotels von Karahayıt untergebracht werden. Auch das berühmte Pamukkale-Festival am ersten Juni-Wochenende findet nicht mehr statt.

So stehen die riesigen Parkplätze am Südtor und am Nordtor (dem Haupteingang) meist leer. Vom Nordtor kommt man zur **Nekropole** der antiken Stadt Hierapolis, dem wohl schönsten antiken Friedhof des westlichen Kleinasien. Die moderne Straße folgt der historischen, vorbei an den **Nordthermen** und dem dreibogigen **Frontinus-Tor** (1. Jh. n. Chr.); es folgt das **Nordtor** der byzantinischen Stadtmauer.

Andere Sehenswürdigkeiten der antiken Stadt, die 190 v. Chr. von Pergamon her begründet wurde und in römischer Zeit für ihre Textilindustrie berühmt war, liegen auf dem Plateau oder – wie das **Martyrion des hl. Philippos** (5. Jh. n. Chr.) – hoch am Osthang darüber. Der Diakon Philippos (nicht der Apostel!) soll in Hierapolis, wo sich früh eine Christengemeinde herausbildete, als Märtyrer gestorben sein – an seinem Grab entstand eine Wallfahrtskirche.

In jedem Fall sollte man das **Theater** von Hierapolis sehen, das im 2. Jh. n. Chr. reich mit Marmor ausgeschmückt wurde: Man beachte die reliefierte Sockelzone des Bühnenpodestes, die vermutlich von Bildhauern aus der Schule von Aphrodisias gestaltet wurde (s. S. 166). Zahlreiche Plastiken aus dem Theater sind in den **Thermen** von Hierapolis untergebracht, genauer: im Warmbad der großen Anlage, das als **Museum** dient (tägl. außer Mo 9–12, 13.30–17 Uhr; 1.50 €).

Nicht zugänglich ist auch das **Plutonium,** um das schon antike Autoren wie Strabon Legenden wanden. Etwa halbwegs zwischen Theater und Thermen hatte hier an einem unterirdisch fließenden Bach, dem giftige Dämpfe entwichen, der römische Unterweltsgott ein Orakelheiligtum. Nur die Eunuchenpriester der Kybele vermochten angeblich den Gifthauch ohne Schaden einzuatmen.

Karahayıt und Laodikeia

Atlas: S. 239, F 1

Im Thermalbad **Karahayıt,** 5 km nordwestlich von Pamukkale, sprudeln ähnliche Quellen wie in Pamukkale, die aber sehr eisenhaltig sind und die Felsen, durchaus reizvoll, mit dunkelroten Ablagerungen überziehen.

Die antike Stadt **Laodikeia** zwischen Denizli und Pamukkale, Mitte des 3. Jh. v. Chr. von den Seleukiden gegründet, wurde berühmt als eine der sieben Altgemeinden der Christenheit in Kleinasien. Auf dem weitläufigen Hügelgelände zwischen den Dörfern Eskihisar und Goncalı, über das Schäfer mit ihren Herden ziehen, entdeckt man während eines beschaulichen Rundgangs von ca. 2 Std. Dauer zwei Theater, drei Torbauten (mit vorgelagerten Nekropolen) und einen besonders sehenswerten Stadion-Gymnasium-Komplex.

Beim Thermen-Museum, Tel./Fax 272 20 77; **Vorwahl:** 0258

Pamukkale Motel*:** auf dem Travertin-Plateau, Tel. 272 20 24, Fax 272 20 26. Einziges hier erhalten gebliebenes Hotel. Berühmter ›Säulen-Pool‹ (hier darf man noch schwimmen); Garten. DZ ab 60 €.

Yörük Motel:** an der Hauptstraße im Dorf Pamukkale, Tel. u. Fax 272 20 73. Solider Mittelklassebau mit Innenhof-Pool. DZ 50 €.

Achtung: Die Hotels in Karahayıt sind häufig mit Reisegruppen oder Kurgästen belegt.

Die Fahrt mit **Ausflugsbussen** lohnt kaum; man hat zu wenig Zeit und wird stattdessen zu Teppichhändlern gekarrt. Fährt man mit dem **Leihwagen** an, hat man die Möglichkeit, bei einer Zwischenübernachtung auch Aphrodisias (und Nyssa, Laodikeia) zu besichtigen. **Öffentliche Busse** verkehren stündlich von İzmir oder Muğla nach Denizli; von dort etwa halbstündlich Kleinbusse nach Pamukkale. Von Kuşadası/Bodrum/Milas kommend, lässt man sich am Straßenrondell von Ortaklar absetzen und steigt in einen der hier durchfahrenden und auf Handzeichen stoppenden Denizli-Busse um. Nach Laodikeia am besten per **Taxi.**

Herbe Schönheit Karien

Blick über die Bucht von Bodrum mit dem Peterskastell

Kartenatlas S. 238–239

DURCH DAS ALTE KARIEN

Jenseits des Mäander breitet sich das antike Karien aus. Der Bafa-See unter dem grandiosen Gneismassiv des Latmos beeindruckt mit seinen Olivenwäldern, Eremitenklausen und Mönchsburgen. Bedeutende Ruinenstätten wie Herakleia und Labranda faszinieren durch ihren architektonischen Einklang mit der felsigen Landschaft. An der Küste florieren betriebsame Badeorte wie Marmaris und Bodrum.

Der Bafa-See

Atlas: S. 238, B/C 2
Der Binnensee Bafa Gölü (auch Çamiçi Gölü) östlich von Milet ist der letzte Rest des Latmischen Golfs. Diese Meeresbucht breitete sich einst bis zum nördlich gelegenen Priene aus. Über die Jahrhunderte war der vordere Teil des Golfs durch die Ablagerungen des Mäander immer schlammiger, immer flacher geworden; im 4. Jh. n. Chr. schnitt die Verlandung die verbliebene Wasserfläche dann endgültig vom Meer ab. Es entstand der Bafa-See, den die byzantinischen Griechen *Bastarda Thalassa* (›Unechtes Meer‹) nannten.

Die Landschaft ist im Norden von Wasserarmut und Macchia-Bewuchs gekennzeichnet, dann beginnt die Zone der Ölwälder, die entlang der türkischen Westküste so weitflächig wie am Bafa-See sonst nur noch an der ›Oliven-Riviera‹ bei Burhaniye stehen (s. S. 84). Das Ufer säumen einige einsam gelegene Restaurants und Campingplätze; die Bafa-Fische, die dort fangfrisch auf den Tisch kommen (Aal, Zander, Weißfisch, Meeräsche) gelten als Delikatesse. Landschaftlich besonders schön ist der Küstensaum bei der **Hayalet-Insel** (im Hochsommer eine Halbinsel) mit einem byzantinischen Wehrkloster. Von hier kann man sich im Fischerboot übersetzen lassen nach Herakleia (s. u.). Man sieht Falken, Reiher und Störche über dem Wasser.

Herakleia

Beim Dorf **Çamiçi** zweigt eine Straße ab, die über ca. 9 km auf die bizarre Höhenlinie des Beşparmak (›Fünf Finger‹) zuhält. In der Antike hieß dieses Gebirge – es steigt mehr als 1300 m auf – *Latmos* oder Berg von Phtheires (›Läuseberg‹). Die holprige Fahrstraße endet bei **Herakleia am Latmos,** der antiken Stadt unter den Berghöhen. Die Häuser des türkischen Weilers Kapıkırı (knapp 100 Ew.) schmiegen sich an die Ruinen, diese wiederum fügen sich in eine urtümliche Landschaft, die in riesigen abgerundeten Gneisblöcken aufsteigt. Kleinasiatische Karer siedelten in Herakleia, allerdings waren sie durch die ionische Weltstadt Milet griechisch beeinflusst. Nach Milet exportierte Herakleia den Marmor aus den Brüchen am südöstlichen Ufer. *Ioniapolis* hieß der Hafen im Süden des Sees. Die Grundmauern der kleinen Siedlung sind versunken, im Sommer, bei niedrigem Wasserstand, gibt der See jedoch das kostbare Ausfuhrgut frei: mächtige marmorne Säulentrommeln, die für den Tempel von Didyma bestimmt waren, aber bei der Verladung vor 2000 Jahren ins Wasser stürzten.

In Herakleia ist der gut erhaltene Athena-Tempel hoch über dem Dorf unübersehbar. Im späten 3. Jh. v. Chr. hat man ihn auf einem Felsrücken aus Gneis, nicht aus Marmor errichtet. Dach und Vorhalle fehlen, aber die Mauern sind in fast ursprünglicher Höhe erhalten. Die hellenistische Agora der Stadt links der Dorfstraße wurde im 20. Jh. zum Hof der Grundschule von Kapıkırı. Auf der Südseite, wo unterhalb der Marktfläche einst eine Ladenstraße verlief, lagen die Warendepots der antiken Händler. Etwas weiter oberhalb, rechts der Dorfstraße liegt das Bouleuterion. Die wenigen erhaltenen Sitzreihen wurden auf dem Hinterhof eines Bauernhauses freigelegt. Vorbei an den Resten römischer Thermen erreicht man 300 m weiter nordöstlich die Mulde – viel mehr ist nicht geblieben – des Theaters.

Auch wenn die bizarre Gneislandschaft es für das Auge nicht deutlich werden lässt, war Herakleia eine Planstadt nach hippodamischem Raster (s. S. 158). Die Straßen schnitten sich rechtwinklig, allein der Athena-Tempel und der urtümliche Endymion-Tempel nahe dem Seeufer, wo nach der Legende die Mondgöttin Selene nächtens einem schönen jungen Schäfer, eben jenem Endymion, liebevolle Aufwartung machte, entsprachen nicht dieser Ausrichtung.

Beeindruckend auch die Stadtmauern, die zu den besterhaltenen der antiken Welt gehören. Wahrscheinlich ließ Lysimachos die Wälle um 287 v. Chr. errichten, und zwar in einer Länge von 6,5 km, bewehrt mit 65 Türmen; später verkleinerte man das umwallte Terrain. Wer die Zeit hat, sollte die Mühe nicht scheuen, zu diesen starken Mauern aufzusteigen – ein Erlebnis!

Das Kastell auf der Südspitze vor Herakleia und die Klostermauern auf dem (Halb)Inselchen (s. Abb. S. 175)

Zwei Klöster

Wer nicht gleich hoch hinauf zum Stylos-Kloster will, dem sei die Wanderung zum **Yediler-Kloster** ca. 2 km nordwestlich des Weilers Bucak empfohlen (jedoch auch hier Führer notwendig). – Ein schöner Spaziergang (2–3 Std.) am Nordufer des Bafa-Sees führt zuerst zu den Hütten der Sommersiedlung von Kapıkırı (nahebei ein byzantinischer Turm), dann zu den Ruinen des **Panagia-Klosters** auf der kleineren der İkizler Adası (›Zwillingsinseln‹).

BYZANTINISCHE KLÖSTER AM LATMOS

Weshalb die Weltflucht in einem Reich, dessen Glanz und Wohlstand über viele Jahrhunderte legendär waren? Weshalb der freiwillige Rückzug in ein Leben hinter Klostermauern, in die Bergwildnis, in die Wasserarmut, in die Kälte eines Höhlenunterschlupfes? Viele Gedankenlinien mündeten in die Askese: die Tradition des weltverachtenden antiken Kynismus ebenso wie die des Stoizismus mit seinem Ideal unerschütterlicher Seelenruhe; auch lassen sich Verbindungslinien zu den eschatologischen jüdischen Sekten des Altertums kurz vor der Zeitenwende ziehen. Man denke an den Täufer Johannes, der sein härenes Gewand mit Leder gürtete und sich von wildem Honig und Heuschrecken nährte. Weltkritische Lehren jener Tage sind in der Folge auch in die Evangelien eingegangen: Besitzlosigkeit und die Absage an alle Familienbande galten nunmehr als christliche Tugenden, desgleichen geschlechtliche Enthaltsamkeit.

Bald plagten sich entschlossene Gläubige durch die strengsten Formen des Fastens, um im Gedenken an die Todesverfallenheit der leiblichen Hülle alle irdische Leidenschaft in sich abzutöten. Bis zur Mitte des 3. Jh. verblieben diese christlichen Avantgardisten jedoch in ihren Gemeinden, erst im Zuge der Christenverfolgungen zogen sie die Absonderung in die Einsamkeit vor. Zunächst in Ägypten, dann im syrischen Raum galt mönchische und besonders eremitische Lebensführung nun als eine Demonstration christlicher Glaubenstiefe.

Westkleinasiatische Zentren solcher Weltabgewandtheit waren der bithynische Olymp (das heute Uludağ genannte Gebirge über Bursa), der Sipylos bei Magnesia (dem heutigen Manisa), das Mykale-Gebirge (heute: Samsun Dağı) und nicht zuletzt der Latmos (heute: Beşparmak Dağı). Im Latmos sind insgesamt 13 Klöster namentlich überliefert: neben dem berühmtesten, dem Stylos-Kloster, u. a. das Kellibaron-Kloster (türk.: Yediler), das Soter-Agraulon-Kloster oder auch das auf einer Doppelinsel im Bafa Gölü gelegene Panagia-Kloster.

Bereits in der ersten Hälfte des 7. Jh., als der Islam die Arabische Halbinsel gewann, hatten sich erste Mönche, aus dem heutigen Jemen und vom Sinai flüchtend, am Latmos niedergelassen. In das spätere 8. und das 9. Jh. fiel die Blütezeit des Mönchtums am See; als die Sarazenen die kleinasiatischen Küstengebiete verheerten, dürfte am Latmos der charakteristische Bautypus des Wehrklosters entstanden sein.

Es war ein beschwerliches Leben, das die Mönche hier führten. »Der Grundbesitz der Klöster im Latmos war unsagbar mager, wasserarm […]. Man besaß Wald und Köhlerstätten, man verkaufte Kienholz und gelegentlich auch Bauholz, man besaß Viehweide und konnte an einzelnen Stellen Ölbäume ziehen, etwas Getreide ernten, bescheidene Weinberge anlegen. […] Es war ein Gebot der äußersten Not, dass jeder Fuß des einmal gewonnenen Besitzes mit größter Zähigkeit […] verteidigt wurde« (T. Wiegand).

Byzantinische Klosterinsel im Bafa Gölü vor Herakleia

Zu den Geboten, welche die Mönche strikt einzuhalten hatten, gehörten die Keuschheit, der Verzicht auf persönlichen Besitz und unbedingter Gehorsam dem Abt gegenüber. Jeder Novize wurde vor seinem Eintritt ins Kloster einer strengen Gewissensprüfung unterzogen. Verfehlungen der Mönche ahndete der Abt mit Disziplinarstrafen. Dazu gehörten Wachen und Hungern, langes Stehen und Kniebeugen, Tragen von schweren Ketten und Schlafen auf der nackten Erde.

Manchem unter den Brüdern am Latmos war dieses harte Leben freilich längst nicht hart genug. Den hl. Paulos etwa, Ende des 9. Jh. in Elaia bei Pergamon geboren, zog es tiefer und tiefer in die Bergwildnis, wo er zunächst die Höhle eines verstorbenen Eremiten, später einen Felsturm hoch oben im Latmos bezog, um hier in größtmöglicher Askese gottgefällig zu leben.

Noch etwa 120 Jahre über Paulos' Tod (955) hinaus haben die latmischen Klöster und Eremiten ihren frommen Lebensrhythmus wahren können, dann jedoch erreichte, bald nach dem Sieg des Seldschuken Alparslan über den byzantinischen Kaiser Romanos im Jahre 1071, die türkische Völkerwanderung erstmals den ägäischen Raum (s. S. 27 f.). Christodulos, der berühmte Abt des Stylos-Klosters, emigrierte im Jahr 1079 und gründete das Johannes-Kloster auf der Ägäis-Insel Patmos. Byzantinische Gegenschläge und die Errichtung zahlreicher Sperrforts in der Region zögerten den Untergang nochmals um 200 Jahre hinaus, bald nach 1300 aber wehten über den Städten der Westküste die grünen Banner des Propheten.

Überliefert ist, dass sich Ende des 13. Jh. beim Stylos-Kloster die letzte Handvoll Mönche zu christlichem Widerstand sammelte – und niedergemetzelt wurde. Danach lag der Latmos verlassen, bis türkische Nomaden ihre Herden hier zu weiden begannen.

stehen für die byzantinische Phase der Stadt. Für Entdeckernaturen ist Herakleia ein Paradies: In der Wildnis des Latmos warten vergessene Klöster und Eremitenklausen (s. S. 175/176).

Agora Pansiyon*: Kapıkırı, Tel. 252/543 54 45, Fax 543 55 67. Einfache Zimmer mit Gemeinschaftsdusche/-WC, kleines, angenehmes Restaurant. Die Besitzer bieten geführte Wanderungen an. DZ 30 €.
Club Natura Oliva:** Anfahrt auf Piste vom Dorf Pinarcık, vorab anrufen und Wegführung erklären oder abholen lassen, Tel. 0252/519 10 72, Fax 519 10 15. Alternativtourismus in der Bafa-See-Einsamkeit. Deutsche Leitung. DZ in bescheidenen Bungalows, mit Frühstück/Abendbüfett ab 55 €.

Am Ufer des Bafa-Sees, ob nahe der Fernstraße im Süden (hier z.B. **Göl,** angeschlossen an einen Campingplatz) oder bei Kapıkırı im Osten (hier z.B. **Kaya** und **Selene**), einige einfache Restaurants. Auf den Tisch kommt Fisch aus dem See, zuweilen auch Lamm und Zicklein – und natürlich Hühnchen.

Fernbusse etwa im Halbstundentakt von İzmir nach Milas; alle 20 Min. ein **Kleinbus** von Söke nach Milas. Ein **Taxi** nach Kapıkırı und Herakleia kann man in Çamiçi mieten (fragen Sie in den Teehäusern an der Fernstraße).

Euromos und Iasos

Atlas: S. 238, C 2
Südlich des Bafa-Sees durchschneidet die Hauptstraße den Stadtbereich des antiken **Euromos** (8.30–18.30 Uhr; 1 €). Der gut erhaltene Zeus-Tempel (ca. 250 m von der Straße) lohnt den Stopp. Von dem Anfang des 2. Jh. n. Chr. im korinthischen Stil erbauten Heiligtum stehen noch 16 Säulen aufrecht; an einigen erkennt man eingemeißelte Stiftungsplaketten. Wie auch in Didyma suchten sich wohlhabende Bürger durch die Finanzierung einer Säule ein Stück Ewigkeit zu erkaufen. Versteckter liegen nördlich vom Tempel einige Partien der Stadtmauer und unter Ölbäumen die Sitzreihen eines Theaters.

Zu der 24 km entfernten, bei dem Weiler Kıyıkışlacık gelegenen Altsiedlung **Iasos** (8.30–18.30 Uhr; 1.50 €), einer karischen Stadt, mit der schon Minoer und Mykener über das Meer Handel trieben, zweigt 2 km südlich von Euromos eine Asphaltstraße nach Westen ab. Nennenswerte Bauten der

Der Tempel von Euromos

Zwei, drei Pensionen im Dorf Kıyıkışlacık, z. B. **Zeytin**,** Tel 0252/537 80 09, und **Cengiz**,** Tel. 0252/537 71 81. Einfache, aber saubere Unterkünfte, beide etwas höher am Hang gelegen; am besten, Sie arrangieren HP. DZ jeweils um 25 €.

Wer in Kıyıkışlacık Quartier nimmt, sollte die 5 km entfernten Sandstrände von **Zeytinlikuyu** nicht versäumen (sporadische Dolmuş-Verbindung).

Bus: Nach Euromos gelangt man stündlich (oder häufiger) mit dem Söke–Milas-Bus. Nach Kıyıkışlacık (Iasos) fahren ab Milas Minibusse (3 oder 4x tgl.), ab Güllük (s. S. 180) **Bootstouren** als Tagesfahrt.

von italienischen Archäologen mustergültig ausgegrabenen Ruinenstätte auf einer Halbinsel sind das hellenistische Theater, zwei römische Mausoleen, die Agora mit angrenzendem Bouleuterion und eine basilikale Kirchenruine. Das ›Haus der Mosaiken‹, ein Bau des 2. Jh. n. Chr., bietet neben den besagten (Schwarz-Weiß-)Mosaiken auch Wandmalereien. Auf der Höhe des Akropolis-Hügels, der einst einen Zeus-Tempel trug, erhob sich im byzantinischen Mittelalter eine Burg; aus dieser Zeit stammt auch der markante Turm, der die Einfahrt in die Hafenbucht kontrollierte – nun eine beliebte Ankerbucht für Segler auf der Blauen Reise (s. S. 62). An der Küste beim Parkplatz vor der Stätte findet man einige einfache Strandrestaurants, die fangfrischen Fisch anbieten.

Milas und Umgebung

Atlas: S. 238, C 2

Mit seinen schmalen, gepflasterten Basargassen, hohen Erkerhäusern und Traditionsvierteln ist Milas (32 000 Ew.) eine Hochburg türkischer Volkskultur. Wenn am Dienstag aus den Weilern der östlichen Berge die Busse und Lastwagen zum Wochenmarkt anfahren, scheint die Welt noch in altgefügter Ordnung. Teppiche kauft man hier günstiger als in den Küstenorten.

Das türkische Milas hat antike und byzantinische Vorläufersiedlungen. Vor 2500 Jahren hieß die Stadt *Mylasa;* damals war sie die Metropole Altkariens. Die Dynastie der Hekatomniden residierte hier im 4. Jh. v. Chr. als Statthalter Persiens, bevor ihr bedeutendster

Herrscher, Mausolos (Maussollos), die Residenz nach Halikarnassos (Bodrum) verlegte. Er öffnete Karien der griechischen Kultur und verfolgte eine Expansionspolitik, die sein Reich für kurze Zeit zu einer beherrschenden Regionalmacht werden ließ. In byzantinischer Zeit Bischofssitz, wurde Milas im späten 13. Jh. Zentrum der türkischen Menteşe-Dynastie.

Hervorragendstes antikes Denkmal ist das **Gümüşkesen** (›Silberkästchen‹) genannte Grabmal am Westrand der Stadt. Der römerzeitliche Bau entspricht in der Form dem Mausoleion von Bodrum (s. S. 183 f.), ist aber erheblich kleiner. Über der Grabkammer im Sockel erheben sich zwölf korinthische Säulen; sie tragen ein pyramidenförmiges Dach mit reich profilierter Steinbalkendecke.

Weitere antike Relikte sind spärlich. Eine einsame korinthische **Säule** (*Uzun Yuva*) über Stützmauern schräg gegenüber dem Archäologischen Museum gehörte wohl zu einem Tempel des karischen Zeus, der bis heute von spätosmanischen Häusern überbaut ist. In den dörflichen Vierteln südöstlich davon, jenseits des Kanals, kann man den Bogen eines römisches **Stadttors** entdecken, das nach der karischen Doppelaxt, deren Relief im Hochstein eingeschnitten ist, *Baltalı Kapı* heißt. Ganz in der Nähe sieht man Reste eines **Aquädukts,** an das sich Bauernhäuser lehnen. Es lässt sich jenseits der Umgehungsstraße noch über lange Strecken durch die Felder verfolgen – ein schöner Spaziergang.

Was Milas über Mylasa hinaus zu bieten hat, zeigen die beiden alten Mo-

Auf dem turbulenten Wochenmarkt in Milas

scheen der Stadt: die **Firuz Bey Cami** (1397) auf der Nordwestseite der Altstadt, die zu einem bedeutenden Stiftungskomplex mit Armenküche etc. gehörte, und die **Ulu Cami** (1378) nahe dem Zeus-Tempel, die mit ihrer klobigen dreischiffigen Innenarchitektur wie die ungeschickte Nachahmung einer byzantinischen Kirche wirkt.

Nicht gerade spektakulär, aber doch informativ ist das **Archäologische Museum** von Milas (tgl. außer Mo 8–12, 13–17 Uhr, 1 €), an der Ostumfahrung der Altstadt gelegen, das mit Skulpturen und Grabungsfunden die Bedeutung der antiken Stadt unterstreicht. Auch Exponate aus Labranda, Euromos und Stratonikeia sind zu sehen.

Bedeutsam für die Geschichte der islamischen Architektur sind die Bauten von **Beçin Kale,** ca. 5 km südlich von Milas (rechts der Straße nach Ören/Keramos). Die Emire aus dem Geschlecht der Menteşe, die zwischen 1280 und 1426 im Gebiet von Milas herrschten, hatten ihre Residenz auf dem Karstplateau südlich der Stadt. Zuvor stand dort schon ein karischer Prunktempel, über dem die Menteşe – am Steilabbruch der Hochebene – eine Festung errichteten. Sie sicherte einen ausgedehnten Palastbereich, zu dem Moscheen (z. B. die Yelli Cami), eine Medrese mit Ehrengrab (Ahmed Gazi Medresesi), Karawansereien und Bäder innerhalb einer Umfassungsmauer gehörten.

Über Beçin hinaus weiter nach Süden fahrend, erreicht man das Küstendorf **Ören** am Golf von Gökova mit den Ruinen des antiken **Keramos** (47 km). In den zumeist römerzeitlichen Ruinen dieser ursprünglich altkarischen Stadt hat sich das heutige Dorf ›eingenistet‹. Man sieht Stadt- und Thermenmauern, Tempelfundamente und Sarkophage; reizvoll ist auch die noch ursprüngliche Atmosphäre. 2 km weiter am Sandstrand bietet die Siedlung **Ören Plaj** verschiedene Unterkünfte, überwiegend von türkischen Touristen frequentiert.

Zum Karstsee

Wer feste Schuhe trägt, kann von Beçin Kale auf Pfaden südwärts zu einem Karstsee, einer wassergefüllte Doline wandern – landschaftlich sehr reizvoll (hin und zurück: ca. 1 Std.).

Vorwahl: 0252.

Otel Sürücü:** Milas, Atatürk Bulvarı, Tel. 512 40 01. Provinziell, aber sauber. Im Erdgeschoss ein gutes Restaurant. DZ 20 €.

Alnata*:** Ören, am Strand, Tel. 532 28 23, Fax 532 28 22. Hotel der unteren Mittelklasse, Pool. DZ 20-25 €.
Yiltur*: Ören, am Ostende des Strandes, Tel. 532 21 08. Von der internationalen Backpacker-Gemeinde bevorzugtes, etwas heruntergekommenes Haus. Ab 8 € pro Person (ohne Frühstück).
Ferienwohnungen: Im Dorf, ca. 20 Min. vom Strand. Auskunft unter Tel. 532 26 78.

Die Busstation von Milas liegt an der Stadteinfahrt im Norden; **Minibus-**

se ins Ortszentrum. Etwa stündl. Verbindung mit İzmir und Bodrum; alle 30 Min. Minibusse nach Muğla und Söke. Der Minibus nach Beçin fährt vor dem Hotel Arıcan im Zentrum von Milas ab (beim Teegarten am Fuß des Burghügels aussteigen). Ca. 4x tgl. Minibus nach Ören.

Labranda

Atlas: S. 238, C 2

Das uralte Heiligtum von Labranda (tägl. 8–18 Uhr, 1 €), 700 m hoch in den Kiefernwäldern nördlich von Milas gelegen, war mit der Stadt durch eine gepflasterte Heilige Straße von über 12 km Länge verbunden. Spätestens seit dem 6. Jh. v. Chr. huldigte Kariens männliche Jugend dort einem Gott, der später mit Zeus gleichgesetzt und Zeus Stratios oder Zeus Labrandos genannt wurde. Den alten Namen des Gottes kennt man nicht, wohl aber sein Symbol, die Doppelaxt *(labrys)*, die auch den Schlussstein des Stadttors von Milas ziert (s. o.), durch das die Prozessionen hinauszogen nach Labranda.

Als Mausolos und sein Bruder Idrieus in Mylasa herrschten, also Mitte des 4. Jh. v. Chr., entstanden die drei Männerhäuser von Labranda. ›Andron‹ war die griechische Bezeichnung dieser Bauten, die wohl für religiöse Zeremonien und kultische Gelage genutzt wurden. In voller Mauerhöhe erhalten blieb das Andron des Idrieus. Nördlich schließt sich ihm ein Priesterhaus an, davor liegen die Fundamente des Zeus-Tempels, der von jenem Idrieus vollendet wurde. Noch manches mehr ist auf dem Terrain zu sehen: je eine Stoa des Mausolos und des Idrieus, Terrassenhäuser und ein Brunnenhaus mit drei Säulen. Der Ruinenwächter weist den Weg zu einem aus großen Blöcken errichteten Grabbau am Nordhang und schließlich auch zum einstigen Eingangsbereich: den Propyläen mit einer 12 m breiten Freitreppe. Hier endete die Heilige Straße. Auch in römischer Zeit blieb Labranda eine heilige Stätte; damals entstand u. a. ein Bad, in christlicher Zeit schließlich eine byzantinische Basilika.

14 km von Milas. Keine öffentliche Verbindung. Schlechte Straße. Von Labranda über weitere 18 km Piste durch einsame karische Hügellandschaft mit mehreren kleinen Ruinenstätten und urtümlichen Dörfern nach Karpuzlu mit dem sehenswerten Alinda und weiter ins Çine-Tal (s. S. 195 f.).

Güllük

Atlas: S. 238, C 2

Südlich von Milas folgt der Abzweig nach Bodrum (45 km). Nach 17 km, kurz hinter dem neuen Flughafen Milas-Bodrum, zweigt rechts eine Straße nach **Güllük** (5000 Ew.) ab. Noch ca. 8 km. Der Badeort ist, verglichen mit Bodrum, noch einigermaßen ruhig – auch wenn immer mehr Ferienhäuser die Küstenhänge besetzen und der Hafen durch den langen Anleger für die Mineralien- und Steinfrachter zerschnitten wird. Industriehafenatmosphäre legt sich dort auf die Ferienstimmung.

Etwa 4 km südlich liegt das antike **Bargylia** an der Ülelibük-Bucht; die

Stätte besitzt ein Theater, das allerdings vieler Sitzbänke beraubt ist, dazu Partien des Stadtwalls und die Fundamente eines Tempels. Die Sandstrände sind von Ferienkolonien und Clubhotels erschlossen.

Die Sandbuchten bei **Yalıçiftlik** im Süden, östlich von Bodrum, sind mit Luxushotels wie dem Sea Garden oder dem Club Med Palmiye besetzt. In der Nähe einige Leleger-Siedlungen (s. dazu S. 190 f.) wie **Syangela** und **Theangela,** beide nur für Wanderer erreichbar.

Güllük
Labranda Corinthia*:** Südlich über dem Ort, Tel. 522 29 11, Fax 522 20 09. Eine komfortable Anlage mit Gartenterrassen, Pool und Sportmöglichkeiten, Fitnessraum; kleine Disco. DZ ab 55 €.
Ikont:** Über dem Hafen, eigene Zufahrt, Tel. 522 28 21. Kleiner Pool, knapp 10 Min. zum Strand. DZ ab 30 €.
Passala:** im Norden des Hafens, Tel. 522 28 22. Etwas schlichter, aber ordentlich geführt und ruhig gelegen. DZ 25 €.
Billiger kommt man in sehr einfachen **Pensionen** im Stadtkern unter, z.B. **Gökçe** und **Osman.**
Yalıçiftlik
Sea Garden Resort: Tel. 368 90 10, Fax 368 90 48. Megalomane Anlage über drei Buchten. Hier wird alles geboten, vom Katamaran-Segeln bis zur veritablen Nightclub-Show, sogar ein Beauty & Health Centre und eine nachgebaute Bodrum-Gasse. Von der echten Türkei bekommt man freilich kaum etwas mit. DZ über 100 €.

Güllük hat in der Saison etwa im Stundentakt **Minibusverbindung** mit Milas, seltener mit Bodrum; vom Flughafen her kein Zubringerbus (Taxi ca. 12 €). Nach Bargylia gelangt man nur mit dem **Leihwagen** oder dem **Taxi.** Nach Yalıçiftlik (noch vor dem ›Bodrum-Pass‹ links ab) fahren nur Taxis und – selten – Hotelbusse.

Bodrum

Atlas: S. 238, B 3
Schon bei der Anfahrt fesselt das vielleicht schönste Panorama der türkischen Ägäis den Blick: eine weite Bucht, umgeben von strahlend weißen Häuserkuben, und mitten in dieser blauen Bucht mit den Masten unzähliger Segelboote das wuchtige Kastell St. Peter (s. Abb. S. 170). Mittelmeerisches Flair, wie man es sich erträumt.

Geschichte

Seit etwa 1000 v. Chr. lebten dorische Griechen neben Karern und dem Hirtenvolk der Leleger (s. S. 190 f.) im Gebiet des heutigen Bodrum. Doch erst unter dem karischen Fürsten Mausolos (reg. 377– 353 v. Chr.), der seine Residenz von *Mylasa* (Milas) hierher verlegte, wurde *Halikarnassos,* wie die Stadt damals hieß, zu einer Metropole. Mausolos stärkte die Stadt durch die Ansiedlung von lelegischen Dorfbevölkerungen, umschloss Halikarnassos mit einer mehr als 5 km langen Stadtmauer und stiftete zahlreiche öffentliche Bauten. Das gigantische Grab, in dem der Herrscher seine letzte Ruhe fand, zählte zu den Sieben Weltwundern der Antike. Das Wort Mausoleum hält das Andenken an den großen karischen König wach.

Unter der *Pax Romana* stagnierte Halikarnassos, und die byzantinische Stadt sank gar zum kümmerlichen Flecken ab. Erst der Johanniter-Orden brachte von der Insel Rhodos, wo er einen souveränen Ritterstaat begründet hatte, neuen Glanz herüber: Auf der Zephyrion genannten Halbinsel in der Bucht, wo einst die Akropolis und der Palast des Mausolos standen, errichtete er als Wehr und Wacht gegen die Osmanen das Kastell St. Peter. Doch 1523 – die Hauptstadt Rhodos war zu Weihnachten 1522 gefallen – musste sich die stolze Burg den Türken ergeben. *Petronion* (›Petersort‹) hieß das Kastell in der griechischsprachigen Ägäis; das Türkische machte Bodrum (›Keller‹) daraus.

Schon früh entwickelte sich hier der Tourismus, gefördert von dem türkischen Journalisten Cevat Şakir, der in den 20er Jahren nach Bodrum verbannt worden war und als ›Fischer von Halikarnas‹ zahlreiche Erzählungen über das einfache Leben am Ägäis-Strand verfasste. In den 50er Jahren, als Marmaris und Çeşme noch im Dornröschenschlaf lagen, ankerten plötzlich englische Jachten aus Zypern neben den Fischerbooten, strebten Bohemiens und verkannte Künstler in das Hafenstädtchen – und heute rühmt sich Bodrum mit seinen 25 000 Einwohnern, während der Saison 500 000 Gäste aus aller Welt zu beherbergen. Dabei bietet der Ort selbst kaum einladende Strände, einen Sand-Kiesel-Streifen in der Ostbucht (Kumbahçe) und die Bardakcı-Bucht im Westen, die jedoch, wie inzwischen ein Großteil der umliegenden Hänge, von Hotels ›privatisiert‹ ist. Um aber gerecht zu sein:

Sehenswürdigkeiten
1 Kastell St. Peter
2 Mausoleion
3 Antikes Theater
4 Kuppelzisterne
5 Kuppelzisterne
6 Myndos-Tor

Übernachten
7 Antique Theatre
8 Alize
9 Maya
10 Say
11 Daphne
12 Baraz
13 Arcade
14 Uslu
15 Villa Durak

Bauspekulation und Landschaftszerstörung haben Bodrum weniger mitgenommen als etwa Kuşadası, und auch wenn in der Hochsaison Gassengedränge herrscht und die Nachtschwärmer bis in die frühen Morgenstunden herumpoltern, hat das Städtchen sich Atmosphäre bewahrt.

Vom Kastell zum Theater

Man fährt gewiss nicht nach Bodrum, um alte Steine anzuschauen, aber wenn man schon einmal da ist, kann es auch nicht schaden. Einen halben Tag muss man für den historischen Rundgang veranschlagen. Am besten beginnt man gegen 13.30 Uhr mit dem **Kastell St. Peter** 1 (tgl. außer Mo 8.30–12, 13–17.30 Uhr, 4 €), das die Johanniter von 1402 bis 1520 erbauten.

Die ersten Bastionen, der Französische und der Italienische Turm, entstanden 1431, um 1440 wurde auf einem fast quadratischen Grundriss von 180 x 185 m das Mauergeviert vollendet, mitsamt dem Deutschen und dem Englischen Turm; Anfang des 16. Jh. verstärkten die Johanniter die Nordseite des Kastells mit einer vorgelagerten Bastion, in der man immer noch die grünlichen Steine des antiken Mausoleions erkennt. Letzter Bau (1519/20) war die in spätgotischen Formen gehaltene Kapelle.

Der **Rundgang** durch das Kastell ist ausgeschildert; er erschließt auch zahlreiche museale Kunstwerke zwischen mykenischer Keramik und mittelalterlichen Steinwappen. Hervorzuheben sind spektakuläre Funde der Unterwasser-Archäologie (*Uluburun Wreck*; 10–11, 14–16 Uhr, zusätzlich € 2) oder in der Kapelle der Nachbau einer römischen Galeere. In der Oberburg schließlich bildet die Ausstellung zum Grabfund einer karischen Fürstin, deren Gestalt und Antlitz von Gerichtsmedizinern rekonstruiert wurden, den Höhepunkt (10–12, 14–16 Uhr; zusätzlich € 2).

Schlendern Sie danach vom Kastell her das Halbrund des Jachthafens entlang bis zu einer Kuppelmoschee; dort rechts ab in die Hamam Sokağı. Dann auf der Turgutreis Caddesi links; nach reichlich 100 m stehen Sie vor der Pforte zum Gelände des **Mausoleion** (2, tgl. außer Mo 8.30–12, 13–17.30 Uhr, 2 €). Von dem weltberühmten Bau sind jedoch nur noch Fundamente zu sehen. Die Johanniter nutzten pietätlos das einst über 40 m hohe Grabmal als

Aufbruch mit dem Ausflugsboot

Steinbruch, um die Mauern des Kastells St. Peter gegen den erwarteten Osmanen-Angriff auszubauen. So müssen Zeichnungen darüber belehren, wie das Weltwunder ausgesehen haben könnte – ganz genau weiß man es auch nach Jahrzehnten dänischer Ausgrabungen nicht. Nur soviel ist sicher: Über einem hohen, fast quadratischen Sockel erhob sich eine Halle mit 36 ionischen Säulen, darüber eine Dachpyramide (vgl. das Gümüşkesen in Milas).

Zu sehen sind ferner Abgüsse der Friesplatten mit Szenen der Amazonenschlacht (die Originale fast alle im British Museum, London), mit denen berühmte griechische Bildhauer wie Skopas und Bryaxis das Grabmal schmückten. Dargestellt ist der Sieg des ionischen Theseus zusammen mit dem dorischen Herakles gegen die Amazonen, die ›Eingeborenen‹ Kleinasiens. Übrigens hat Mausolos das gewaltige Bauwerk noch selbst in Auftrag gegeben; vollendet wurde es unter seiner Schwester und Gattin Artemisia (man pflegte im asiatischen Hellenismus die Geschwisterehe). Die beiden überlebensgroßen Statuen des Paares geboten auf der Höhe des Grabmals über ein Viergespann von Pferden.

Auf der Turgutreis Caddesi geht man nun noch ca. 50 m stadtauswärts, um dann bei einer Moschee rechts abzubiegen in die Kelerlik Mesçit Sokağı. Diese Gasse windet sich zur nördlichen Umgehungsstraße hinauf, an der das **antike Theater** [3] liegt. Nach griechischer Art an den Hang gelehnt, dürfte es in hellenistischer Zeit entstanden sein. In zwei Rängen hatten auf 55

Bankreihen etwa 12 000 Zuschauer Platz und Sicht auf das Bühnenspektakel – aber auch auf die landschaftliche Schönheit der Bucht. Am späten Nachmittag, mit der Sonne im Rücken, ist die Aussicht besonders fotogen. In den Felsen über dem Theater öffnen sich antike Gräber.

Nun geht man entlang der Umgehungsstraße ca. 100 m nach Westen und biegt hinter dem Hotel Antique Theatre (s. u.) links ab in die Uzunkuyu Sokağı, die durch eine **Kuppelzisterne** 4 markiert ist. Absteigend passiert man eine zweite **Kuppelzisterne** 5, die noch den für die Region typischen bekrönendem Zippus besitzt und bis heute in Benutzung ist. Solche Wasserspeicher haben eine lange Tradition auf der Bodrum-Halbinsel, die keinen größeren Fluss, kaum eine Quelle und nur wenige Tiefbrunnen besitzt.

Bald ist wieder die Turgutreis Caddesi erreicht. Auf dieser Straße nach rechts am Migros-Supermarkt vorbei und in die Caferpaşa Caddesi links. Gleich der erste Weg rechts führt nun zu den Resten des **Myndos-Tors** 6, dem westlichen Ausgang der antiken Stadt. 1999 ist es aufwändig restauiert worden: Zwei Türme bildeten einen 7 m breiten Durchlass zu einem Platz, auf dem rechts und links Wachtposten in Nischen standen. Von hier kann man die antike Stadtmauer bis zur Hafenbucht verfolgen, wo sie Richtung Osmanischer Turm verlief (dieser selbst liegt in militärischem Sperrgebiet).

Barış Meydanı, vor dem Kastell, Tel. 316 10 91, Fax 316 76 94 (9–20 Uhr); **Vorwahl:** 0252

Antique Theatre*** 7: an der Umgehungsstraße beim Theater, Tel. 316 60 53, Fax 316 08 25. Kleineres, komfortables Haus etwas außerhalb, schöner Abendblick auf Bodrum. DZ ab 110 €.
Alize*** 8: Üçkuyular Cad., Tel. 316 14 01, Fax 316 83 25. Etwas lärmig; junges, internationales Publikum. DZ 40–50 €.
Maya*** 9: Gerence Sok. nahe der Hafenbucht, Tel. 316 47 41, Fax 316 47 75. Zentrumsnahes Mittelklassehotel, sehr ruhig gelegen. DZ 40 €.
Say*** 10: Alibaba Çikmazı (Seitengasse der Türkkuyusu Cad.), Tel. 316 88 74. Ruhig und dennoch zentral gelegen (wenige Min. von der Busstation). Zimmer in zweistöckigen Bauten rings um einen kleinen Pool. Junges, kosmopolitisches Publikum. DZ ab 25 €.
Daphne*** 11: in einer Sackgasse an der Atatürk Cad., Tel. 316 88 22. Preisgünstige und recht ruhige Wahl, ca. 5 Min. von der Busstation. DZ 25 €.

An der Cumhuriyet Cad

Da es an der Cumhuriyet bis tief in die Nacht laut zugeht, muss man schon selbst im Nachtrhythmus mitschwingen.
Baraz*** 12: Cumhuriyet Cad, Tel. 316 18 57. Zuletzt etwas verwohntes Hotel direkt am Meer mit jungem, meist britischem Publikum. Gute Restaurants. DZ 40 €.
Arcade** 13: Cumhuriyet Cad., Tel. 316 31 85. Einfacheres Hotel mit kleinem Pool. Junges Publikum. DZ 20–25 €.
Uslu* 14: Cumhuriyet Cad, Tel. 316 14 86. Pension mit Etagenduschen/-WC. DZ ohne Frühstück 17 €.
Villa Durak* 15: Rasathane Sok. 14 (Seitengasse der Cumhuriyet), sehr nahe am Oststrand, nur 250 m bis zur Disco Halikarnas, dennoch relativ ruhig. Die Zimmer haben nur Basis-Qualität. DZ ohne Frühstück ab 14 €.

Touristische Schlagader ist die Dr. Alim Bey Caddesi und ihre Verlängerung, die Cumhuriyet Caddesi, im Jargon auch als ›Long Street‹ bekannt. Hier reihen sich Bars, Modegeschäfte und Restaurants. Die nobelste Adresse ist das **Kortan** (Tel. 316 13 00, unbedingt reservieren), untergebracht in einem Haus des 16. oder 17. Jh. Gute türkische Traditionsküche gibt's im gemütlichen **Sohbet.** Preiswerter sind der **Baraz Kebap Salonu,** wo nach Urfa-Manier gegrillt wird, und in einer Seitengasse (Eski Adliye Sok.) das **Nur** mit internationalem Speiseangebot. An der Marina (Neyzen Tevfik Caddesi) reihen sich ebenfalls Bars und Restaurants – Empfehlung für **Captain Hiko** (relativ preiswert) und das in der Seitengasse Saray Sok. gelegene **Kocadon** (erstklassige Fischgerichte; Reservierung notwendig, Tel. 316 37 05) - bis hinunter zum neuen **Karada Shopping Center** und dem Nobelrestaurant **Escape** (teuer! Reservierung! Tel. 313 17 24) . Das **Vittoria**, zwischen Post (PTT) und Basar an der Cevat Şakir Cad., serviert in jungem, westlichen Rahmen die beste Pizza von Bodrum. Besonders preiswert (aber doch typisch und gut) wird man im **Tandım** auf dem Gelände der Busstation satt.

Bars und Nachtleben? Natürlich reichlich und sehr schrill! Die ›Hotspots‹ an der Long Street und der Marina-Meile: **M&M Dancing, Sokak Bar,** der lautstarke **Temple Club** und die von sehr jungem Publikum frequentierte Rock-Bar **BBC** sind angesagte Treffpunkte; das **Greenhouse** und **Lowry's Irish Pub** sind fest in britischer Hand. Wer es ruhiger mag, findet am Platz vor der Burg mit dem **Bodrum Mariners** ein geradezu beschauliches und auch günstiges Café. Bodrums berühmteste und teuerste Disco, das **Halikarnas** (mit Akrobatik- und Nachtclub-Shows), liegt am Ende der Cumhuriyet Cad. direkt am Meer. Motto: »Bodrum's Hot at Halikarnas«.

Bus: Etwa halbstündl. Verbindung mit Milas (ca. 1 Std.); etwa stündl. mit İzmir; seltener Richtung Muğla/Marmaris. Viele **Minibusse** zu den Badeorten ringsum, alle 15 Min. nach Gümbet.

Flughafenbus: Vom Flughafen Milas-Bodrum (Tel. 523 01 29) Servicebusse nach/von Bodrum, abgestimmt auf Ankunft/Abflug der Linienmaschinen (THY, Istanbul Airlines). Ein **Taxi** zum Flughafen kostet 25–30 €.

Schiff: In der Saison täglich Fährboote (Tel. 316 08 82; 45 Min.) und Hydrofoils (Tel. 316 10 87; 15 Min.) zur Insel Kos, sonst dreimal wöchentlich. In der Saison auch Hydrofoils nach Rhodos (ca. 90 Min.) sowie über den Hafen Gelibolu nach Marmaris (45 Min., dazu 30 Min. Busfahrt). Täglich Fährboote (mit Transport von ca. 10 Pkw, Tel. 316 08 82) nach Altınkum (ab Torba) bzw. nach Datça/Körmen (ab Anleger unterhalb der Burg) – gut für Tagestouren zum Besuch von Didyma und Knidos. **Aber:** Vor allem in Grenzverkehr nach Griechenland werden stattliche Preise erhoben, z. B. 20 € für die einfache Überfahrt nach Kos, 35 € für die einfache Rhodos-Fahrt. Ausflugsboote legen gegen 10 Uhr am Kai des İskele Meydanı und der Neyzen Tevfik Cad. zu Tagestörns in die Buchten der Halbinsel ab (mit Imbiss an Bord ca. 20 €). Gelegenheit zur Buchung einer Blauen Reise (s. S. 62).

Die Bodrum-Halbinsel

Die Halbinsel im Westen von Bodrum erinnert landschaftlich fast an eine Ägäisinsel: kahle Höhenrücken über grünen Taloasen, in denen Ölbäume und Zypressen die Akzente setzen; felsige Kaps zwischen Kieselbuchten und Strandsicheln. Kein Wunder, dass der touristische Bauboom hier tiefe Wunden hinterlassen hat. Aberdutzende von Ferienkolonien mit Abertausenden von stereotypen *lüks villalar* (›Luxusvillen‹) staffeln sich an den kargen Hängen. Und parallel dazu haben sich Weiler wie Turgutreis und Yalıkavak zu Städtchen entwickelt, Gümbet sogar zu einem der wildesten Party-Treffs am Mittelmeer, sind viele Strände zugebaut worden mit noblen Clubanlagen. Aber auch wer stilisierte Fischerdorfromantik oder Beschaulichkeit sucht, kann in Orten wie Gündoğan oder Bitez noch auf seine Kosten kommen. Bloß eines darf man nicht mehr erwarten: die traditionelle Türkei. Rund um Bodrum ist die Türkei kaum weniger modern, kaum weniger westlich als jede deutsche Stadt: Man trägt Handy (hier *cep* genannt), geht zu McDo und tanzt zu Techno…

Von Bodrum her sind Gümbet und Bitez die nächsten Strandbuchten. **Gümbet,** das von Briten und Holländern dominiert ist, hat mit seinem tur-

bulenten Nachtleben Bodrum schon fast überflügelt – hierher kommt man, um bis zum Sonnenaufgang zu feiern und um nachmittags am geharkten Sandstrand beim Wassersport vorzuturnen (oder zuzuschauen). Der Wind ist den Surfern und Paraglidern günstig. Bootstouren führen etwa zum ›Aquarium‹, einem geschützten Meerespool vor der Halbinsel, die Gümbet von Bitez trennt, oder nach **Kara Ada** (Black Island), einer kleinen Insel mit Kieselstrand, Pool, Tauchstation und Bars. Der flache, kindertaugliche Strand von **Bitez** erstreckt sich vor einer grünen Küstenebene (das eigentliche Dorf liegt landeinwärts und lohnt den Besuch). Hier genießt man noch etwas Beschaulichkeit direkt am Meer, obwohl in den letzten Jahren große Anlagen wie Bitez Han und Macumba hochgezogen wurden. Noch ruhiger ist der 2 km lange, ebenfalls flache und für Kinder geeignete Strand von **Yahşı Yalısı**, wo sich vereinzelte Anlagen (meist türkische Familienurlauber) zwischen Ölbaumhainen erstrecken. Dann folgt der schöne, noch unverbaute Kargı-Strand,

Bodrum-Halbinsel

Die Bucht von Gümbet

genannt **Camel Beach,** weil einige altersschwache Tiere die juchzenden Touristen hier kurz durchschaukeln – ein beliebtes Ausflugsziel. Mit **Bağla** beginnt dann die Ferienhauskolonisierung, die sich bis **Karaincir** und **Akyarlar** hinzieht – doch schöne Buchten für einen Strandnachmittag findet man in Akyarlar allemal, dazu etwas Erholung vom Rummel à la Gümbet.

Das Binnendorf **Ortakent** besitzt nicht nur ein gewaltiges Spaßbad mit 20 teils aufregenden Rutschen, den **Dedeman Aquapark** (teuer), sondern traditionelle Bauernarchitektur, von der sich Reste erhalten haben. Auffällig das große, leider verfallende Turmhaus des Mustafa Paşa von 1610.

Bei der Anfahrt nach **Turgutreis** (3000 Ew.; samstags Wochenmarkt), ca. 20 km von Bodrum, beeindruckt der Blick hinüber zu den griechischen Inseln, das Städtchen selbst putzt sich als Alternative zu Bodrum heraus. Eine Basarzeile, Hotels, Restaurants und eine kleine Armada von Ausflugsbooten sind längst vorhanden. Auch ein Hauch von Historie liegt über dem Urlaubsort mit seinen langen Stränden: Man munkelt, hier sei Turgut Reis geboren, jener berüchtigte Korsarenadmiral des 16. Jh., der das Mittelmeer unsicher machte und auf der Insel Malta wie auch im tunesischen Djerba unter dem Namen Dragut gefürchtet war. Die Türken feiern den Kaperkapitän als Verteidiger des Osmanischen Reichs gegen die Spanier; sogar ein Denkmal hat man ihm an der Küste im Süden seines mutmaßlichen Heimatorts errichtet.

Wandertipp

Im kühleren Frühling oder Herbst kann man von Ortakent eine schöne Wanderung hinauf zum Dorf Yaka und von dort weiter bis Yalıkavak unternehmen (ca. 3 Std.; feste Schuhe erforderlich); lassen Sie sich von den Einheimischen den Pfadansatz im Trockenflussbett des Uludere zeigen.

DIE LELEGER – EIN VERGESSENES VOLK DER ANTIKE

Homer nennt die Leleger ein tapferes Volk und lässt sie auf Seiten der Trojaner kämpfen, Herodot setzt sie mit den Karern gleich, für Philippos von Theangela wiederum sind sie Staatssklaven der Karer. Soviel immerhin ist gewiss: Die Leleger gehören zu jenen vorgriechischen Bevölkerungsgruppen, die sich im Dunklen Zeitalter Kleinasiens und Griechenlands, also etwa zwischen 1200 und 800 v. Chr., auf dem griechischen Festland, auf den Ägäischen Inseln und an der heutigen türkischen Westküste festsetzten.

Der russische Sprachforscher Scheworoschkin erklärt den eigentümlichen Volksnamen aus dem altkleinasiatischen Wort *lulahi,* was soviel wie ›Barbaren‹ bedeutet. Dieser linguistische Erklärungsansatz erschließt auch die Sonderstellung der Leleger im ostägäischen Kulturzusammenhang. ›Barbaren‹ waren sie insofern, als sie sich griechischer Kultur verweigerten, schriftlos blieben und wohl auch an ihrem alten Brauchtum festhielten. Ob die Leleger Griechenlands und die Kleinasiens als Volkseinheit zu betrachten sind oder ob sich unter der abwertenden Bezeichnung verschiedene, hier wie dort ausgegrenzte Gruppen verbergen, bleibt offen.

Die Leleger lebten zweifellos von jeher als Hirten und – in geringerem Umfang – als Bauern. Politische und militärische ›Großtaten‹ lagen dieser schlichten Landbevölkerung fern. Fortwährend in der Defensive gegenüber den Fährnissen (aber auch den Segnungen) der Zivilisation, zogen sich die Leleger von ihren älteren Wohnsitzen, die im kleinasiatischen Nordwesten gelegen haben sollen, zunächst in den dünner besiedelten Süden, im ausgehenden 8. Jh. v. Chr. dann unter dem Druck karischer Seeräuber in die Bergeinsamkeit der Bodrum-Halbinsel zurück. Ein ruhiges Leben fanden sie jedoch auch dort nicht. Die Siedlungen im Innern der Halbinsel haben durchweg den Charakter von Verteidigungsanlagen; dazu wurden auf den höchsten Hügeln (bis 700 m) Fluchtburgen – Mauerringe mit einer kleinen Zitadelle – angelegt, und jeder einzeln stehende Hirtenhof, teils Oval-, teils Rechteckbauten, aber auch Mischformen aus runden, befestigten Viehhürden und Wohnhäusern, wirkt wie eine kleine Festung.

Acht Städte gründeten die Leleger auf der Halbinsel: Termera, Side, Madnasa, Uranion, Telmissos, Syangela, Myndos und Pedasa. Das Wort ›Stadt‹ erscheint freilich jedem hochgegriffen, der einmal zu den Siedlungsruinen hinaufgestiegen ist. Der persische Satrap Mausolos zog daraus im 4. Jh. v. Chr. die Konsequenz: Er löste sechs der acht Leleger-Städte auf und verlegte ihre Bevölkerung in seine neue, griechisch konzipierte Hauptstadt: nach Halikarnassos, heute Bodrum, dazu auch nach Myndos im Westen.

Im stark gegliederten und überraschend abwechslungsreichen Inneren der Bodrum-Halbinsel haben die Leleger ein ungewöhnliches und beachtliches Erbe hinterlassen: die selten vollständige Infrastruktur eines antiken Bauern- und Hirtenvolkes, bestehend aus ummauerten Siedlungen und Pferchen, Viehhöfen, ›Hirtenburgen‹ und Grabdenkmälern. Pfade, die bis heute begangen werden, gehören zu dieser Hinterlassenschaft ebenso wie alte Wasserstellen und Schöpfbrunnen, zu denen nun türkische Hirten ihre Ziegenherden führen. Nutzbauten haben im historischen Maßstab ja stets die größte Lebensdauer. Stolze Wehranlagen werden von Eroberern geschleift, Paläste und Tempel als Symbole einer überwundenen Macht gebrandschatzt. Aber welche Siegermacht gab sich je die Mühe, noch die letzte Feldmauer oder Viehhürde aus Trockenmauerwerk niederzureißen?

So ist die lelegische Dürftigkeit und historische Geducktheit zum Garant einer fast unvergleichlichen Unversehrtheit geworden. In den Bergen über Bodrum erschließt sich dem Wanderer angesichts unzähliger, bis auf den Grabtumulus Gebe Kilise (türk.: ›Schwangere Kirche‹), in dem wohl ein lelegisches Clanoberhaupt bestattet wurde, jedoch immer ›alltäglicher‹ Denkmäler die Lebensweise der Abgedrängten, lässt sich antikes Volksleben vielleicht besser begreifen als inmitten der Ruinenpracht restaurierter Tempel, Thermen und Theater.

Das lelegische Kuppelgrab Gebe Kilise hoch über Torba

Nördlich von Turgutreis geht es in **Kadıkalesi** (langer, aber nicht sonderlich attraktiver Strand) und **Gümüşlük** trotz einiger Ferienhauskolonien erfreulicherweise noch einigermaßen ›unzivilisiert‹ zu. Vor Gümüşlük gehen die Ausflugsboote in einer idyllischen, von der kleinen ›Haseninsel‹ geschützten Bucht vor Anker. Zur Insel kann man übrigens vom Festland hinüberwaten. Im Meer sieht man die Unterwasserruinen von **Myndos,** einer antiken Stadt, die im 4. Jh. von Mausolos als westliches Gegenstück zu Halikarnassos gegründet wurde, aber stets so wenige Einwohner hatte, dass man sich im Altertum über die unverhältnismäßige Länge der Stadtmauer lustig machte. Die Leute von Myndos blieben ebensowenig vom Spott verschont; man nannte sie ›Salzwassertrinker‹, da sie ihren Wein angeblich mit Meerwasser mischten. Aber keine Angst, wenn Sie heute im Tamarisken-Schatten und mit Panoramablick Ihren Tee oder Kaffee schlürfen!

Yalıkavak, 17 km von Bodrum entfernt, gilt weiterhin als ›Dorf der Schwammtaucher‹, hat aber spätestens Anfang der 90er Jahre seine Unschuld an den Tourismus verloren. Die schöne Lage an einer tief eingeschnittenen Bucht (jedoch wenig Strand!) wird mehr und mehr durch Ferienhaus-Zersiedlung beeinträchtigt.

Die Bucht beim Dörfchen **Gündoğan** (mittwochs kleiner Wochenmarkt), das man von Yalıkavak Richtung Torba fahrend durch eindrucksvolle Felslandschaft nach 7 km erreicht, hat einen ca. 500 m langen Sandstrand, hier liegen sogar noch Fischerboote auf dem Sand. In der Nähe gute Tauchreviere, die von den großen Hotels (Schulen, Geräteverleih) bedient werden. Bei **Gölköy,** dem nächsten Ort im Osten, lag einst die antike Stadt **Karyanda,** von der freilich nur noch einige Felsgräber künden. Eine Stichstraße führt von hier über 3 km zum Weiler **Türkbükü,** der, obwohl es an Strand mangelt, bei Urlaubern der türkischen Oberschicht beliebt ist. Die weißgetünchten Häuser und die Mandarinengärten erklären diese Vorliebe; das Meer bei Türkbükü ist fischreich. Übrigens wachsen Gölköy und Türkbükü langsam zusammen, und man spricht schon von ›Göltürkbükü‹; die Flaneure aus Istanbul lassen sich gern am Hafenanleger von Gölköy sehen.

Richtung Torba wird es einsamer, Kiefernwälder säumen die Straße, und vor dem Weiler **Demir,** 4 km vor Torba, breiten sich sogar unberührte Strandstreifen aus. **Torba,** ca. 7 km vor Bodrum, war einmal ein griechisches Dorf; die Ruine einer orthodoxen Kirche des 19. Jh. hält die Erinnerung daran wach. Doch es war in Torba, wo Anfang der 80er Jahre die ›Urbanisierung‹ der Küstenlinien rund um Bodrum begann …

Der Küstenlinie wohlgemerkt, denn im bergigen Inneren der Halbinsel ist

Nach Geriş

Wer feste Schuhe parat hat, kann von Yalıkavak südwärts auf einem alten Maultierpfad über den verlassenen, sehr malerischen Weiler **Sandıma** hinauf zum Hügeldorf **Geriş** wandern (ca. 2–3 Std.).

Am Strand von Bitez

man nach wie vor ganz allein. Alte Pfade führen zu verlassenen Dörfern wie **Girel,** zu Hirtenlagern und Zisternen, immer wieder auch zu Haus-, ja ganzen Siedlungsruinen (**Side** = Girel Kalesi, **Pedasa** = Gökçeler Kalesi) der Leleger (s. S. 190). Ihr vielleicht schönstes Denkmal ist der **Gebe Kilise** genannte Grabtumulus auf einem Hügel über Torba (s. Abb. S. 191).

Vorwahl: 0252.

Gümbet

Sami*:** Ayaz Cad., Tel. 316 10 48, Fax 316 28 38. Älteres, aber gepflegtes Haus mit Garten. Direkt am Strand. Wer mitfeiern will, ist hier gut aufgehoben. Sehr gutes Wassersportangebot. DZ 50–60 €.

Mels:** Ethem Kaptan Sok. im Osten von Gümbet, Tel. 313 00 62; Fax 316 29 20. Die ruhige, auch für Familien geeignete Alternative zu den Szene-Hotels am Hauptstrand. Angenehme Atmosphäre. DZ ab 35 €.

Bitez

Halıkarya*:** Bitez Plaj, Tel. 363 78 56. Mittelklassehotel am kinderfreundlichen, flach abfallenden Strand. Pool, Strandbar. Eher schlicht ausgestattete Zimmer DZ 60 €.

Ferienwohnungen: Auskunft unter Tel. 363 78 39.

Am Strand von Yahşı Yalı

Açelya*:** Yahşı Beach, Tel. 348 30 90. Familienhotel (vornehmlich türkische Gäste) am kinderfreundlichen Strand. Pool und Restaurant. DZ ab 35 €.

Deutlich günstiger ist die **Güzel Pansiyon*,** Tel. 348 30 27.

Akyarlar
Wer über die Feriensiedlungstristesse an den Hängen um Akyarlar hinwegzusehen vermag, wird hier fündig:
Club Manço**:** Karaincir-Bucht, Tel. 393 81 67, Fax 393 81 82. Luxuriöse und geschmackvolle Unterkunft mit vorwiegend türkischem Oberschichtspublikum. DZ ab 75 €.
Turgutreis
Mandalinci*:** Atatürk Meydanı, am Rand der Altstadt, Tel. 382 30 69, Fax 382 40 22. Komfortable Zimmer, Pool. Ca. 300 m zum Strand. DZ 75 € .
Kortan:** Atatürk Meydanı, Tel. 382 29 32. Zentral gelegenes Stadthaus, Sonnenterrasse. DZ ab 25 €.
Günstige Pensionen sind **Arif *,** Tel. 382 23 40 und **Ece*,** Tel. 382 25 28. DZ jeweils um 20 €.

Kadıkalesi
Blue Bodrum*:** Kadıkalesi Mevkii , Tel. 382 20 17, Fax 382 49 82. Einfach ausgestattete, aber angenehme Zimmer. Pool. DZ ab 45 €.
Yalıkavak
Lavanta Village***:** an einem Hang oberhalb von Yalıkavak gelegen, an der Straße nach Gündoğan, Tel. 385 21 67, Fax 385 22 90. Stilvolle Luxusanlage auf parkartigem Grundstück. Großer Pool. 8 Zimmer im Haupthaus, dazu 11 Villenappartements für 2–5 Personen, (innen-) architektonisch durchgestylt. Man muss sich hier lange Zeit im voraus einbuchen.
Taşkule: Yali Mevkii, Tel. 385 49 35. Bei weitem nicht so luxuriös wie das Levanta, aber in Strandnähe und mit Mittelklasse-Behaglichkeit. Pool. DZ 45 €.
Gündoğan
Villa Lale:** Tel. 387 71 10. Angenehme, einfache Pension. DZ 25 €.
Gölköy
Sultan*:** Tel. 357 72 60. Schnörkelloses Mittelklassehotel. DZ/HP 80–100 €.
Mandalya*:** Gölköy Plaj, etwas abseits des Dorfes, Tel. 357 70 17. Mit Strandrestaurant. DZ ab 35 €.
Türkbükü
Club Turso*:** Tepeüstü Mevkii, Tel. 377 55 19. Mittelklassehotel in schöner Hügellage mit Bucht-/ Meerblick. DZ um 55 €.
Torba
Izer*:** Tel. 367 19 10. Meerlage. DZ/VP 90 €. **Colossus****:** Tel. 316 34 19, Fax 316 51 40. Meerlage. DZ/HP 70 €.
Es handelt sich jeweils um gepflegte Anlagen mit guten Restaurants; keine Einkaufsmöglichkeiten im Örtchen, HP also empfehlenswert.
Übrigens besitzt Torba keinerlei Billigunterkünfte.

Alle genannten Ortschaften der Bodrum-Halbinsel besitzen jede Menge Restaurants und *lokantalar,* in denen meist Fisch und Seefrüchte auf den Tisch kommen. Die Gaststätten füllen sich abends ab 20 Uhr; am Wochenende, wenn türkische Schickeria aus Izmir anreist, können sie überfüllt sein. Besonderer Trubel herrscht dann in den Hafenlokalen von Gümüşlük und Turgutreis. Ruhiger geht es in Bitez oder Torba zu.

Minibusverbindung ab Bodrum zu allen Küstensiedlungen, nach Gümbet z. B. alle 15 Min., alle 30 bis 60 Min. nach Bitez, Torba, Turgutreis und Yalikavak.

Stratonikeia

Atlas: S. 239, D 2
Von Milas aus führt die Hauptküstenstraße 42 km durch einsame Nadelwälder in Richtung der Kleinstadt Yatağan. Doch plötzlich gerät die heile, grüne

Honiglecken

Die Imker in den armen Dörfern Tuzabat oder Karaaltı zwischen Milas und Yatağan sind bekannt für ihren wohlschmeckenden Kiefernhonig *(cam balı)*, den sie an Straßenständen günstig anbieten.

Welt in Unordnung: Braunkohle-Tagebau hat eine industrielle Mondlandschaft hinterlassen, in der ca. 7 km vor Yatağan das verlassene Dorf **Eskihisar** wie auf einer Insel liegt. (Die Bewohner wurden in ein gleichnamiges Kunstdorf 3 km westlich ausgesiedelt.) Dies ist die Stätte des antiken Stratonikeia, das im frühen 3. Jh. v. Chr. entstand und in römischer Zeit blühte. Die Dreifalt von rabiater Umweltzerstörung, preisgegebener türkischer Dorfkultur und antiker Ruinenpracht erscheint geradezu symptomatisch für die zivilisatorische Problematik der Türkei, der es nicht gelingen will, Modernisierung und Tradition aufeinander abzustimmen. So posieren nun vor einer Landschaft aus gigantischen Abraumhalden zahlreiche antike Ruinen zwischen verfallenden, nur noch von Alten bewohnten Häusern.

Besonders interessant sind das **Theater** mit Sitzplätzen für ca.10000 Zuschauer sowie das **Bouleuterion,** in dessen innerer Nordwand das berühmte Preisedikt des Kaisers Diokletian (reg. 284–305) eingemeißelt ist, mit Preisfestsetzungen für Lebensmittel und Handwerksleistungen. Im und vor dem kleinen **Museum** (tägl. außer Mo 9–17.30 Uhr; 1 €) sind Skulpturen, Grabstelen und Terrakotten ausgestellt. Auf der anderen Stadtseite, im Norden, liegen die Reste eines gewaltigen **Gymnasiums** und ein **Stadttor.**

Einige sehr schlichte Hotels in Yataşan; jedoch gute Volkslokale, in denen Sie wahrscheinlich der einzige, angestaunte Tourist sind.

Das Çine-Tal

Atlas: S. 239, D 2

Bei **Yatağan** zweigt eine kurvenreiche Strecke nordwärts durch das Tal des Çine Çayı in Richtung Aydın ab – eine gut ausgebaute Alternative zur längeren Küstenstraße. Der südliche Talabschnitt bietet eine bizarre Felslandschaft mit schönen Oleander- und Olivenhainen.

Etwa 15 km nördlich von Yatağan passiert man die antiken Brückenbögen von **İncekemer**, die einst zur altkarischen Versammlungsstätte **Gerga(s)** hinüberführten. Um sie zu besuchen, fährt man bei **Eskiçine** (mit emiratszeitlicher Türbe) auf einer Piste nach Osten zum Weiler Kırksakalar (auch: Krisakalar) oder bis Alabayır, dort finden sich Führer (Bakschisch: um 3 €) für die einstündige Wanderung durch eine wilde Berglandschaft. Lohnend! Vor mächtigen Gneisrücken sieht man ein eigentümliches ›Tempelhaus‹, das sich nicht den typisch griechischen Architekturmustern einfügt, und übermannsgroße Steinidole, Statuen des karischen Zeus (s. a. S. 180).

Von der Marktstadt **Çine** geht es nach Westen zu den Ruinen von **Alabanda** bei dem 9 km entfernten Weiler

Araphisar. Aus der flachen Landschaft schälen sich als Reste der nicht sonderlich reizvollen antiken Stadt ein Theater, eine Ratshalle und eine Agora heraus. Etwas für engagierte Altertumsliebhaber.

Ein attraktives Kultur- und Landschaftserlebnis zugleich ist der Besuch der karischen Stadt **Alinda,** deren Ruinen sich in eindrucksvoller Hanglage über dem Dorf Karpuzlu zwischen Ölbäumen staffeln (5 km nördlich von Çine nach Westen abbiegen, noch 26 km). Erhalten sind bedeutende Reste der Stadtmauer sowie Befestigungstürme, ein Theater mit 35 Sitzreihen, eine etwa 100 m lange Markthalle, vier Bögen eines Aquädukts und zahlreiche Felsgräber. In Alinda residierte ab 340 v. Chr. Ada, die Schwester des Mausolos, nachdem ihr jüngerer Bruder Pixadoros sie aus Halikarnassos (Bodrum) vertrieben hatte. Sechs Jahre später empfing sie dort Alexander den Großen, den sie wohl bei der Eroberung von Halikarnassos, damals Flottenhauptquartier der Perser, unterstützt hatte. Er nannte sie ›Mutter‹ und setzte sie wieder in ihre Herrschaftsrechte ein.

Achtung: in Çine keine akzeptable Übernachtungsmöglichkeit, aber gute Volksgaststätten.

Muğla

Atlas: S. 239, D 2

Etwa auf halbem Weg zwischen Bodrum und Marmaris liegt die kleine Provinzhauptstadt Muğla (37 000 Ew.), die für die Verwaltung dieser beiden ›Sommergroßstädte‹ zuständig ist – ein liebenswerter Ort mit traditioneller Altstadt und einem quirligen Gemüsemarkt. Das antike *Mogalla* wurde im 16. Jh. Residenzstadt des Fürstengeschlechts der Menteşe und war ab 1867 Sitz eines Gouverneurs. Aus der alten Zeit blieben der 1992 schön restaurierte **Yağcılar Han** (›Karawanserei der Ölhändler‹), ein marmorner Wasserbrunnen und die **Ulu Cami,** eine Holzverandenmoschee des 17. Jh., sowie der nun als Kulturzentrum genutzte **Konakaltı** der Gouverneure erhalten. Das **Museum** (tgl. außer Mo 9–12, 13–17 Uhr; 1 €) der Stadt zeigt antike, ethnologische und geologische Exponate. Besonders lohnend ist ein Muğla-Besuch am Donnerstagvormittag, wenn der Wochenmarkt stattfindet.

Die südlich der Stadt nach Osten abzweigende Fernstraße (Nr. 330; berührt Kale und Tavas) ist die kürzeste Route nach Aphrodisias und Pamukkale von Süden her. Prachtvolle Ausblicke über den Golf von Gökova bietet die Steilabfahrt hinter dem 775 m hohen **Çiçekbeli-Pass,** wenn man nach Süden Richtung Marmaris fährt.

Marmaris Bulvarı 24, Tel./Fax 214 31 27; **Vorwahl:** 0252

Grand Brothers*:** an der nördlichen Stadteinfahrt, Tel. 212 27 00. Das beste Hotel des Ortes, leider etwas steril. DZ 75 €.
Yalcin*: gegenüber der Busstation, Tel. 214 15 99. Einfach, im Erdgeschoss ein empfehlenswertes, stets gut besuchtes Restaurant. DZ 23 €.

Von Muğla etwa stündlich **Busverbindung** nach İzmir und Marmaris, seltener (ca. 4 x tägl.) nach Denizli.

Am Golf von Gökova

Atlas: S. 239, D 3
Im Osten der Küstenebene des Golfs von Gökova, die von einer langen Allee schöner Eukalyptusbäume durchschnitten wird (diese Bäume mit hohem Wasserverbrauch wurden in den 30er Jahren gepflanzt, um die Küstenmarschen auszutrocknen), liegt das Dorf **Gökova** (mit karischen Felsgräbern). Hier geht das Leben noch seinen alten Gang. Am Meer hat sich die Bucht von **Akyaka** zu einem kleinen Urlaubsdorf entwickelt, das durch seine der Landschaft angepasste Architektur im osmanischen Holzverandastil gefällt. Jedoch: Der Strand vor dem Dorf ist eher trist, das Wasser trüb, und einen zusätzlichen Missstand stellt das Thermalkraftwerk weiter im Westen dar, gegen das Umweltschützer seit Jahren die Stimme erheben.

Auf halber Strecke Richtung Marmaris, das sich noch hinter dichten Kiefernwäldern verbirgt, kann man bei Taşbükü den Fähranleger der Boote zur nahen **Sedır Adası** (›Zederninsel‹) erreichen (6 km). Dort finden sich die überwachsenen Ruinen der karischen Stadt **Kedreai** (2.50 € Eintritt), darunter ein kleines Theater (die kaum einmal besuchte Nekropole liegt auf dem Festland). Die Insel ist berühmt für einen ca. 25 m breiten Strand mit so feinem Sand, wie man ihn sonst an der ganzen Westküste nicht findet. Die Legende will, dass Marcus Antonius diesen Sand eigens für Kleopatra vom Roten Meer habe heranschaffen lassen. Natürlich ist die Natursehenswürdigkeit längst kein Idyll mehr – tagsüber heimgesucht durch Scharen angefahrener Touristen, abends und nachts von den Belegschaften der Jachten, die vor der **›Kleopatra-Bucht‹** dümpeln.

Vorwahl: 0252

Yücelen*:** Akyaka Köyü, Tel. 243 51 08, Fax 243 54 35. Relativ großes Hotel mit begrüntem Innenhof, Pool und Ententeich, knapp 2 Min. vom Strand. DZ ab 60 €.

Sehr lauschig sind die Forellenrestaurants am Ortsausgang von **Akyaka** Richtung Gökova, die sich im Baumschatten an einem Flüsschen reihen. Empfehlung für das **Cennet!** Aber Achtung: Abends steigen die Mückenschwärme aus der Sumpfebene auf.
Akcapınar und **Gökce:** An der Marmaris-Strecke kommen in rustikalen Lokalen Forellen aus eigener Zucht auf den Teller. Als beste Adresse gilt, in Cetibeli, ca. 20 km vor Marmaris, das **Pınarbaşı Çağlayan Restaurant.**

Marmaris

Atlas: S. 239, D 3
Der einstige Fischerort Marmaris hat in den letzten 20 Jahren einen geradezu kometenhaften Aufstieg zu einem der beliebtesten Ferienorte der türkischen Ägäis erlebt. Der erste Blick vom letzten Straßenpass stimmt symbolhaft ein auf das, was zu erwarten ist: Ein Wald von Reklametafeln verdeckt die Aussicht auf die schöne, tief eingeschnittene Bucht, die aufgrund einer vorgelagerten Insel wie ein vom Meer abgeschnittener Binnensee wirkt.

Das mittlerweile respektable Städtchen (ca. 28 000 Ew.; in der Saison das Fünffache!), das seine Altstadt hinter einem kilometerbreiten Neubaugürtel versteckt, hat in der Türkei den Ruf einer westlichen Enklave, in der die traditionellen Werte ausgesetzt sind. So zieht es zum Jacht-Festival (Mai) wie zum Musik-Festival (erste Juni-Woche) auch die türkische Schickeria nach Marmaris: Goldbehängte Aktricen aus İstanbul ebenso wie politische Prominenz aus Ankara geben sich die Ehre, was in Massenblättern wie Hürriyet als gesellschaftliches Ereignis gefeiert wird. Nur gut, dass die **Netsel Marina,** der Jachthafen von Marmaris, mit fast tausend Liegeplätzen für den Ansturm groß genug ist! Anfang November markiert die international besetzte Marmaris-Regatta den Saisonausklang.

Der Marina entspricht auf der anderen Seite der Altstadt, im Westen, eine ausgedehnte Zone ›gehobener‹ Hotels, **Siteler** (etwa: ›die Anlagen‹) genannt. Hier reiht sich alles dicht an dicht: vorn am schmalen Sandstreifen die Sonnenliegen, dahinter an der Fußgängerpromenade die Bars und Clubs, daran anschließend die ›Bettenburgen‹. Doch wer im Urlaub über die Stränge schlagen will, kommt voll auf seine Kosten: Die Ecke rund um den fameusen Daisy Club hat ungefähr das Flair von ›Ballermann‹ auf Mallorca – bloß mit mehr Engländern.

Die eingeschnürte **Altstadt** um die osmanische Burg ist noch der attraktivste Teil von Marmaris. Das **Kastell** 1 wurde 1522 unter Sultan Süleyman dem Prächtigen errichtet und ist heute als Museum mit archäologischen und folkloristischen Exponaten geöffnet (tgl. außer Mo 8–12, 13–15 Uhr). In der Gasse (30. Sok.) hinter dem Info-Büro zeugen auch eine **Karawanserei** *(Eski Han*; erbaut 1545*)*, die alte **Moschee** und eine zum Café umgebaute **Markt-**

Nächtliches Marmaris: die Netsel-Marina, die Altstadt und im Hintergrund die Siteler-Hotelzone

halle *(Yeni Bedesten)* vom Repräsentationswillen alter Zeiten. Viele andere historische Bauten wurden bei dem großen Erdbeben 1958 zerstört – von der antiken Vorläufersiedlung *Physkos*, die unter der Herrschaft der Insel Rhodos stand, sind nur einige Mauerreste am Asartepe (Richtung Beldibi) geblieben. Auf der Halbinsel **Yıldız Ada** (Ausflugsboote, Bootdolmuşe) finden sich Ruinen eines byzantinischen Klosters.

Das touristische Marmaris setzt eigene Schwerpunkte. Die Gassen des **Basarviertels** [2] sind mit Planen oder grünem Plexiglas überspannt und mit Modegeschäften, Andenkenläden und Teppichhändlern der vermutlich wichtigste Umschlagplatz der türkischen Souvenirindustrie. Vor Altstadthügel und Basar verläuft eine breite Hafen-

Sehenswürdigkeiten
1 Kastell
2 Basar

Übernachten
3 Lidya
4 Otel 47
5 Marina
6 Karakaş

7 Marti Resort
8 Laguna
9 Munamar Vista

Nachtclub
10 Saisy Club
11 Talk of the Town

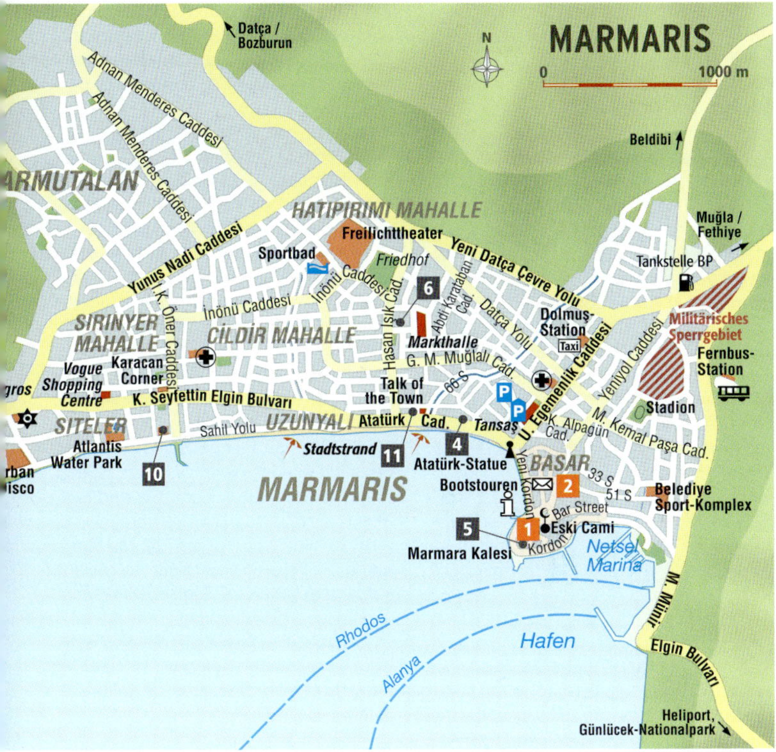

promenade, der **Kordon** (Atatürk Cad.), rechts gesäumt von Restaurants, links von Ausflugsbooten, die die gesamte Umgebung von Knidos bis Kaunos, dazu natürlich Tauchkurse und Strandtrips mit dem unvermeidlichen ›BarBQ‹ im Programm haben. Denn sonderlich attraktive Strände besitzt Marmaris selbst nicht – jedenfalls nicht für so viele Gäste; auch ist der Wasseraustausch in der beengten Bucht ein Problem für sich. Schöne Sandstrände jedenfalls kann man nur mit einem der vielen Ausflugsboote erreichen, die gegen 10 Uhr morgens ›beim Atatürk‹ am Yeni Kordon auslaufen, z. B. zu den Buchten der Bozburun-Halbinsel (s. S. 204). Kurzum: Marmaris ist ein exterritoriales Gebiet, in dem Türkei nur als Zitat stattfindet.

İskele Meydanı 2, am Hafenkai, Tel. 412 10 35, Fax 412 72 77; **Vorwahl:** 0252

Lidya*** [3]: in der Hotelzone Siteler, Tel. 412 29 40, Fax 412 14 78. 1967 erbaut, empfehlenswert, etwas außerhalb und relativ ruhig, direkt am Strand, mit schönem Gartenpark (Palmen) und eigener Disco (›Music Temple‹). Breites Wassersportangebot. DZ 50–60 €.
Otel 47*** [4]: Atatürk Cad. 10, Tel. 412 17 00, Fax 412 41 51. Großes Haus, akzeptable, recht günstige Mittelklasse, altstadtnah gelegen. Einige Zimmer zuletzt etwas verwohnt. DZ ab 45 €.
Marina** [5]: etwas abseits der Barbaros Cad., schwierige Autozufahrt, anrufen und sich abholen lassen, Tel. 411 00 20, Fax 412 65 98. Einige Zimmer mit Meerblick. Wer im Stadtkern mitfeiern will, ist in diesem kleinen Hotel mit Dachterrassenrestaurant richtig. DZ zwischen 35 und 45 €.
Karakaş** [6]: Hasan Işık Cad. 18, (Tel. 412 23 58). Pension mit einfachen Zimmern, nur Etagendusche/-WC. Junge, internationale Gäste, gute Atmosphäre. DZ um 40 €.

Am Kordon, der Hauptpromenade von Marmaris, herrscht kaum kaschierter Nepp, Spitzenpreise sind die Regel (Abendessen für 2 mit einer Flasche Wein um 50 €). Wer hier dennoch einkehrt, wählt statt der freudlosen international-türkischen Küche vielleicht einen Italiener, z. B. **Mr. Zek,** sehr hübsch unterhalb der Burg nahe dem Kordon gelegen. Einen guten Ruf genießt das **La Campana** an der Netsel Marina (mit italienischer Opernmusik). Gute Adressen für ›Seafood‹ sind das eher schlichte **Drunken Crab** am Beginn der ›Bar Street‹ (Tische auf der Straße) oder das **Körfez** am Kai nahe der Tourist Information, das vorwiegend türkische Gäste hat. Wer es authentisch liebt (auch das gibt's in Marmaris noch), geht ins **Düngüz** (36. Sokak, am hinteren Rand des Basars) oder ins **Liman** (49. Sok., nahe dem Postamt). Dort auch das gute Grill-Restaurant **Marmaris Döner Lokantası**, und in den Seitengassen preiswerte Volkslokale wie **Haci Bey** und **Imren.**

Zentrum des sündhaft überteuerten Nachtlebens ist die Barlar Sok. (›Bar Street‹) zwischen Kastell und Netsel Marina: hier reihen sich die Tanzschuppen (z. B. das **Green House).** Ein zweiter ›Hotspot‹ liegt in Siteler rund um den **Daisy Club** ([10] Uzunyalı-Strand), der als größte Disco im Ort gehandelt wird. Transvestiten-Shows im **Talk of the Town** ([11] Atatürk Cad., nahe der Bürgermeisterei), das gegen 23 Uhr die Pforten öffnet (Eintritt und ein alkoholisches Getränk: ca. 20–25 €). Jede Menge Bars und Cafés natürlich an der Barlar Sok., z. B. das **Mephisto** mit guten Cocktails und Live Music. Ein kleines Bier ist unter 3–4 € nicht zu haben. Im English Pub **My Marina** am Jachthafen (über dem Restaurant Pineapple) gehen die Segler ein und aus.

Jacht-Festival (Mai); **Musik-Festival** (erste Juni-Woche); **Marmaris-Regatta** (Anfang November) (s. jeweils S. 198).

Zur Sedır Adası (›Cleopatra Island‹, s. S. 197) gelangt man mit organisierten Ausflügen, im Rahmen einer Blauen Reise – oder mit der Vespa, die man für etwa 35 € pro Tag mieten kann.
Ausflugsboote nach Dalyan/Kaunos, Knidos und Bodrum (ab Hafen Gelibolu; bis dort Bus-Zubringer). Für die Überfahrt zur griechischen Insel Rhodos stehen Autofähren (ab: 9.30 Uhr; reichlich 2 Stunden) und Tragflächenboote (ab: 8 Uhr; ca. 50 Min.; zurück gegen 16.30 Uhr) zur Verfügung. Mindestens einen Tag im voraus buchen und genaue Konditionen erfragen (es wird eine zusätzliche ›Hafentaxe‹ er-

hoben). Badeboote zu den Stränden (Turunç, Kumlubük, Amazonen-Bucht= Serçe, Kilise Bay=Gerbekse) ab Yeni Kordon; Abfahrt gegen 9.30/10 Uhr; zurück gegen 18 Uhr. Auch Nachtfahrten mit Schmusemusik und schummrigen Laternen (ca. 19–23 Uhr) werden angeboten.

Busse: Von der öden **Busstation** am Stadtrand von Marmaris (ca. 400 m von der Zufahrtstraße in Richtung Marina) beste Fernverbindungen nach Datça, Milas, İzmir (bis dort ca. 5 Std.) und Denizli; von den Büros der großen Busgesellschaften (Kamil Koç, Pamukkale etc.) kostenlose Pendelbusse zum Bushof. **Minibusse** ab Dolmuş-Station nach Muğla, Datça, Turunç, Dalaman und Dalyan/Kaunos. Innerstädtische **Kleinbusse** pendeln in dichtem Takt zwischen dem Kordon von Marmaris, der Hotelzone und İçmeler. Der **Zubringer-Bus** zum 90 km entfernten **Flughafen** Dalaman benötigt etwa 1 Std.; Abfahrt: vor dem THY-Büro an der Atataürk Cad. 30. Das Taxi zum Flughafen kostet etwa 40-45 €.

İçmeler

Atlas: S. 239, D 3

Das nahe İçmeler (in der Saison 25 000 Ew.), an einer Bucht 7 km von Marmaris entfernt gelegen, ist eine Retortenstadt. Noch vor 25 Jahren gab es in İçmeler lediglich ein (!) Hotel, die Ebene mit ihrem versalzenen Boden lag öde; nur da und dort eine Bauernkate. Heute ist İçmeler eine Urbanisation mit unzähligen Hotels, Restaurants und Bars, Lebensmittelmärkten und Reiseagenturen – und als solche gar nicht einmal übel, jedenfalls nicht so hektisch wie Marmaris/Siteler.

Die Landschaft ist eindrucksvoll, die Hügel zeigen Kieferngrün, und der flach abfallende Strand bietet breiten, geharkten Sand, Laufstege wie in den Nordseebädern und viel Wassersport. Auch hier wird ausgiebig gefeiert, im Gegensatz zum Siteler-Viertel ist İçmeler aber nicht so stark von britischen Urlaubern geprägt.

Vorwahl: 0252

Martı Resort**** [7]: Tel. 455 34 40, Fax 455 34 48. Wohl bestes Hotel, verschachtelte Luxusanlage mit guten Restaurants, großem Pool, Sauna, vielfältigem Sportangebot und Kunsthandwerksstätten, Open-Air-Disco und eigenem, gepflegtem Strand. DZ/HP ab 120 €.
Laguna**** [8]: 150 m nordöstlich des Marti direkt am Strand, Tel. 455 37 10; Fax 455 36 22. Pool, Fitnesss Center, gutes Restaurant. Angenehme, entspannte Atmosphäre. DZ/HP ab 120 €.
Munamar Vista*** [9]: an der Strandpromenade, Tel. 455 33 60, Fax 455 33 59. Empfehlenswert. Viel Komfort mit Garten, Pool, Privatstrand, Türkischem Bad, Sportangeboten. Große Zimmer. DZ 90 €.
Preiswerte **Pensionen** nahe dem Postamt und am Kenan Evren Bulv., z. B. **Görenler** (Tel. 4455 34 97) oder **Ida** (Tel. 455 30 16). DZ jeweils um 15–20 €.

Die meisten Restaurants sind auf Steaks & Pizza ausgerichtet – und durchschnittlich. Empfehlung für das **La Grotta** im Martı Resort, einen Italiener ohne Fehl und Tadel. Wer's authentischer mag: Im alten Dorf im Hinterland bietet das Restaurant **Ekincik Old Village** (Ismet Inönü Cad.) türkische Hausmannskost.

Am Mittwoch **Wochenmarkt.** Fliegende Händler und Souvenirstände entlang des Bachs Koca Dere, der beim Marti ins Meer mündet, sowie an der Strandpromenade.

Etwa alle 15 Min. ein Dolmuş über Siteler nach Marmaris. Alle 30 Min. Bootdolmuşe mit den Stationen Hotel Lidya, Daisy Club und Hotel Yavuz zur Uferpromenade in Marmaris. Ausflugsboote gegen 10 Uhr nach Turunç, Kumlubük, Amos und weiteren Häfen der Bozburun-Halbinsel.

Die Bozburun-Halbinsel

Atlas: S. 239, D 4

Die türkische Agäis-Küste läuft südlich von Marmaris in der langgestreckten, dünn besiedelten Bozburun-Halbinsel aus. Geschichtlich standen ihre Siedlungen unter dem Einfluss von Rhodos. Aus dieser Zeit finden sich bei Turunç u. a. die Ruinen von **Amos** (Theater, dürftige Tempelreste). Bedeutend war das **Heiligtum der Hemithea** auf einem Waldrücken des Eren Dağı, ca. 2 km südlich des Dörfchens Hisarönü. Erhalten sind die Tempelplattform des 4. Jh. v. Chr. und die Mulde eines Theaters. Sehenswert, aber nur mit dem Boot (oder in langer Wanderung vom Dorf Taşlıca her) zu erreichen, ist die rhodische Festung von **Loryma** an der Spitze der Halbinsel, die im 3. oder 2. Jh. v. Chr. entstand. Der Wall der 350 m langen und 30 m breiten Anlage mit massiven Türmen und fünf Torbauten ist in seinem ganzen Umfang mehrere Meter hoch erhalten. Die Türken nennen das eindrucksvolle antike Kastell Bozukkale (›Kaputte Burg‹); in der Bucht dümpeln die Jachten der Blauen Reise (s. S. 62).

Langsam beginnt der Tourismus, die Bozburun-Halbinsel zu erobern, doch braucht man noch mehr Zeit, als es die Landkarte vermuten lässt, um den Hafen **Bozburun,** ein Zentrum des Segeltourismus, oder die Dörfchen **Selimiye** (mit den Ruinen einer mittelalterlichen Seefeste) und **Söğüt** mit dem Wagen zu erreichen, und selbst in Bozburun geht es noch halbwegs idyllisch zu. Vorbei freilich sind die Zeiten, als nur einmal am Tag ein staatlicher Postbus in das Innere der Halbinsel fuhr und z. B. im Weiler **Bayır** die Gespräche der Alten unter dem mächtigen, angeblich 2350 Jahre alten Baum vor der Moschee verstummten, wenn sie ein fremdes Gesicht sahen. Touristisch voll erschlossen ist **Turunç** (ca. 2000 Ew.), das aber noch ruhig ist und daher als Geheimtipp unter Deutschen kursiert; auch an den Buchten von **Kumlubük** und **Çiftlik** stehen schon Großhotels.

Vorwahl: 0252

Turunç
Turunç**:** außerhalb, Richtung Kumlubük, Tel. 476 70 24, Fax 476 70 32. Wohl bestes Hotel am Ort mit eigenem Feinsandstrand. Kinderfreundlich. Wassersportangebote. DZ/HP um 100 €.
Özcan Apart***, Tel. 476 71 44, Fax 476 70 36. Komfort mit Pool am Strand. DZ um 40 €.
Kumlubük
Maris*:** Tel. 476 71 30, Fax 476 71 35. Direkt am Strand, mit eigenem Pool. DZ ab 70 €.

Fischerfrauen auf der Bozburun-Halbinsel

Orhaniye
Doğan: südlich Hisarönü, Tel. 487 10 74, Fax 487 10 70. Schlichter Bungalow-Komplex (mit Restaurant) an einer einsamen Bucht mit Flachstrand, links und rechts Kiefernhügel. Etwas für Einsamkeitssucher mit schmalerer Börse. DZ ab 25 €.
Selimiye
Begovina:** Tel. 446 42 02. Einfaches Haus (nennt sich seltsamerweise ›Motel‹), empfohlen für Einsamkeitssucher – aber tatsächlich nur für diese. Arrangieren Sie Halbpension! DZ ab 35 €.
Bozburun
Sabrinas Haus*:** Söğütköy, Tel. 456 20 45, Fax 456 24 70. Von einer Deutschen geführt, gepflegt und idyllisch, mit Restaurant (HP empehlenswert). DZ ab 35 €.

Außer den Hotelrestaurants in den genannten Orten nur relativ einfache Fischgaststätten und Dorfküchen, z. B. in **Bayır** (Platan Lokantası), **Selimiye** (Nirvana Beach)**, Bozburun** (Yaşlı Balıkcı).

Die Datça-Halbinsel

Atlas: S. 238, B/C 4
Eine zweite langgestreckte Halbinsel zieht sich von Marmaris nach Westen und endet nach gut 100 km bei den Ruinen von Knidos. Wichtigster Ort auf der Halbinsel ist das alte Fischerdorf und neue Ferienzentrum Datça.

Bald nach dem Bozburun-Abzweig erreicht man den schmalsten Punkt der Datça-Halbinsel. Nur ein Orakelspruch der Pythia von Delphi hinderte die Stadt Knidos im 5. Jh. v. Chr., die lange Halbinsel hier zu durchstechen, wie es angesichts der vorrückenden Perser erwogen wurde. Links wie rechts fällt der Blick aufs Meer, links wie rechts zweigen Straßen zu luxuriösen Clubanlagen in der Kiefern-Macchia-Wildnis ab, z. B. nach **Bördübet.**

Im Norden, jenseits des Golfes von Gökova, markiert dagegen ein 300 m hoher Schlot das Kohlekraftwerk bei Türkevleri – und ein Ende der Naturidylle, denn bei einer Emission von mehr als 98 000 t Schwefeldioxid jährlich sind saurer Regen und Waldsterben vorprogrammiert. Nicht nur Umweltschützer, auch die Tourismusmanager kämpfen gegen diese industrielle Fehlplanung.

Rund 65 km sind es insgesamt von Marmaris bis **Datça** (5000 Ew.), das am Fuß der Reşadiye-Hügel liegt. Der aufstrebende Ferienort, der einen kleinen Jachthafen als Station der Blauen Reise besitzt, entstand als Fischerreede eines nun **Eski Datça** (›Alt-Datça‹) genannten Dorfs ca. 3 km landeinwärts. Dort haben sich schöne alte Bauernhäuser erhalten, Intellektuelle aus Istanbul und Ankara schätzen sie als Quartier. Im nahen Dorf **Hızırşah** steht eine emiratszeitliche Moschee und beim Weiler **Kızlan** sind die Ruinen alter Windmühlen zu sehen.

Aber natürlich besucht man Datça aus anderen Gründen: Sonne, Meer, Strand. Vielleicht noch aus einem vierten: Beschaulichkeit. Denn in Datça geht es auch in der Hochsaison nicht so hektisch zu wie in Marmaris, und wem es dennoch nicht ruhig genug ist, der fährt zu den Buchten von **Kargı**, **Palamutbükü** und **Mesudiye** (überall Tavernen und schlichte Pensionen) oder nimmt am Hafen eines der Boote nach Knidos oder zur griechischen Insel Symi, die unterwegs in einsamen Strandbuchten vor Anker gehen.

Im Rathaus, Tel./Fax 712 35 46; **Vorwahl:** Tel. 252

Datça

Dorya*:** auf der Halbinsel zwischen Jachthafen und Stadtstrand (Pkw-Zufahrt nur bis 19 Uhr), Tel. 712 36 14, Fax 712 33 03. Kleiner Pool, ruhige Lage, Palmen, Buchtblick. Angenehme Atmosphäre, aber auch stramme Preise. DZ ab 60 €.

Uslu Apart:** nördlich vom Stadtzentrum, Tel. 712 80 08. Hotelzimmer, dazu ordentlich ausgestattete Apartments (teils Meerblick) mit Wohn- und Schlafraum, Kochnische, Kühlschrank, Badezimmer. Zweierapartment: um 50 €.

Mare*:** ca. 200 m vom Uslu, direkt am Strand, Tel. 712 32 11, Fax 712 33 96. Gut geführter Familienbetrieb, Balkonzimmer mit Meerblick. Pool. DZ (mit Frühstücksbüffet) 45 €.

Villa Carla*:** an der Küste Richtung Kargı, Tel. 712 20 29, Fax 712 28 90. Kleines Haus (10 Zimmer) in Hanglage mit schönem Meerblick, ruhig. Unterhalb mehrere kleine Badebuchten. Im Ortszentrum ist man zu Fuß in 15–20 Min. DZ ab 45 €.

Nette Atmosphäre bieten die Restaurants und Bars am Jachthafen, mit der besten Auswahl wohl das altgediente **Akdeniz** und das urige **Captain's Place,** geführt von einer mit einem Türken verheirateten Australierin. Türkische Traditionsküche (Eintöpfe, Grillgerichte) bietet das kleine, günstige **Kemal Restoran** an der İskele Cad. Sehr angenehm sitzt man im **Yasu,** das oberhalb des Hafens von einer Tscherkessin geführt wird; hier muss es nicht unbedingt Fisch sein.

In der **Kale Disco** im Amphitheater auf der Halbinsel über dem Hafen geht es ab etwa 23 Uhr open air zur Sache.

Busverbindung mit Marmaris, in der Saison ca. 12 x täglich (Fahrtzeit 1.30 Std.). In der Saison 4 x tägl. Direktbus nach İzmir.
Fährboote zwischen Körmen-Hafen (ca. 6 km nördl. von Datça, Buszubringer im Ticketpreis enthalten) und Bodrum, ca. 2 Std. Fahrt. Je nach Saison sind (lohnende!) Tagesausflüge möglich (ab: 9 Uhr; zurück: 17/18 Uhr). Info im Büro der Bodrum Ferryboat As., Cumhurriyet Meyd. (Reservierung für Autotransport nötig).

Knidos

Atlas: S. 238, B 4
Die große historische Sehenswürdigkeit der Datça-Halbinsel sind die Ruinen von Knidos auf der Spitze der Halbinsel (35 km von Datça; gut 1 Std. holprige Autofahrt; angenehmer ist die Anfahrt mit dem Boot). Die antike Stadt wird erstmals erwähnt im 7. Jh. v. Chr. Sie gehörte damals zum Bund der dorischen Griechen; das Apollon-Heiligtum von Knidos war die Schwurstätte dieses Bundes. Aber so groß Apollon war, so groß war in Knidos auch die Aphrodite. Weniger aber als Göttin der Liebe denn als Patronin der Seefahrer. Denn die Stadt mit ihren zwei Häfen blickte seit je aufs Meer, von dem sie sich nährte.

Knidische Seefahrer gründeten eine Kolonie auf der italienischen Vulkaninsel Lipari und fassten sogar im ägyptischen Naukratis Fuß. Ins 4. Jh. v. Chr. fiel die kulturelle und wissenschaftliche Blüte, verbunden mit einem Neuaufbau der Stadt nach dem Plan des Hippodamos (s. S. 158). Die mathematischen und historischen Pionierleistungen von Knidos sind mit den Namen Eudoxos und Ktesias verknüpft, und den ca. 135 m hohen Leuchtturm von Alexandria, eines der Sieben Weltwunder der Antike, entwarf der Knidier Sostratos. In römischer Zeit freie Stadt, in byzantinischer Zeit Bischofssitz und mit sechs Kirchen ausgestattet, hat das ebenso einsame wie schöne Knidos durch Steinraub in den folgenden Jahrhunderten viel von seiner Pracht verloren, reizvoll bleibt jedoch die Lage am Meer.

Bei der Anfahrt per Auto passiert man vor der Stadt mehrere **Grabbauten** und Partien der **Wallmauern.** Zwischen dem Festland mit den öffentlichen Bauten und den Wohnvierteln auf der vorgeschobenen Halbinsel öffneten sich nach Norden ein Kriegshafen, nach Süden ein Handelshafen, in dem heute die Jachten vor Anker gehen. Das große **Theater** am Südhafen ist das besterhaltene Monument; das **Aphrodite-Heiligtum,** ein Rundtempel hoch am Hang, wohl das berühmteste. Hier mag ein ›Schönheitsidol‹ der Antike gestanden haben: die von Praxiteles im 4. Jh. v. Chr. geschaffene nackte Statue der Göttin.

Ein kleineres, oberes **Theater**, die Stützmauer eines **Demeter-Heiligtums** und weitere **Tempelruinen,** dazu die Fläche der Agora mit einer Ladenzeile sind recht zerfallen. Dagegen zeichnet sich die hochgelegene **Akropolis** durch eindrucksvolle Mauern aus.

Unteres Theater und Hafen von Knidos

Achtung! Knidos besitzt keine Unterkunft, lediglich eine Taverne.

Kaunos

Atlas: S. 239, E 3
Ca. 45 km sind es auf dem Seeweg, fast 100 km auf dem Landweg von Marmaris bis Dalyan, dem letzten Dorf vor den Ruinen von Kaunos. Man muss also einen ganzen Tag für die Tour veranschlagen. Wer mit dem Bus anreist, könnte nach ca. 70 km in der Kleinstadt **Köyceğiz,** die sich in den letzten Jahren zu einem Ferienort entwickelt hat, aussteigen und von dort mit dem Boot nach Kaunos fahren. Die Fahrt geht über einen See, der durch die Verlandung einer einst offenen Meeresbucht entstand; Wehrmauern und Kirchenruinen auf Inseln wie Gavur Adası und Gavurbağ Adası künden vom Leben byzantinischer Mönche, die Thermen und Schlammquellen bei Sultaniye von frühem Thermaltourismus.

Das Fischerdorf **Dalyan** wurde bekannt, weil hier erstmals in der Türkei Umweltschützer ein großes Hotelprojekt verhindern konnten, um die Eiablagestrände der Meeresschildkröte *Caretta Caretta* zu erhalten. Doch heute werden Hunderte von Touristen täglich herangefahren, gibt es zahlreiche kleinere Hotels und noch mehr Restaurants. Am Westteil des Schildkrötenstrandes tummeln sich die Badeausflügler und selbst das Badeverbot am Ostteil soll aufgehoben werden…

In der eigentümlichen Deltalandschaft entstand wohl schon im 7. Jh. v. Chr. die karische Stadt **Kaunos.** Sie galt im Altertum als notorisch ungesund – wahrscheinlich wegen der Stechmücken, die aus den Küstenmarschen aufstiegen und die Malaria brachten. Seit 129 v. Chr. eine Stadt der römischen *Provincia Asia*, zog Kaunos viel Geld aus dem Sklavenhandel, aber auch aus dem Verkauf von Pökelfisch. Die Verschlammung der Küste brachte den Handel jedoch schon in spätrömischer Zeit zum Erliegen; heute bezeichnet nur noch ein Tümpel, 3 km vom Meer entfernt, das Hafenrund.

In Dalyan warten die Boote zur Überfahrt über den grünen, schilfgesäumten Fluss, aus dem auch heute noch abends die Moskitos steigen – *Kalbis* hieß er in der Antike. Gleich am anderen Ufer die berühmten **Felsgräber,** die im 4. Jh. v. Chr. entstanden und in ihrer oberen Reihe durch Tempelfassaden im ionischen Stil beeindrucken (s. Abb. S. 2/3). Ein unvollendetes Grab zeigt, dass sie von oben nach unten aus dem Fels gemeißelt wurden; die Steinmetze seilten sich dazu an der Steilwand ab. Natürlich sollte die Unzugänglichkeit der Gräber ›ewige‹ Totenruhe garantieren. Inschriften bezeugen indessen, dass verschiedene Gräber in römischer Zeit ein zweites Mal benutzt wurden – das erste wie das zweite Mal wohl von prominenten Politikern und Kaufleuten der Stadt. In den unteren, einfacher gestalteten Felsgräbern, bloße Kammern zumeist, dürfte der ›Mittelstand‹ bestattet sein.

Weiter südlich liegt die **Akropolis** von Kaunos, deren Anhöhe einen schönen Blick über das antike Stadtgebiet wie auch über die Flussmarschen gewährt (ca. 50 m, nicht ganz einfacher Aufstieg).

Am Hang der Akropolis staffeln sich in zwei Rängen die 34 Sitzreihen des **Theaters.** Teils sind sie in den Fels geschnitten, teils untermauert; auch Teile des Bühnengebäudes wurden ausgegraben. Auf dem Sattel nordwestlich des Theaters liegen die Ruinen einer christlichen **Basilika,** einer **Thermenanlage** aus römischer Zeit, eines **Rundtempels** und eines kleinen Baus, vermutlich einer **Bibliothek.**

Über einen Pfad gelangt man hinunter zum **Hafen,** der einst durch eine Eisenkette gegen das Meer abgesperrt war. Zwei konzentrische Stufenringe am Weg bezeichnen das kaiserzeitliche **Nymphaion;** etwas höher steht ein kleiner **Antentempel**. Etwas tiefer wiederum liegen die Ruinen der **Agora** und ein **Brunnenhaus** aus dem 1. Jh. v. Chr.

Bus: Von Marmaris mit dem **Minibus** zur Kreuzung vor Gökova; weiter mit einem der Minibusse von Muğla nach Ortaca; an der Busstation von Ortaca umsteigen in einen Kleinbus nach Dalyan (insgesamt ca. 2–3 Std. Fahrt). Der Ausflug wird in Reisebüros als **Bootsfahrt** angeboten: Dabei bleibt jedoch kaum Zeit für die Stätte, man wird mit Essen ›beschäftigt‹ oder am Iztuzu Beach, dem Schildkröten-Strand, ›geparkt‹. Zu viert kostet eine Fahrt mit dem **Leihwagen** nicht mehr als der organisierte Ausflug – und macht mehr Spaß.

REISEINFOS VON A BIS Z

Alle wichtigen Informationen rund ums Reisen auf einen Blick – von A wie Anreise bis Z wie Zeitungen

Extra: Ein Sprachführer mit Hinweisen zur Aussprache, wichtigen Redewendungen und Zahlen

INHALT

Anreise

Mit dem Flugzeug
Aufgrund des Überangebots an Hotels sind Pauschalarrangements (Flug plus Transfer plus Unterkunft) meist sehr viel günstiger als eine Reise auf eigene Faust – jedenfalls im Sektor der Luxus-Ressorts. Wer die Türkei erleben will und bereit ist, auf Luxus zu verzichten, reist mit einem ›Campingflug‹ an und fährt mit individueller Zimmersuche besser (und ebenfalls sehr günstig).

Der Anflug mit Linienmaschinen ist teuer. Das dichteste Flugnetz unterhält die türkische Staatslinie Türk Hava Yolları (THY, Turkish Airlines), die Lufthansa bedient nur İzmir.

An der türkischen Westküste gibt es drei internationale Flughäfen. In allen Flughäfen haben Leihwagen- und Wechselbüros zu allen Fluganknüften geöffnet.

Der Flughafen İzmir (Adnan Menderes Havaalanı) ist per Eisenbahn mit der Stadt (Alsancak), nach Süden hin auch mit Selçuk verbunden (sehr preiswert). Ein Taxi ins Zentrum von İzmir kostet umgerechnet ca. 20–25 €.

Der Flughafen Milas-Bodrum liegt 35 km von Bodrum-Zentrum (Busstation) entfernt. Keine Zubringerbusse, nur eine (teure) Mietwagenagentur; Taxi um 30 €.

Der Flughafen Dalaman ist etwa 7 km von der Kleinstadt Dalaman entfernt. Keine Zubringerbusse; Taxis fahren zu Festtarifen (Marmaris 35 €). Oder per Taxi bis zur Busstation Dalaman (8–10 €) und dort einen Bus nach Nordwesten nehmen.

Apotheken

Eine Apotheke (*eczane*; sprich: *edschsane*), finden Sie selbst in größeren Dörfern. Auch Drogerieartikel gehören zum Angebot. Die Preise für die meist rezeptfreien Arzneien sind sehr günstig. In größeren Städten gibt es auch einen Apotheken-Nachtdienst.

Archäologische Stätten

Für alle bekannteren archäologischen Stätten wird Eintrittsgebühr erhoben (Studenten erhalten Rabatt bei Vorlage des ISIC-Ausweises). Sie sind in der Saison täglich ab 8.30/9 Uhr durchgehend bis etwa 18/18.30 Uhr geöffnet. Bei abgelegenen Stätten können die Dienste eines Führers nützlich sein, auch wenn dessen Erläuterungen meist wenig sachkundig sind.

Ärztliche Versorgung

Da zahlreiche türkische Ärzte (*doktor*; *hekim*) und Zahnärzte (*diş tabibi*) im Ausland studiert haben, wird man sich häufig in Deutsch oder Englisch verständigen können. In Tourismuszentren wie Bodrum, Marmaris, Kuşadası gibt es zahlreiche Allgemeinärzte, dazu auch private, gut ausgestattete Kliniken. Aber auch in den Krankenhäusern der größeren Städte (z. B. Çanakkale, Aliağa, Milas, Muğla) ist man gut aufgehoben.

Behinderte auf Reisen

Nur in einigen der neuesten Luxushotels findet man eine behindertengerechte Ausstattung - ansonsten allenthalben nur Beschwerlichkeiten und Missachtung.

Bettler

Häufig wird man erleben, dass Türken, die selbst nicht viel besitzen, Bettlern etwas Geld zustecken. In der Regel handelt es sich um alte oder behinderte Menschen, die ohne staatliche Unterstützung leben. Keinesfalls sollten Sie aber bettelnden Kindern Geld geben, die so mehr verdienen als ihre Eltern – anstatt zur Schule zu gehen.

Diebstahl & Betrug

Diebstahl ist in der Türkei selten, da nach dem Verhaltenskodex ehrenrührig. Vorsicht ist lediglich in İzmir (Busstationen, Basar) und in den großen touristischen Zentren geboten, wo auch Miturlauber zuweilen lange Finger machen. Anders sieht es bei Betrugsdelikten aus: Wer so dumm ist, sich über's Ohr hauen zu lassen, verdient nach türkischer Auffassung kein Mitleid; auch die Polizei zuckt nur mit den Achseln.

Diplomatische Vertretungen der Türkei

Botschaften der Türkischen Republik
... in Deutschland
10179 Berlin
Rungestr. 9
Tel. 030/27 58 50

... in Österreich
1040 Wien
Prinz-Eugen-Str. 40
Tel. 01/505 73 38

... in der Schweiz
3006 Bern
Lombachweg 33
Tel. 031/350 70 70

Diplomatische Vertretungen in der Türkei

Deutschland
Botschaft
Atatürk Bulvarı 114, Ankara
Tel. 312/426 54 65, Fax 426 69 59
Generalkonsulat İzmir
Atatürk Cad. 260, İzmir-Alsancak
Tel. 232/421 69 95, Fax 463 79 90
Mob. 0532-283 36 34

Österreich
Botschaft
Atatürk Bulvarı 189, Ankara
Tel. 312/419 04 31, Fax 418 94 54
Konsulat İzmir
Şehit Fethibey Cad. 41, İzmir-Alsancak
Tel. 232/441 58 56, Fax 484 81 27

Schweiz
Botschaft
Atatürk Bulvarı 247, Ankara
Tel. 312/467 55 55, Fax 467 11 99

Einreise-, Ausreise- und Zollbestimmungen

Reisepapiere: Deutsche oder Schweizer benötigen für einen Aufenthalt unter drei Monaten einen Reisepass oder den Personalausweis. Österreicher benötigen einen Pass und müssen an der Grenze ein Visum erwerben.

Zoll: Wertgegenstände wie z. B. Laptops sollten bei der Einreise in den Pass eingetragen werden. Einfuhr von Waffen (auch feststehende Messer) bedarf besonderer Genehmigung; Drogenbesitz wird mit langen Gefängnisstrafen geahndet. Zigaretten sind übrigens in der Türkei selbst billiger als im Duty-Free-Shop.

Zoll bei der Ausreise: Bei der Ausfuhr von Wertgegenständen muss man nachweisen können, dass sie auch eingeführt wurden (Eintragung im Reisepass), oder man muss beweisen, dass sie mit offiziell umgetauschtem Geld erstanden wurden (Wechselquittungen aufbewahren). Teppiche dürfen nur bei Vorlage einer Quittung mit Angabe des Alters ausgeführt werden, Antiquitäten aus der Zeit vor 1918 überhaupt nicht.

Beachten Sie auch die Einfuhrbestimmungen des einheimischen Zolls (pro Person über 17 Jahre 200 Zigaretten, 1 l Spirituosen über 22% etc.).

Elektrizität

Die Netzspannung beträgt 220 Volt – wenn das Stromnetz nicht gerade zusammengebrochen ist. In kleineren Urlaubsorten kann das in der Hochsaison mehrfach im Monat passieren. Der Ausfall dauert indes meist nur kurze Zeit.

Feiertage & Festivals

Nationale Feiertage

1. Januar: Neujahrstag; keine besonderen Feierlichkeiten

23. April: Tag der nationalen Unabhängigkeit und der Kinder; Kindergruppen paradieren in den Straßen

1. Mai: Frühlingsfest, kein offizieller Feiertag

19. Mai: Tag der Jugend und des Sports; Sportvereine paradieren

30. August: Tag des Sieges gegen die Griechen (1922); Militärparaden und martialische Reden

29. Oktober: Tag der Republikgründung (1923); Kranzniederlegungen vor den Atatürk-Denkmälern

10. November: Atatürks Todestag (1938); kein offizieller Feiertag, aber Kranzniederlegungen

Religiöse Feste

Der Islam rechnet nach dem Mondkalender. Da das Mondjahr nur 354 Tage hat, verschieben sich die religiösen Feste nach dem westlichen Kalender jedes Jahr um ca. elf Tage.

Ramadan (*ramazan*): der islamischer Fastenmonat (beginnt 2002 am 8. November, 2003 am 23. Oktober.)

Zuckerfest (*şeker bayramı*): Dreitägige Feierlichkeiren nach Ende des Ramadan (2002: 6.–8. Dezember; 2003: ab 25. November).

Opferfest (*kurban bayramı*): 2003 beginnt das Opferfest am 12. Februar, 2004 am 1. Februar.

Festivals

Mitte Januar Kamelringkämpfe in Selçuk

März Gallipoli-Gedenkfeier in Çanakkale

April Mesir-Fest in Manisa (s. S. 125)

Anfang Mai Festival in Ephesos/Selçuk

Ende Mai Festspiele (*kermes*) in Bergama

Mai Jacht-Festival in Marmaris
Erste Juni-Woche Marmaris-Festival
1. Juli Fest der Küstenschiffahrt (in allen größeren Küstenorten, besonders aufwendig in Foça)
Mitte/Ende Juli Kuşadası-Festival
August Messen zu Ehren der Jungfrau Maria in Selçuk/Ephesos
Zweite August-Woche Festspiele in Troja bzw. Çanakkale
August/September Industrie-Messe in İzmir mit Kulturveranstaltungen
Dritte Oktober-Woche Zweimaster-Regatta und Fest in Bodrum
Erste November-Woche Regatta und Fest in Marmaris

Feilschen

Nicht gehandelt wird um Massenprodukte, ausgeschilderte Lebensmittel etc. Nach wie vor üblich ist das Handeln im Basar, insbesondere um wertvollere Stücke. Dabei lassen sich mit beharrlicher Freundlichkeit und Geduld Abschläge von 30 %, zuweilen sogar von 40 % erzielen.

Feilschen ist in der Türkei eine soziale Kunstform: Sie sollten Ihren Kaufwunsch nie allzu deutlich zeigen und nicht sofort einen ›Gegenpreis‹ nennen, auch wenn der Händler Sie dazu auffordert: Damit verpflichten Sie sich zum Kauf zu diesem Preis, und der Händler wird unfreundlich reagieren, wenn Sie einfach weitergehen. Wollen Sie wirklich kaufen, beginnen Sie nach einiger Zeit am besten mit einer Offerte in halber Höhe des geforderten Preises. Nehmen Sie sich Zeit! Ein Kaufgespräch kann sich bei kostbaren Objekten über mehrere Tage hinziehen.

Foto & Video

In den Urlaubsorten sind Papierfilme, seltener auch Diafilme erhältlich, achten Sie auf das Verfallsdatum. Ein Polfilter ist in den dunstigen Sommermonaten zu empfehlen.

Streng verboten ist es, militärische Anlagen abzulichten. Wenn Sie Einheimische aufnehmen wollen, sollten sie durch eine Frage oder Geste ihre Zustimmung einholen. Wird sie verweigert – Frauen kehren gelegentlich ihr Gesicht ab oder bedecken es mit dem Kopftuch –, sollte man das unbedingt respektieren.

Frauen allein unterwegs

Belästigungen bleiben immer dann aus, wenn ein Mann sich nicht ›animiert‹ fühlen kann, z. B. durch erwiderten Blickkontakt oder freizügige Kleidung. Im Fall eines Falles erreicht man die besten Erfolge, wenn man sich laut schimpfend zur Wehr setzt (rufen Sie: *Ayıp!* = Schande) und damit an die Öffentlichkeit appelliert.

Im Bus haben Frauen ein Recht (!) auf einen Einzelplatz. In reisepraktischen Fragen wende man sich, wo immer möglich, an eine Türkin – die herzliche Hilfe ist ein unvergessliches Erlebnis.

Geld & Geldwechsel

Die Türkische Lira (TL) ist einem starken Kursverfall unterworfen. Wechselkurs: 1 € entsprach Anfang September 2002 etwa 1 594 000 TL (1 CHF: 2 345 400 TL); aktuelle Angaben auf Videotextseite 502 bei TRT-International). Es ist in der Diskussion, durch eine Währungsreform drei Nullen zu streichen. Derzeit gibt es Münzen zu 10 000, 25 000, 50 000 und 100 000 TL, Scheine zu 100 000, 250 000, 500 000, 1 Mio., 5 Mio. und 10 Mio. TL. Große Scheine können im Hinterland oft nicht gewechselt werden: Halten Sie eine ›Kleingeldreserve‹ bereit.

In allen größeren Orten der Westküste gibt es heute Geldautomaten für EC/Maestro- oder Kreditkarten. Wechseln (Bargeld, Traveller-Cheques) kann man in Banken und Postämtern, ebenso in Reisebüros und Hotels, dort allerdings zu einem ungünstigeren Kurs. Bewahren Sie Umtauschquittungen auf, um bei der Ausreise Probleme mit dem Zoll zu vermeiden (s. S. 215).

Gesundheitsvorsorge

Impfungen sind nicht vorgeschrieben, Tetanus- und Polioprophylaxe aber ratsam. Der türkische Westen ist keine Malariazone. Das Bedecken von Armen und Beinen am Abend empfiehlt sich jedoch in den mückenreichen Sommermonaten. Wer nicht in einem klimatisierten Hotel einquartiert ist, sollte, um die ungestörte Nachtruhe zu sichern, Mückenschutzmittel, besser noch ein Moskitonetz mitnehmen.

Medikamente des täglichen Bedarfs sind in allen Apotheken (*eczane*) erhältlich; spezielle Arzneien sollte man auf die Türkei-Reise mitführen.

Gesetzlich Versicherte können in der Türkei auf Krankenschein ärztliche Leistungen in Anspruch nehmen, was allerdings viel Bürokratie erfordert (Info bei den Kassen). Besser schließt man eine Auslandsreiseversicherung ab. Abgerechnet wird dann nach den Quittungen mit genauer Angabe der Leistungen, nachdem man den Arzt zunächst bar bezahlt hat.

Informationsstellen

Türkische Fremdenverkehrsämter
... in Deutschland
60329 Frankfurt/M.,
Baseler Str. 37,
Tel. 069/23 30 81, Fax 23 27 51
www.tuerkei-ferien.de

... in Österreich
1010 Wien,
Singerstr. 2/VIII,
Tel. 01/512 21 28, Fax 513 83 26
www.turkinfo.tic.at

... in der Schweiz
8001 Zürich,
Talstr. 82,
Tel. 01/221 08 10, Fax 212 17 49
türkeiinfo@access.ch

Die Adressen und Telefonnummern der lokalen Informationsstellen *(Turizm Danışma Bürosu)* werden bei den Ortsbeschreibungen genannt. Man hilft Ihnen dort bei der Hotelsuche, nennt Leihwagenfirmen etc. Oft ist auch ein Stadtplan erhältlich. Ansonsten wende man sich an eines der vielen Ausflugstouren-Büros oder an eine Reiseagentur, deren Mitarbeiter zumeist kompetent und hilfsbereit sind.

Informationen im Internet

www.turkey-web.com
Sehr breite Informationsmöglichkeit
www.exploreturkey.com
Allgemeine Infos und Reisetipps
www.kesit.com
Tourismuswerbung, Tips zu einzelnen Orten
www.mfa.gov.tr.de
Site des türkischen Außenministeriums
www.turkishnews.com
Artikel aus türkischen Zeitungen
www.turkishairlines.com
Info und Flugpläne der THY

Karten

Die derzeit großmaßstäblichste Karte (1:500 000) bietet der Ryborsch Verlag (Westküste: Blatt 2). Karten zur Westküste im Maßstab 1:600 000 haben der ADAC und Ravenstein im Programm. Vollständig verlässlich sind sie aber alle nicht aufgrund des Straßenneubaus, des rasanten Stadtwachstums und der Umbenennung von Dörfern.

Moscheebesuch

Auch Nicht-Moslems ist es gestattet, eine Moschee zu besuchen, jedoch nicht zu den Gebetszeiten, vor allem nicht freitags zum Mittagsgebet. Shorts, Miniröcke, schulterfreie Kleider sind im Gebetshaus verpönt. Die Schuhe stellt man am Eingang ab. Frauen sollten ein Kopftuch über die Haare legen. Wer in einer Moschee fotografieren will, muss den Moscheewächter oder den *hoca* vorab um Erlaubnis bitten.

Museen

In der Regel sind die Museen täglich außer montags zwischen 8.30/9 und 17/18 Uhr geöffnet, meist unterbrochen durch eine einstündige Mittagspause. Die Eintrittspreise liegen im Schnitt bei umgerechnet 1–3 €. Studenten erhalten gegen Vorlage des ISIC-Ausweises Ermäßigung. Fotografieren ist untersagt oder nur gegen eine Extragebühr erlaubt; für Aufnahmen mit Stativ bedarf es generell einer Sondergenehmigung der Museumsverwaltung.

Notruf

Feuerwehr: 110
Erste Hilfe: 112
Verkehrspolizei: 154
Gendarmerieposten: 156

Öffnungszeiten

In der Regel kann man in Geschäften werktags zwischen 8/9 Uhr und 19/20 Uhr einkaufen, in Touristenzentren sogar bis 21 oder 22 Uhr, dazu auch am Sonntag, ebenso in den großen Supermärkten wie Gima oder Migros. Auf dem Dorf hält der *bakkal* um die Mittagszeit bis zu drei Stunden Verkaufsruhe.

Behörden und Banken sind Mo–Fr von 9–12 und von 13.30–17.30 Uhr geöffnet, Banken nur bis 16 oder 17 Uhr. Während der religiösen Feiertage bleiben Büros, Banken und die meisten Läden geschlossen.

Post

Jede größere türkische Ortschaft besitzt ein Postamt (*postahane*), als ›PTT‹ schwarz auf gelbem Grund ausgeschildert. Die Hauptpostämter (*Merkez Postahane*) sind Mo–Sa von 8–22 Uhr geöffnet, So von 9–19 Uhr. Nebenstellen und Postämter in kleinen Ortschaften richten sich nach den behördlichen Arbeitszeiten.

Briefmarken (*pul*) erhält man am Schalter, häufig wird die Sendung dort auch einfach freigestempelt. Die Gebühren für Postkarten (*kartpostal*) oder Briefe (*mektup*) liegen bei etwa 0,5 €. Postsendungen nach Mitteleuropa sind etwa vier bis fünf Tage unterwegs.

Im *postahane* kann man auch Geld wechseln (aber kein Geld vom Postsparbuch abheben!) und Telefonkarten kaufen.

Radio & TV

Kurznachrichten in Deutsch und Englischh senden das Zweite Fernsehprogramm des staatlichen türkischen Senders TRT (*Türkiye Radiyo ve Televizyon*) tägl. nach den 22-Uhr-Nachrichten, *TRT International* tägl. um 23 Uhr. Spezielle Feriensender des Radiodienstes informieren tägl. zwischen 7.30–12.45 und 18.30–22.30 Uhr in Englisch und Deutsch (İzmir: 101,6 MHz, Kuşadası: 101,9 MHz, Bodrum: 97,4 MHz, Marmaris: 101,0 MHz) über aktuelle Termine und Sehenswürdigkeiten.

Die Deutsche Welle sendet täglich zwischen 14 und 18 Uhr auf der Mittelwellenfrequenz 1557 Mhz.

Reisekasse

Ausländische Devisen dürfen in unbegrenzter Höhe eingeführt werden, sind aber ab einem Wert von 5000 US-$ zu deklarieren. Da der Lira-Kurs im Ausland extrem ungünstig ist, wechselt man besser erst in der Türkei; auf allen Flughäfen sind zu jeder Ankunftszeit Wechselstuben geöffnet. Traveller-Schecks werden von fast allen Banken akzeptiert, in den größeren Orten und Urlaubszentren kann man mit der EC-Karte Geld abheben. Kreditkarten akzeptieren bessere Hotels, der hochpreisige Souvenirhandel und Leihwagenagenturen.

Telefon

Auslandsgespräche führt man am besten vom Postschalter aus, sollte aber die abendlichen Stunden meiden, da dann alle Geräte dicht umlagert sind (einen ›Mondscheintarif‹ gibt es für Auslandstelefonate ohnehin nicht). Von den Telefonzellen, meist bei den Postämtern zu finden, telefoniert man ins Ausland am besten mit Magnetkarten (*telefon kartı*), die am Postschalter erhältlich sind, und zwar zu 70 oder 100 Gesprächseinheiten.

Bei Auslandsgesprächen aus der Türkei wählen Sie zunächst den jeweiligen Ländercode (Deutschland: 0049; Österreich: 0043; Schweiz: 0041), dann die Ortsvorwahl ohne die erste 0, schließlich die Nummer des Teilnehmers. Ein Deutschland-Telefonat von einer Minute Dauer kostet umgerechnet knapp 2 €. Innerhalb der Türkei wählt man die Provinzwahlen 0286 für

Çanakkale, 0266 für Balıkesir; 0232 für İzmir; 0236 für Manisa, 0256 für Aydın, 0252 für Muğla, danach jeweils die Nummer des Teilnehmers. Bei Anrufen von Westeuropa in die Türkei ist der Ländercode die 0090, und man lässt die erste 0 der Provinzvorwahl weg. Das eigene Handy (türk. *cep,* ›Tasche‹) funktioniert im GSM-Roaming; die Gebühren sind relativ hoch.

Toiletten

Alaturka nennt man in der Türkei spöttisch-selbstkritisch die traditionellen Hocktoiletten. Alle besseren Hotels und Restaurants haben inzwischen Sitztoiletten; bei den Moscheen, in einfachen Gasthäusern oder auch an den Rastplätzen der Überlandbusse hält man aber noch meist auf altväterliche Sitte. Solche Toiletten sind (um es vorsichtig auszudrücken) wenig gepflegt. Toilettenpapier gibt es nie, statt dessen dient Wasser aus einem Hahn in Bodennähe zur Säuberung.

Die Toiletten sind mit *erkek* oder *bay* für Männer und mit *kadın* oder *bayan* für Frauen gekennzeichnet.

Trinkgeld

Man gibt im Restaurant knapp 10 % des Rechnungsbetrages, bei großen Summen etwas weniger, bei kleineren etwas mehr. Taxifahrer erwarten kein Trinkgeld, es ist aber üblich, die Taxametersumme auf die nächste volle Million aufzurunden.

Türkisches Bad (Hamam)

Alle größeren Orte an der Westküste besitzen ein Hamam, ein Türkisches Bad. Zuweilen handelt es sich um ein *çifte hamam,* ein ›Doppelbad‹, getrennt in eine Männer- und eine Frauenabteilung und für beide Geschlechter durchgehend von frühmorgens bis spätabends geöfffnet, wobei das Frauenbad meist schon gegen 18 Uhr, das Männerbad erst gegen 23 Uhr schließt. Andere, kleinere Bäder sind zu getrennten Zeiten wechselweise für Frauen und Männer geöffnet; der Vormittag vor dem Freitagsgebet ist dabei stets für die Männer reserviert, damit sie im Stande ritueller Reiheit die Moschee besuchen können.

Am Eingang ist zunächst einmal der Obolus zu errichten, der von der Qualität des Hamam und zudem davon abhängt, ob man ›Vollservice‹ mit Massage wünscht. In größeren, luxuriösen Bädern zahlt man (mit Massage) um 10 €, in schlichten Dorfbädern nicht einmal die Hälfte oder sogar nur ein Viertel. Man erhält eine Umkleidekabine zugewiesen und zwei Frotteehandtücher ausgehändigt, dazu eine Schöpfschale *(tas)* sowie Haarshampoon und Seife – in Dorfbädern oft nur ein Stück Kernseife. Vom Umkleideraum geht es zunächst durch einen Gang in den Schwitzraum *(hararet)* unter der Zentralkuppel des Bades, wo man sich an den Seiten, meist in Nischen, mit heißem Wasser aus schüsselgroßen Fließbecken übergießt, sich säubert und die Haare wäscht, denn so etwas wie eine Badewanne kennt die alttürkische Volkskultur nicht. Ein

Kaltwasserhahn ist zusätzlich vorhanden. Die Mitte des Zentralraums nimmt ein erhöhtes Steinpodest ein, der so genannte *göbek taşı* (›Nabelstein‹), der von innen/unten erhitzt wird; in besseren Hamams besteht es aus Marmor. In den einfachen Dorfhamams erhält man hier vom Bademeister oder der Badefrau auch die Massage, und zwar mit dem *kese,* einem groben Frottierhandschuh aus Ziegenhaar, der die Hautoberfläche seidig und glatt zurücklässt. In den besseren Hamams benutzt man für diese Prozedur spezielle Massageräume, und hier gibt es meist auch noch einen Abkühlungs- und einen Ruheraum *(soğugluk* bzw. *camekan)* für die Badegäste.

Verhalten im Alltag

Obwohl sich die Türkei in den touristischen Zentren westlich geprägt zeigt, wird die traditionelle Tendenz zur Bewahrung von Sitte, Ehre und Ordnung gewahrt. Das beginnt mit der Kleidung. Selbst der Kellner im Fünf-Sterne-Hotel von Marmaris oder Kuşadası wird das Bermuda-Shorts-Outfit der zahlungskräftigen Gäste insgeheim geringschätzen. Turnschuh-Attitüden widersprechen türkischer Statussymbolik.

Lassen Sie sich in der Türkei auf keinerlei politische Diskussionen ein! Selbst dem türkischen Club-Animateur gefriert das beflissene Lächeln, wenn Sie zu heiklen Themen wie der Kurdenfrage etwas sagen, das der offiziellen Norm widerspricht.

Unterkunft

Clubs, Hotels, Pensionen

Die türkische Ägäisküste, vor allem der südliche Teil, hat eine rasante touristische Entwicklung hinter sich. Das Überangebot an Unterkünften hält zwar die Preise niedrig, doch hat die Entwicklung viele Schattenseiten. Da die Pauschalveranstalter möglichst hohen Standard anbieten wollen, tauchen in den Katalogen vor allem die großen luxuriösen Clubanlagen weit außerhalb der gewachsenen Orte auf. Von türkischem Leben bekommt man dort wenig mit.

Profitieren können hingegen Individualreisende, die in fast allen Küstenorten Unterkünfte zu günstigen Preisen finden. Die Wirte dieser Kleinhotels der unteren Mittelklasse oder Pensionen sprechen fast immer etwas Englisch, oft auch Deutsch; legendär ist ihre Gastfreundlichkeit. Schwieriger wird es im ›Hinterland‹ abseits der Küstenurlaubsorte. Selbst gestandene Städte wie Milas, Muğla oder Manisa bieten, da zumeist als Tagesausflugsziel besucht, nur wenige akzeptable Hotels.

Die Kategorien der Tourismusverwaltung sind da überfordert: eine Pension (*pansiyon*) in Bodrum kann erheblich angenehmer sein als ein Zwei-Sterne-Hotel (*otel*) in Söke. Sehr groß ist auch die Preisspanne: schmuddelige Billighotels in Großstädten vermieten das DZ schon für 10 oder 12 € . In den Pensionen der Küstenorten muss man mit ca. 15–25 € fürs Doppelzimmer rechnen, in Zwei- und Drei-Sterne-Hotels kommt man für 25–50 € unter, Fünf-Sterne-Luxus-Hotels kosten im

Straßenpreis zwischen 80 und 180 € pro Person – nach Katalog gebucht, aber nur soviel wie ein Drei-Sterne-Haus.

Das Frühstück (*kahvaltı*) ist in der unteren Mittelklasse und bei Pensionen meist inklusive. Einzeln belegte Doppelzimmer sind etwa um ein Drittel billiger, ein zusätzliches (Kinder-) Bett kostet etwa ein Drittel mehr. Oft kann man den Zimmerpreis herunterhandeln (um etwa 15 %), v. a. bei längerem Aufenthalt und in der Nebensaison.

Verkehrsmittel

Mit dem Flugzeug

Binnenflüge der Türk Hava Yolları führen im Bereich der türkischen Westküste immer über İstanbul; Direktverbindungen gibt es nicht. Wer per Bahn oder Flugzeug nach İstanbul angereist ist, kann von dort recht günstig und zeitsparend mit THY nach İzmir, Bodrum oder Dalaman fliegen. Am besten wird ein solcher Anschlussflug bereits vor Reiseantritt gebucht, denn in der türkischen Urlaubssaison und zu den islamischen Feiertagen ist kurzfristig meist kein Platz mehr frei.

Mit Bus und Dolmuş

Auf der Westküstenstraße, die von Çanakkale über İzmir hinunter nach Dalaman führt, verkehren in dichter Folge komfortable, preiswerte Intercity-Busse verschiedener Unternehmen (Pamukkale, Kamil Koc, Vatan und Köşeoğlu).

Die Busstationen (*otogar*) liegen in den größeren Städten etwas außerhalb des Zentrums; Minibusse übernehmen den Pendelverkehr ins Stadtzentrum. Das Busticket (*bilet*) ist in den Büros der Firmen auf den Busstationen erhältlich, die Preisunterschiede zwischen den verschiedenen Firmen sind minimal. Orientieren Sie sich an der günstigsten Abfahrtzeit.

Die Abfahrtzeiten und Destinationen sind vor oder in den Verkaufsbüros der Busfirmen ausgeschildert. Vorausbuchung ist nur am Wochenende und vor bzw. nach den islamischen Festtagen notwendig.

Als Anhaltspunkt für die Reiseplanung: Das Stundenmittel bei Busfahrten liegt um die 40 km, denn der Fahrer wird, wenn noch Plätze frei sind, immer wieder stoppen und Fahrgäste am Straßenrand ›auflesen‹. Auf diese Weise finden Sie nach einer Besichtigung oder Wanderung auf freier Strecke stets einen Bus, der Sie aufnimmt. Alle zwei oder drei Stunden wird in einem größeren Ort eine Pause von etwa 20 Min. eingelegt (Getränke, Imbisse, Toiletten). Trinkwasser (*su*) in Flaschen oder in Plastikbeuteln mit Strohhalm wird auf Wunsch auch unterwegs gereicht. Bitten Sie den Fahrtbegleiter darum, der sich auch um die Kontrolle der Fahrscheine kümmert und Ihre Gepäckstücke verstaut. Kurz vor der Ankunft am Zielort offeriert der Busbegleiter zudem Duftwässerchen zur Erfrischung.

Während Busse auf den Hauptstrecken fahren und die größeren Städte miteinander verbinden, verkehren auf den Nebenstrecken, aber auch im innerstädtischen Verkehr Minibusse, oft *dolmuş* genannt. Das Wort bedeutet soviel wie ›gefüllt‹, und tatsächlich starten viele dieser Kleinbusse erst, wenn der letzte Sitzplatz vergeben ist.

Die Fahrscheine (sofern solche überhaupt ausgestellt werden) erhält man meist im Fahrzeug; Ticketbüros wie in Selçuk und Kuşadası beginnen sich aber ebenso wie feste Abfahrtszeiten durchzusetzen. Schilder an der Windschutzscheibe zeigen das Ziel an; angehalten und aufgenommen wird auf Handzeichen überall an der Strecke. Abfahrtplätze sind die Busstationen, in größeren Orten auch ein oder mehrere Halteplätze in der Innenstadt (*Minibüs Garaj*).

Mit der Eisenbahn

Touristisch bedeutsam ist von den Schienenstrecken von İzmir über Manisa nach Balıkesir oder Afyon und über Selçuk nach Denizli eigentlich nur die letzte. Wer am Bummeltempo nicht verzweifelt, sollte einmal die landschaftlich reizvolle Strecke zwischen Selçuk und Aydın mit dem Zug fahren; pralles Volksleben ist garantiert, denn in die unschlagbar billige Eisenbahn drängt alles, was auch die nach unseren Maßstäben sehr preiswerten Busse noch zu teuer findet.

Mit dem Taxi

Taxis (in der Türkei meist gelb) sind im Vergleich zum Dolmuş teurer, aber immer noch recht billig. Die Fahrer müssen nach Taxameter abrechnen: Achten Sie darauf, dass es eingeschaltet wird und vermeiden Sie nachträgliche Preisverhandlungen!

Ein Taxi ist eine Alternative zum Leihwagen (s. u.) und kaum teurer als dieser. Zudem haben Sie den Vorteil eines landeskundigen Begleiters und können sich ganz auf Landschaft und Kultur konzentrieren. Bei solchen Touren sollte der Preis im vorhinein ausgehandelt werden; angesichts der Inflation bestehen die Taxifahrer oft auf Zahlung in ›harter‹ Währung (€, $, brit. £).

Mit dem Auto/Leihwagen

Die Hauptstraßen im Bereich der türkischen Ägäis sind gut ausgebaut, auf Nebenstrecken muss man mit Schlaglöchern oder Schotterpiste rechnen. Leitplanken besitzen nur wenige Straßen. Vorsicht geboten ist auf Schotter, vor allem nach Regenfällen! Wegen der hochschleudernden Steine genügend Abstand zum vorausfahrenden Auto wahren! Oft ziehen Schaf- oder Ziegenherden am Straßenrand entlang. Baustellen sind häufig nicht ausreichend gesichert. Nachts fahren viele Autos nur mit Standlicht, zudem kann plötzlich ein unbeleuchteter Eselskarren die Straße versperren.

Alles andere als ein Fahrvergnügen ist die Rush-hour in den Innenstädten, v. a. in İzmir. Unter allseitigem Hupen wird jede nur denkbare Verkehrsregel missachtet. Disziplinierter geht es auf den Fernstraßen zu; an die Kurventechnik türkischer Autofahrer auf Serpentinenstrecken muss man sich allerdings erst gewöhnen. Wenn man hinter Ihnen hupt, ist das allerdings kein Rowdytum, sondern die übliche Sitte, einem langsameren Fahrer zu signalisieren, dass man überholen will. Fahren Sie dann ganz rechts, um einen Unfall zu vermeiden.

Die türkischen Verkehrsregeln und -schilder entsprechen denen in Westeuropa. In geschlossenen Ortschaften darf nicht schneller als 50 km/h, auf den Landstraßen nicht schneller als 90 km/h gefahren werden. Da Radarkontrollen aber selten sind, gelten diese Gebote nicht viel. Es besteht Gurtpflicht, Helmpflicht für Motorradfahrer; das absolute Alkoholverbot ist für Privatfahrer auf 0,5 Promille gelockert worden.

Alle Tankstellen führen inzwischen bleifreies Benzin. An den Überlandstraßen haben die größeren meist durchgehend geöffnet, in den Städten oft bis 22 Uhr. Benzin ist nur wenig billiger als in Mitteleuropa.

Bei jedem Unfall muß die Verkehrspolizei (Tel. 154) hinzugezogen werden: Die Aufnahme durch die Polizei und ein Alkoholtest sind Voraussetzung für die Schadensregulierung bei der Haftpflicht- oder Kaskoversicherung. Sind Personen zu Schaden gekommen, sollten Sie unbedingt ihre Leihwagenagentur verständigen und sich durch das Konsulat in İzmir (s. S. 214) einen Anwalt mit deutschen Sprachkenntnissen vermitteln lassen. Information und Hilfe erhalten Sie vom Türkischen Automobilclub in İzmir (s.u.).

Leihwagen werden an den drei Westküsten-Flughäfen, in allen größeren Städten, aber auch in kleineren Orten mit entwickeltem Tourismus vermietet. Zu den Anbietern gehören neben internationalen Firmen auch türkische Agenturen, deren Wagen preisgünstiger sind. Voraussetzungen: Führerschein und Reisepass; Mindestalter 21 Jahre. Gezahlt wird meist im voraus per Kreditkarte (ein Blanko-Voucher wird als Kaution, *deposit*, hiterlegt). Achten Sie darauf, dass Kaskoversicherung und Steuer im Preis enthalten und dass Reserverad und Wagenheber funktionstüchtig sind. Die Preise für Kleinwagen liegen zwischen 45 und 70 € pro Tag, doch werden bei längerer Mietdauer Ermäßigungen eingeräumt. In der Saison ist die Nachfrage groß, buchen Sie einige Tage im voraus.

Türkischer Automobilclub

Der Türkische Touring- und Automobilclub (Türkiye Turing ve Otomobil Kurumu, kurz: TTOK), hilft überall, wo es ums Auto geht, unterhält eine Unfallhilfe sowie einen Abschleppdienst und berät bei Autoreparaturen:
TTOK İzmir,
Atatürk Caddesi 370,
Tel. 232/421 35 14, Fax 422 63 87

Zeit

Die Türkei gehört zur Osteuropäischen Zeitzone (OEZ), die Mitteleuropäischer Zeit (MEZ) + 1 Stunde entspricht. Da die Türkei gleichzeitig mit der EU auf Sommerzeit umstellt, gilt diese Zeitdifferenz das ganze Jahr über. Bei Ankunft stellt man die Uhr eine Stunde vor.

Zeitungen

Die ›Turkish Daily News‹ ist eine englischsprachige Zeitung, die Politik, internationale Sportergebnisse und eine Wettervorhersage bietet. Deutsche Zeitungen treffen einen Tag nach Erscheinen in den Urlaubsorten ein. Häufig zu finden sind die ›Four-Letter-Zeitung‹, FAZ, Süddeutsche, dazu Spiegel und Focus.

KLEINER SPRACHFÜHRER

An der Westküste der Türkei kommt man auch ohne türkische Sprachkenntnisse gut zurecht. Fast alle, die im Tourismus zu tun haben, sprechen leidlich Deutsch oder Englisch. Dennoch ist es durchaus nützlich, einige Brocken Türkisch zu beherrschen – es wird als Zeichen verstanden, dass man sich um ein intensiveres Verständnis der einheimischen Kultur bemüht.

Schwierig ist anfangs die richtige Aussprache, denn einige Buchstaben sind im Deutschen unbekannt oder werden anders gesprochen:

c wie in Dschungel: cami (Moschee) – *dschami*
ç wie in deutsch: kaç (wieviel) – *katsch*
e wie kurzes ä: evet (ja) – äwät
ğ als Längung nach a, ı, o, u: dağ (Berg) – *daa*; wie j nach e, i, ö, ü: değil (nicht) – *dejil*
h wie in Haus zwischen Vokalen: postahane (Postamt) – *postahane* wie in Macht hinter dunklem Vokal am Ende einer Silbe: bahçe (Garten) – *bachtsche* wie in ich hinter hellem Vokal am Ende einer Silbe: salih (fromm) – *salich*
ı wie das dumpfe e in waren: halı (Teppich) – *hale*
j stimmhaftes sch wie in leger: plaj (Strand) – *plaasch*
s scharfes s wie in Wasser: su (Wasser) – *ßu*
ş wie in schnell: şelale (Wasserfall) – *schelale*
v wie in Wut: ve (und) – we hinter a wie au: pilav (Reis) – pilau
y wie in jagen: yol (Weg) – jol
z stimmhaftes s wie in Sonne: güzel (schön) – güsel

Türkische Grundbegriffe
Wichtige Redewendungen

Guten Tag!	Merhaba
Guten Morgen!	Günaydın!
Guten Abend!	İyi-akşamlar
Auf Wiedersehen!	Allah ışmardalık *(alla-eschmardalek,* sagt der, der geht) Güle, güle *(gülä, gülä,* sagt der, der bleibt, Betonung auf letzter Silbe)
Willkommen!	Hoş geldiniz *(hosch-geldiniz,* sagt der Gastgeber; Antwort: Hoş bulduk- *hosch-bulduk*)
Einverstanden!	Tamam!
Bitte	Lütfen!
Danke!	Teşekkür ederim!
Wie bitte?	Efendim?
Entschuldigung!	Pardon!
ja	evet
nein	hayır
Gibt es (Bier)?	(Bira) var mı?
Es gibt (Bier).	(Bira) var.
(Bier) gibt es nicht.	(Bira) yok.
Ich möchte Tee!	Çay istiyorum!
Ich verstehe nicht	Anlamıyorum.
Deutschland	Almanya
Österreich	Avusturya
Schweiz	İsviçre
Türkei	Türkiye

Reisen

Bus	otobüs
Kleinbus	dolmuş (oder minibüs)
Busstation	otogar / garaj
Bahnhof	istasyon
Zug	tren
Flugzeug	uçak
Flughafen	havaalanı
Schiff	gemi
Hafen	liman
Auto	araba
Tankstelle	istasyonu
Benzin	bensin
bleifrei	kurşunsuz
Diesel	mazot
geradeaus	doğru
zurück	geri
links	sol
rechts	sağ
in dieser Richtung	bu yönde
Zimmer	oda
Bad	banyo
Dusche	duş
Handtuch	havlu
Burg	kale
Fluss	çay
Kirche	kilise
Moschee	cami

Im Restaurant

Kellner	garson
Trinkgeld	bahşiş
Die Rechnung, bitte!	Hesap lütfen!
Guten Appetit!	Afiyet olsun!
Zum Wohl!	Şerefe!

Einkaufen

Was kostet das?	Bu ne kadar? oder: Kaç para?
Das ist sehr teuer!	Çok pahalı!
Das ist zuviel (zu wenig)!	Çok fazla (az)!
Ich möchte …!	… istiyorum!
genug	yeter

Zahlen

1	bir
2	iki
3	üç
4	dört
5	beş
6	altı
7	yedi
8	sekiz
9	dokuz
10	on
11	on bir
12	on iki
13	on üç
14	on dört
	usw.
20	yirmi
21	yirmi bir
	usw.
30	otuz
40	kırk
50	elli
60	altmış
70	yetmiş
80	seksen
90	doksan
100	yüz
200	iki yüz
1000	bin
2000	iki bin
10000	on bin
25000	yirmi beş bin
50000	elli bin
100000	yüz bin
250000	iki yüz elli bin
500000	beş yüz bin
1000000	bir milyon

GLOSSAR DER FACHBEGRIFFE

Adyton Allerheiligstes, Raum des Kultbildes im Tempel

Agora Markt- und Versammlungsplatz griechischer Städte

Äolier griechisches Volk, ab etwa 1000 v. Chr. im Norden der kleinasiatischen Ägäisküste ansässig

Akropolis Oberburg antiker Städte

Anten vorspringende Mauerzungen einer Tempelfront

Aquädukt Wasserleitung auf Pfeilern

Architrav Hauptbalken über Säulen

Baptisterium Taufkapelle

Basilika mehrschiffige Kirche mit höherem Mittelschiff, hervorgegangen aus der römischen Markthalle

Bouleuterion antiker Ratssaal

Bulvar türk. für eine breite Straße

Cadde türk. für Straße

Cami türk. für eine Moschee, in der das Freitagsgebet stattfindet

Çarsı türk. für Markt, Basar

Cavea Zuschauerraum des griechischen Theaters

Cella Kultraum im Tempel

Diadochen Feldherrn Alexander d. Gr., die sein Reich unter sich teilten

Dorer griechisches Volk, seit ca. 1000 v. Chr. im Südwesten Kleinasiens ansässig

Forum Markt- und Versammlungsplatz römischer Städte

Graffiti Ritz- oder Kratzinschriften

Gymnasium antike Schule der Leibesübung

Heroon antiker Gedächtnisbau für einen verdienten Heros

Hethiter anatolisches Volk im 2. Jt. v. Chr.

hippodamischer Stadtplan strenger Rasterplan griechischer Städte ab dem 5. Jh. v. Chr.

İmaret Armenküche bei Moscheen

Ionier griechisches Volk, ab etwa 1000 v. Chr. im Zentrum der kleinasiatischen Ägäisküste ansässig

Kannelur vertikale Rillung der Säule

Kolonnade Säulengalerie

Kordon türk. für die künstlich befestigte Meerpromenade

Medrese Koranschule, häufig einer Moschee angeschlossen

Mesçit kleineres islamisches Gebetshaus (im Gegensatz zur Cami)

Meydan türk. für Platz

Mihrab nach Mekka gerichtete Nische in der Moschee (türk.: *mihrap*)

Minarett Moscheeturm

Minbar Predigtkanzel der Moschee

Nekropole antiker Friedhof

Nymphaion antike Brunnenanlage

Odeion antikes Musiktheater

Orchestra halbrunde Fläche vor der Bühne im griechischen Theater

Palaiestra Sporthof in der Antike

Seleukiden hellenistische Dynastie im 3. und 2. Jh. v. Chr. in Syrien

Spolien antike Werkstücke, wiederverbaut in späterer Architektur

Stoa Säulenhalle, Wandelgang

Substruktion Untermauerung oder Unterwölbung eines Bauwerks

Temenos umfriedeter heiliger Bezirk um einen antiken Kultplatz

Thermen antike Badeanlage

Tumulus Hügelgrab

Türbe islamischer Grabbau

Wesir osmanischer Würdenträger

REGISTER

Touristische Hauptziele sind **fett,** in der Antike gebräuchliche Ortsnamen *kursiv* gesetzt. Die Seite der Haupterwähnungen ist jeweils **fett** gesetzt.

TÜRKISCHE WESTKÜSTE ATLAS

LEGENDE

1 : 1.000.000

0 — 50 km

O-32	Autobahn mit Nummer		Flughafen
E 87	Schnellstraße mit Europanummer		Sehenswürdigkeit
550	Fernstraße mit Nummer		Archäologische Stätte
	Hauptstraße		Burg, Schloss
	Nebenstraße		Ruine
	Straße in Bau		Kloster
	Piste (nur Jeep)		Kirche, Kapelle
	Eisenbahn		Höhle
	Fähre		Badestrand
	Staatsgrenze		Berggipfel
	Naturschutzgrenze	)(	Pass, Joch

A
B
C
1
2
3
4
Ege Denizi
Gelibolu Yarımadası
Gelibolu Yarımadası Milli Parkı
Çanakkale Boğazı
Çanakkale
Gökçeada
İmroz (Gökçeada)
Kaleköy
Bademli
Kuzulimanı
Tepeköy
Dereköy
Zeytinli Brj.
Aydıncık
Kömürlimanı
Barbaros
Fındıklı
Tayfurköy
Karainebeyli
Gelib
Bayırköy
Lâpseki
Büyükkemikli Br.
Anafarta Limanı
Küçükanafarta
Yalova
Şahinli
Suluca
Umurbey
Kabatepe
Eceabat
Yapıldak
Kilitbahir
Behramlı
Kale-i-Sultaniye
Hamidiye
Kocakır T.
814 m
Atikhisar Brj.
Kocalar
Ortaca
Kirazlı
İlyasbaba Br.
Abide
Kum Br.
Kumkale
Halileli
İntepe
Denizgöründü
Dümrek
Ovacık
Kayacı D.
877 m
Tavşan Ad.
Troja (Truva)
Yeniköy
Tevfikiye
Salihler
Kuşçayır
Hacık
Muratlar
Menderes Çayı
Üvecik
Akçapınar
Çamlıca
Kumburun
Pınarbaşı
Yiğitler
Batı Br.
Bozcaada
Saçaklı
Geyikli
Odunluk İskelesi
Ezine
Pazarköy
Bayramiç Brj.
Bayramiç
Gökçebayır
Türkmenli
Alexandreia Troas
Kemallı
Uluköy
Neandreia
Daloba
Serhat
Biga Yarımadası
Tavaklı
Bahçeli
Yaylacık
Sapanca
Baharlar
Kösedere
Ayvacık
Naldöken
Ahmetler
Bahçedere
Tuzla
Altınoluk
Gülpınar
Pasaköy
Ahmetçe
Küçükkuyu
Karanlık Br.
Khrysa
Tuzla Ç.
Kadırga
Assos
Büyükhusun
Baba Br.
Babakale
Bademli
Behramkale
Sürüce Br.
Edremit Körfezi
GRIECHENLAND
Maden Ad.
Mithimna
Skala Sikamineas
Lepetimnos
968 m
Mantamádos
Alibey Ad.
Alibey
Armutova
Ayvalık
Akr. Ploridi
Skalohori
Andissa
Sigri
Ag. Paraskevi
Çıplak Ad.
Sarmısaklı
Kalloni
N. Kidonies
Stenon Mitilinis
Çakmak
Altınova
Agra
Pigi
Skala Eresou
Apothikes
Achladeri
Moria
Ippio
Mitilini
Kólpos Geras
Olimbos
968 m
Agiasos
Kólpos Kallonis
Loutra
Vatera
Akrasi
Perama
Kratigos
Killik Br.
Plomári
Akr. Kefalos
Lesbos
E 87
550
200
210
17-25
17-52
17-51
36

S. 236

D
E
F
1
2
3
4
İnce Br.
Yiğitler
Türkeli Ad.
Paşalimanı
Poyrazlı
Paşalimanı Ad.
Tuzla
Ballıpınar
Kapı Dağı
Çayağzı
Çakıl Br.
Çakılköy
Karşıyaka
Ocaklar
Tatlısu
Bandırma Körfezi
Yenice
Erdek
Erdek Körfezi
Bandırma
Erikli
Edincik
Şirinçavuş
Ömerli
Kuş Cenneti Milli Parkı
Bodrum Br.
Aksaz
Kemer
Karabiga
Beyoba
Kule Br.
Örtülüce
E 90
200
555
Balıklıçeşme
Çeşmealtı
Bozlar
Kemer D.
Yeniçiftlik
Biga Ç.
Güvemalanı
Osmaniye
Havutça
Gündoğdu
Koca Ç.
Biga
Bakacak
Sazoba
Bosatnıcı
Buğdaylı
Kuşcenneti
Dereköy
Tophisar
Kapanbelem
10-80
Ilıcak
Kuş Gölü
Danapınar
Dumanalanı
Gündoğan
Hasanbey
Aksakal
565
Bostandere
Maltepe
Armutçuk Dağı
Beyoluk
Gönen
10-78
10-03
Aladağ 969 m
Yeniköy
Çan
Ekşidere
Hacıvelioba
Manyas
10-04
Terzialanı
Çalköy
Soğucak
Ortaoba
Gönen Ç.
Alaşar
Soğuksu
Fındıklı
Kocapınar
Hacıosman
Bardakçılar
Çınarcık
Nevruz
Gönen Brj.
Kocaarşar D.
İrşadiye
Balıklıdere
Sazak
Yeşilköy
Yenikavak
Sakar Dağı
Haydaroba
Orhanlar
Yeşilova
Hamdibey
Pazarköy
10-76
Ilıca
Reşadiye
Örencik
Kayapınar
Kurtdere
Akçakoyun
Yaylabayır
Alancık
10-75
Kalabakbaşı
Büyükpınar
Çaypınar
Babaköy
10-08
Bengiler
Balya
İbirler
Yağdıran
Ovacık
Armutçuk
Dörtyol
Çakallar
Beyköy
Eşeler
Yaşyer
555
Ayşebacı
Kepsut
Evciler
Akbaş
Işıklar
Güre
Zeytinli
Camcı
Büyükşapçı
Osmanlar
Karaman
Akçay
Edremit
Havran
230
Gökçeyazı
Balıkesir
Çandır
İvrindi
Dallımandıra
Osmaniye
Balıkesir Ovası
Ovaköy
Çoruk
Büyükdere
Hüseyinpaşalar
Büyükfındık
Borhaniye
Mallıca
10-55
10-51
Paşaköy
Kızıklı
Soğucak
Çağış
Yeniköy
Çakırdere
Koruçu Dağları
Minnetler
Çiftçidere
İkizcetepeler Brj.
Yaylacık
Mecidiye
Büyükyenice
Konakpınar
555
Sübeylidere
Karacalar
Kuyumcu
Madra Dağı
Sarıbeyler
Bigadiç
10-28
Madra T. 1344 m
Dedeburnu
Hacıbozlar
Savaştepe
Bölcek
Akçakısrak
Hacıhamamlar
Büyükışıklar
Kocaiskan
Esmedere
Perperene
Karaveliler
Turanlı
Alhatlı
Sultaniye
Gölcük Dağları
Gölcük
Pireveliler
Servisler Brj.
Göbeller
Kozak
Kaplanköy
Göçbeyli
Yağcı Ç.
45-04
Söğütalan
Karakaya
10-31
Sındırgı
Çaygören Brj.
35-04
Kertil
Nebiler
Kadıköy
35-06
Bölcek
Soma
Gelenbe
Şahinkaya T. 1025 m
İlicalı
Sındırgıbeli Geç. 725 m
Pergamon
Alacaklar
Bergama
Musahoca
45-12
Sağancı
240
Kepez Dağı
Kınık
Kırkağaç
Kurtulmuş
Teuthrania
Karahıdırlı
Akhisar
Seydan D. 1383 m
Çiftlikköy
Çiftlikköy
İlyaslar
Kocakağan
Yeniköy
Çalıbahçe
Yünt Dağı
Evkafteke
Hanpaşa
Gökçeahmet
Elaia
Zeytindağ
Arabacıbozköy
240
Zeytinliova
Görenez D.

S. 237

A
B
C
1
2
3
4
S. 234
S. 238
Lesbos
Vatera
Akrasi
Plomári
Agiasos
968 m
Loutra
Kratigos
Akr. Kefalos
Ege Denizi
Çandarlı Körfezi
Dikili
Kilik Br.
Bademli
Teuthrania
Karahıdırlı
Çiftlikköy
Çalıbahçe
Yüntdağ
Yeniköy
Çandarlı
Elaia
Zeytindağ
Örlemiş
Yuntdağ
Pitane
Yenişakran
Recepli
Seklik
Kapıkaya
Köseler
Maldan
Myrina
Hacıömerli
Aigai
Ilıca Br.
Güzelhisar Brj.
Nemrut Limanı
Aliağa
Kyme
Yıldırımkaya Br.
Aslan Br.
Yenifoça
Çıtak
Osmançalı
Kara
668
Dumanlı Dağı
1098 m
Larisa
Orak Ad.
Kömür Br.
Foça
Phokaia
Taşkule
Ilıpınar
Yenibağarası
Neonteichos
Değirmendere
Gediz N.
Kara Br.
Sarpıncık
Karaburun
Kaba Br.
Menemen
Emiralem
Manisa
Gürle
Küçükbahçe
Ak Dağ
1212 m
N. Inousses
Inousses
Delfinion
Mordoğan
Tuzla Br.
Seyrek
Süzbeyli
Yamanlar Dağı
Sancaklı
Çamiçi
N. Pasas
Chios
Bölmeç Dağı
848 m
Aşağıovacık
Uzun Ad.
Çamaltı İskelesi
Yakaköy
Ansızca
Kiraz Br.
Gülbahçe Körfezi
İnce Br.
Karşıyaka
Bornova
Kara Ad.
Erythrai
Ildır
Balıklıova
Menteş
İzmir Körfezi
Kokala Br.
Nif Dağı
1506 m
Top Br.
Koca Dağ
490 m
Klazomenai
Balçova
İZMİR
Çeşme
Kadıovacık
Buca
Boyalık
Ilıca
Şifne
Urla
Güzelbahçe
Kaynaklar
Çiftliköy
Alaçatı
Uzunkuyu
Kırıklar
Altınkum
Bademler
Dağkızılca
Venita
Gridia
Zeytineli
Menderes
Karakuyu
Deliömer
Sığacık
Teos
Seferihisar
Torbalı
Kilik Br.
200 m
Keler
Tahtalı Barajı
İnce Br.
Teke Br.
Sığacık Körfezi
Ürkmez
Değirmendere
Kolophon
Metropolis
Doğanbey
Karacadağ
770 m
Ahmetli
GRIECHENLAND
Doğanbey Br.
Gülmüdür
Çakaltepe
Ahmetbeyli
Keçi Kalesi
Özdere
Gölova
1000 m
500 m
Sünger Br.
Klaros
Notion
Pamucak
Ephesos
Selçuk
Çamlimanı Br.
Meryemana
Çamlık
Kuşadası Körfezi
Samos
Kuşadası
Aslan Br.
Gökçealan
Dürmuş Dağı
1019 m
Manolates
Drakei
Leka
Karvouni
1153 m
Samos
Soğucak
Yamaç
Söke
Akr. Fanari
Mesogi
Chora
Posidoni
Davutlar
Ormos Marathokambou
Güzelçamlı
Ağaçlı
Perdiki
Ikaria
Paleochori
Spatharei
Potokaki
DİLEK MİLLİ PARKI
Samsun Dağı
Therma
K. Marathokambou
Dip Br.
Karine
1237 m
Priene
Güllübahçe
N. Ag. Mina
Fourni
Tuzburgazı
Sarıkemer
Yeşilköy
35-81
35-80
35-79
250
35-83
505
550
E 87
35-76
E 96
300
0-32
0-30
35-39
35-51
0-31
75

D
E
F
S. 235
Kırkağaç
Çiftlikköy
Evkafteke
Ilyaslar
Kurtulmuş
Seydan D.
1383 m
Kocakağan
Kıhra
Hanpaşa
Bardakçı
Mahmutlar
Gökçeahmet
240
Zeytinliova
45-06
Görenez D.
1295 m
Efendili
Güneşli
Demirci
45-10
Kulalar
Akhisar
555
Yayakırıldık
45-09
Gördes
585
Tekeler
Asi T.
1526 m
Ismailler
Mecidiye
Gökçe
Beyoba
Nuriye
Akselendi
Kayakalan
Boyalı
Balıklı
Yeniköy
Kürekçi
Alanyolu
Kınık
Armutlu
Köylüce
Ariondos
Saittai
İçikler
Ahmetli
Turgutlu
565
Halitpaşa
45-03
Müteveli
Gümülceli
Çal D.
1040 m
Hacıhaliller
Temrek
Cambazlı
Gölmarmara
Hacıveliler
Marmara Gölü
Hacıhıdır
Yeniköy
Kemer
Kucur T.
1100 m
Kemerdamları
Karataş
Arpacı
Köprübaşı
Borlu
Tokmaklı
Yabacı
Börtlüce
Hacıköseli
Kenger
Hamidiye
Demirköprü Bj.
Dombaylı
Gökçeören
Kabartma
Bin Tepe
Karaköy
Kula
E 96
Sarısığırlı
Hayalli
45-34
Yeşilova
Sardis
Salihli
Bahçecik
35-25
Allahdiyen
Damatlı
585
Piyadeler
Tepeköy
Caberfakıllı
Armutlu
Dağyeniköy
45-29
Elmabağı
Boz D.
2137 m
Horzumembelli
Alaşehir
Yeşilyurt
Gül D.
1192 m
Bozdağları
Azitepe
Belenyaka
Gözfü baba D.
1890 m
64-51
Osmaniye
Dolaylar
Çatak
Birgi
Üzümlü
Bayındır
Pınarlı
Kayaköy
Derebaşı
310
Ödemiş
Gerçekli
Kiraz
310
Sarıgöl
Bahadırlar
Tokatbaşı
Mahmutlar
Ilkkurşunköy
Seyrekli
Kaymakçı
Uluderebent
Dadağlı
Küçük Menderes (Kaystros)
Atalan
310
Yenişehir
Sarıpınar
Gökçen
Çal Dağ
1430 m
Karacaali
Tire
Ovakent
35-36
Küre
Bademli
Beydağ
Aşağıyakacık
Boğaziçi
Yemişler
Sarıcaova
Buldan
Somak
Cevizli D.
1603 m
Aydın Dağları
Samailli
Kara Dağ
1353 m
Dampınar
Isafakılar
09-50
Akçaköy
Başçayır
Bayındır
Pamucak
Pamukören
Gençelli
Horsunlu
320
Germencik
Yukarıkayacık
Nyssa
Nazilli
Kuyucak
Büyük Menderes
Tralles
AYDIN
Sultanhisar
Bucak
S. 239
Incirliova
0-31
E 87
320
Pirlibey
Karapınar
Tahtalı
Çiftlikköy
09-25
Büyük Menderes
Yenipazar
Yazırlı
Yenice
Karacaören
Koçarlı
09-53
Gölhisar
Dalama
Karıncalı Dağı
1545 m
Babadağ
Güdüşlü
Cincin
Kuloğullar
Hacıhıdırlar
Bağarası
Çakırbeyli
550
Hallaçlar
09-27
Beyerli
Karacasu
Elderesi
Geyre
Aphrodisias
Çeşmeköy
Karaağaç
Yazıkent
Bozdoğan
Doğu Menteşe
1792 m
585
Doğu Menteşe Dağları
Batı Menteşe Dağları
Alabanda
Abak
09-30
Hacılebbeleni
Cine
S. 239
Altıntaşköyü
09-28
Haydere
Alinda
Çavdar
Karpuzlu Bj.
1
2
3
4

A
B
C
1
2
3
4
S. 236
Kuşadası Körfezi
Samos
Leka
Manolates
Karvouni
1153 m
Sámos
Posidoni
Mesogi
Chora
Ormos
Marathokambo
Spatharei
Potokaki
K. Marathokambou
Dip Br.
N. Ag. Mina
Çamlima
Meryemana
Çamlık
Balatcık
Ortaklar
Germencik
Yukarı
Tralles
Kuşadası
Aslan Br.
Gökçealan
Gümüş
Mursallı
Incirliova
Durmus Dağı
1019 m
Magnesia a.M.
Soğucak
Yamaç
Söke
Davutlar
Ağaçlı
Karaatlı
Güdüşlü
Koçarlı
Cincin
Çakırbeyli
Güzelçamlı
DILEK MILLI PARKI
Samsun Dağı
Karine
1237 m
Priene
Güllübahçe
Yenidoğan
Bağarası
Çeşmeköy
Karaağaç
Nalbantlar
Kısır
Sayrakçı
Tuzburgazı
Sarıkemer
Yeşilköy
Çavdar
Kızılcabölük
Alinda
Batı Menteşe
Milet
Balat
Akköy
Dalyan
Kapıkırı
Herakleia
Bafa Gölü
Tekke Dağı
1332 m
Megalo Chorio
Agathonisi
Arki
İlbir Dağı
Pınarcık
Çamiçi
Hacımamla
Labranda
Ortaköy
Denizköy
Akbük
Selimiye
Kızılağaç
Euromos
Aksivri T.
1083 m
Kazıklı
Dibekdere
Didyma
Yenihisar
Tekağaç Br.
Altınkum
Kazıklıbucak
Bozrük
Milas
Akr. Tripiti
Lipsi
Vitsilia
Farmakonisi
Akbük Limanı
Kazıklı Limanı
Kıyıkışlacık
Iasos
Hamzabey
Beçin Kale
Güllük Körfezi
Kara Br.
Güllük Limanı
Güllük
Ağaçlıhüyük
Leros
Partheni
Akr. Panozimi
Akr. Katakrotiri
Kuzyaka
Çiftlikköy
Xirokambos
Bahçe
Türkbükü
Gölköy
Yalıkavak
Güvercinlik
Karaova
Torba
Prasolo
Pazar Dağı
Ortakent
Yaran Dağ
Emborio
Gümüşlük
Bodrum
Gürceğiz
Telendos
Bitez
Gümbet
Kızılağaç
Çiftlikköy
Turgutreis
Vathis
Kargı
Maziköy
Yalıçiftlik
Orak Ad.
Cücen Br.
Kalimnos
Akyarlar
Koca Br.
Kara Ad.
Kalymnos
Pserimos
Akr. Skandari
Kos
Akr. Psalidi
Gökova Körfezi
Zipari
Platani
Mastichari
Akr. Ag. Fokas
Andimachia
Kos
Yumrukaya Br.
Kefalos
Akr. Helona
Körmen
Emecik
Görmen Br.
Karaköy
Reşadiye
Yarım
Akr. Ag. Ioannis
Iskandil Br.
Datça
Knidos
Feşmeköy
Döşeme
Kargı
Kalemlik Br.
Hisarönü Körfezi
500 m
200 m
Akr. Krikelos
Giali
Mesudiye
Arslanlı Br.
Palamutbükü
İnce Br.
Divan Br.
Nimos
Mandraki
Pali
Emborio
Symi
Akr. Mavro
Avlaki
Nissyros
Symi
Panormitis
Sesklio
GRIECHENLAND
Akr. Orfos
Megalo Chorio
Tilos
Ag. Pandeleimonas
Livadia
550
0-31
525
09-53
09-55
330
400
48-78

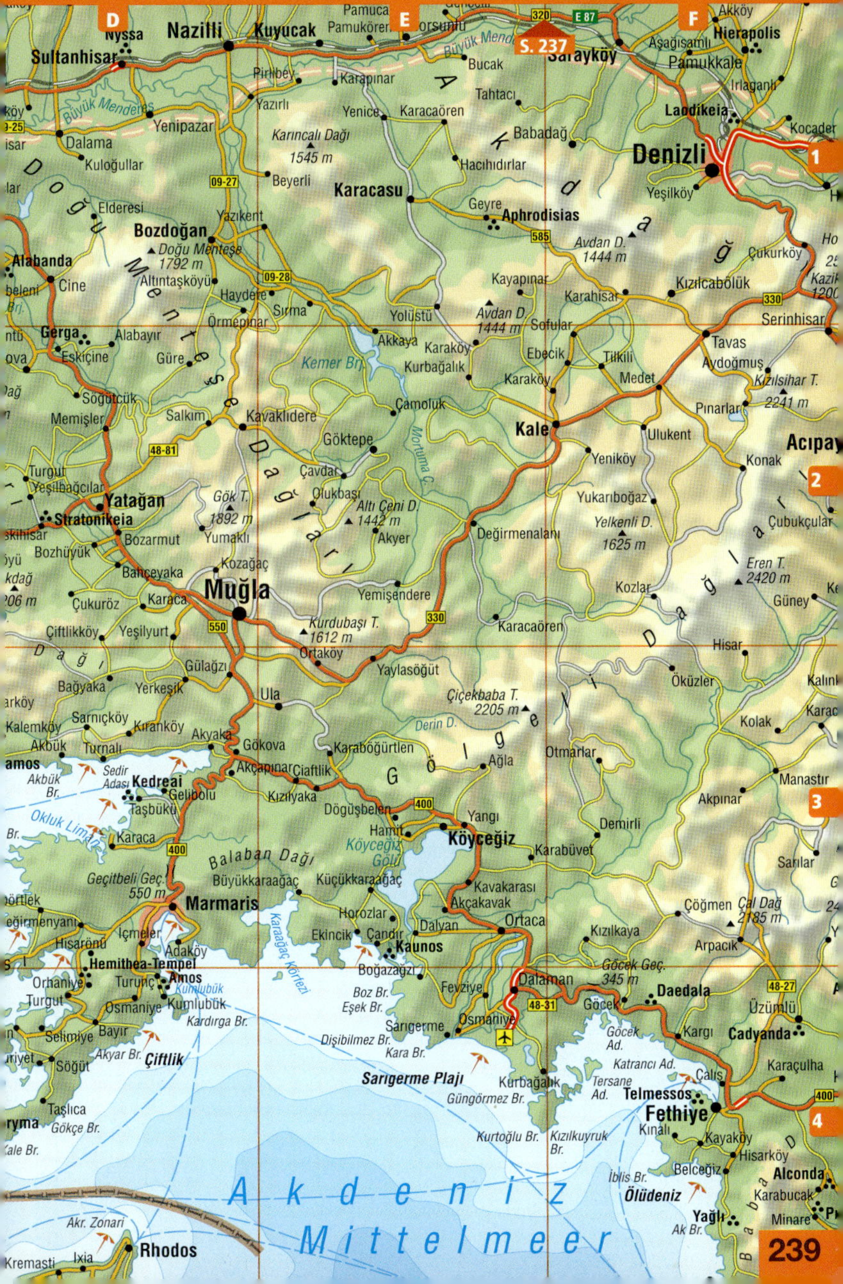
D
E
F
S. 237
1
2
3
4
Nyssa
Nazilli
Kuyucak
Pamuca
Pamukören
Sultanhisar
Büyük Menderes
Bucak
Sarayköy
Akköy
Hierapolis
Aşağısamlı
Pamukkale
Irlaganlı
Laodikeia
Kocader
Denizli
Yeşilköy
Pirlibey
Karapınar
Yazırlı
Yenice
Karacaören
Tahtacı
Babadağ
Yenipazar
Dalama
Kuloğullar
Karıncalı Dağı
1545 m
Hacıhıdırlar
Beyerli
Karacasu
Akdağ
Geyre
Aphrodisias
Elderesi
Doğu Menteşe Dağları
Bozdoğan
Doğu Menteşe
1792 m
Yazıkent
Avdan D.
1444 m
Çukurköy
Alabanda
Cine
Altıntaşköyü
Haydere
Sırma
Örmepınar
Kayapınar
Karahisar
Kızılcabölük
Serinhisar
Yolüstü
Avdan D.
1444 m
Sofular
Gerga
Alabayır
Eskiçine
Güre
Akkaya
Kemer Brj.
Karaköy
Kurbağalık
Ebecik
Tilkili
Tavas
Aydoğmuş
Medet
Kızılsihar T.
2241 m
Söğütcük
Salkım
Kavaklidere
Çamoluk
Karaköy
Pınarlar
Memişler
Göktepe
Kale
Ulukent
Acıpayam
48-81
Mortuma Ç.
Yeniköy
Konak
Turgut
Yeşilbağcılar
Yatağan
Stratonikeia
Gök T.
1892 m
Çavdar
Olukbaşı
Altı Çeni D.
1442 m
Yukarıboğaz
Çubukçular
Bozarmut
Yumaklı
Akyer
Değirmenalanı
Yelkenli D.
1625 m
Bozhüyük
Eren T.
2420 m
Kozağaç
Bahçeyaka
Muğla
Yemişendere
Kozlar
Güney
Çukuröz
Karaca
Çiftlikköy
Yeşilyurt
Kurdubaşı T.
1612 m
Karacaören
Ortaköy
Hisar
Gülağzı
Yaylasöğüt
Bağyaka
Yerkesik
Öküzler
Kalınk
Ula
Çiçekbaba T.
2205 m
Kalemköy
Sarnıçköy
Kıranköy
Derin D.
Kolak
Akbük
Turnalı
Akyaka
Gökova
Karaböğürtlen
Ağla
Otmarlar
Akbük Br.
Sedir Adası
Kedreai
Akçapınar
Çiaftlik
Gölgeli Dağları
Manastır
Gelibolu
Kızılyaka
Taşbükü
Döğüşbelen
Yangı
Akpınar
Okluk Limanı
Hamit
Köyceğiz
Demirli
Karaca
Köyceğiz Gölü
Karabüvet
Sarılar
Balaban Dağı
Geçitbeli Geç.
550 m
Büyükkaraağaç
Küçükkaraağaç
Kavakarası
Akçakavak
Çöğmen
Çal Dağ
2185 m
Marmaris
Horozlar
Ortaca
Kızılkaya
İçmeler
Karaağaç Körfezi
Ekincik
Çandır
Dalyan
Hisarönü
Adaköy
Kaunos
Arpacık
Hemithea-Tempel
Amos
Kumlubük
Boğazağzı
Göcek Geç.
345 m
Orhaniye
Turunç
Dalaman
Daedala
Turgut
Osmaniye
Kumlubük
Boz Br.
Eşek Br.
Fevziye
Göcek
Üzümlü
48-31
48-27
Selimiye
Bayır
Kardırga Br.
Osmaniye
Sarıgerme
Göcek Ad.
Kargı
Cadyanda
Akyar Br.
Çiftlik
Dişibilmez Br.
Kara Br.
Katrancı Ad.
Karaçulha
Söğüt
Çalış
Sarıgerme Plajı
Kurbağalık
Tersane Ad.
Telmessos
Güngörmez Br.
Fethiye
Taşlıca
Gökçe Br.
Kınalı
Kurtoğlu Br.
Kızılkuyruk Br.
Kayaköy
Hisarköy
Belceğiz
Alconda
İblis Br.
Ölüdeniz
Karabucak
Akdeniz
Mittelmeer
Yağlı
Ak Br.
Minare
Akr. Zonari
Rhodos
Kremasti
Ixia
320
E 87
585
330
09-27
09-28
550
400
Baba Dağ

Abbildungsnachweis
Rainer Hackenberg, Köln: Umschlagklappe vorn, S. 2/3, 8, 16, 50, 52, 62, 66, 70, 74, 87, 90, 105, 116, 131, 156, 166, 168, 178, 184, 188/189, 210
Hans E. Latzke, Bielefeld: Titel, S. 1, 34, 60/61, 151, 163, 170, 193, 208
Gerhard P. Müller, Dortmund: S. 47, 64, 108, 198/199
Frank Rainer Scheck/Ursula Clemeur, Köln: Umschlagklappe hinten, S. 14, 19, 20/21, 26, 31, 57, 78/79, 82, 123, 128, 134, 139, 142, 144/145, 147, 160/161, 175, 176/177, 191, 205
Elisabeth Steiner; Istanbul: S. 10, 39, 41, 58, 95, 97 (2x), 99, 125
Hans Weber, Lenzburg: S. 114/115

Archiv des Autors: S. 77

Abbildungen
Titelbild: Blick auf den Badeort Foça
Umschlagklappe vorn: Melonenverkäufer in Kuşadası
Umschlagklappe hinten: Die Muradiye in Manisa, die wohl schönste osmanische Moschee an der türkischen Westküste
Vignette S. 1: Medusenhaupt in Didyma
Seite 2/3: Vor den karischen Felsgräbern bei Kaunos

Kartografie
DuMont Reisekartografie
© DuMont Reiseverlag, Köln

Die Deutsche Bibliothek – CIP-Einheitsaufnahme

Scheck, Frank Rainer
Türkei – die Westküste/Frank Rainer Scheck.
– Köln: DuMont Reiseverlag, 2002
DuMont Reise-Taschenbuch
ISBN 3-7701-6026-6

Grafisches Konzept: Groschwitz, Hamburg

Druck: Rasch, Bramsche
Buchbinderische Verarbeitung: Bramscher Buchbinder Betriebe

ISBN 3-7701-6026-6